高等院校"十三五"
经济管理实验实训教材

虚拟商业社会（VBSE）
跨专业综合实训教程

Virtual Business Society Environment （VBSE）
Cross disciplinary comprehensive training Tutorial

主 编 张战勇 李 晶 石英剑

经济管理出版社
ECONOMY & MANAGEMENT PUBLISHING HOUSE

图书在版编目（CIP）数据

虚拟商业社会（VBSE）跨专业综合实训教程/张战勇，李晶，石英剑主编. —北京：
经济管理出版社，2017.7
ISBN 978-7-5096-5238-1

Ⅰ.①虚…　Ⅱ.①张…②李…③石…　Ⅲ.①企业经营管理—应用软件—高等学校—教材
Ⅳ.①F272.7-39

中国版本图书馆 CIP 数据核字（2017）第 170069 号

组稿编辑：王光艳
责任编辑：许　兵
责任印制：司东翔
责任校对：张晓燕

出版发行：经济管理出版社
　　　　　（北京市海淀区北蜂窝 8 号中雅大厦 A 座 11 层　100038）
网　　　址：www. E-mp. com. cn
电　　　话：(010) 51915602
印　　　刷：玉田县昊达印刷有限公司
经　　　销：新华书店
开　　　本：787mm×1092mm/16
印　　　张：22.25
字　　　数：458 千字
版　　　次：2018 年 1 月第 1 版　　2018 年 1 月第 1 次印刷
书　　　号：ISBN 978-7-5096-5238-1
定　　　价：58.00 元

前　言

在当前的信息化时代，中国经济迈入新常态。伴随"一带一路"倡仪实施，国家运用创新思路对宏观经济进行有针对性的预调，使众多企业迎来更多机遇与挑战。各地经济转型产业发展形势喜人，各类企业对创新复合型人才需求增加。高等教育院校对于人才培养的出发点主要集中在以就业为导向，由此对于实践教学方法的探索已是各高校教育教学改革的一项重要内容。各高校经管类人才培养模式也在不断创新，实践教学质量不断提高，为培养高素质应用技能型人才发挥了积极的作用。但大多数高校经管类专业毕业生应用能力差、实践能力不足、理论与实践相脱节等现象似乎无法改变，仍不能满足企业的需要。对于财经院校来说，最好的实践教学模式莫过于"将企业搬进校园"。客观上要求高校结合自身培养层次，紧贴区域经济发展，融入"工学结合，校企合作"理念，努力构建创新型人才培养体系，为地方不断输送具有创新精神、创造能力和创业精神的"三创"复合应用型财经专业人才。

本书是为配合用友新道科技有限公司 VBSE 综合版 v2.0 软件的实施使用而编写的，综合了多门经管类专业知识，适用于经管类本专科大学生毕业前进行跨专业、跨学科综合实训，也适用于有志于了解企业经营运作全流程的社会人士。具体内容涉及会计、审计、工商企业管理、人力资源、营销、行政管理、金融、国际贸易等专业，能训练学生对企业全面管理知识的理解和掌握，有利于学生综合素质能力的锻炼和提高。让学生在自主选择的工作岗位上通过完成典型的岗位工作任务，学会基于岗位的基本业务处理，体验基于岗位的业务决策，理解岗位绩效与组织绩效之间的关系；真实感受企业物流、信息流、资金流的流动过程；全面认知企业经营管理活动过程和主要业务流程；体验企业内部门间的协作关系及其与企业外围相关经济组织与管理部门之间的业务关联。学生通过在多类社会组织中从事不同职业岗位"工作"，训练在现代商业社会中从事经营管理所需的综合执行能力、综合决策能力和创新创业能力，感悟复杂市场营销环境下的企业经营，学会工作、学会思考，从而培养自身的全局意识和综合职业素养。本书是一部可以满足多专业学习与实践于一体的实战教材。

本书完全按照企业的真实工作流程进行编写，具有非常强的实战性。学生通过本书可以了解具体业务岗位的工作职责和要求，能够按照业务岗位的要求填报与完整业务流程相关的单据和表格，实现结合实际业务理解业务策略和管理理论，锻炼学生的实际操作能力，能很好地帮助学生打下坚实的职业能力基础。本书在编辑的过程中受到新道科技股份有限公司张彤先生、王学民先生、杨元先生的鼎力支持，在此表示感谢。

本书由张战勇、李晶、石英剑任主编。书中各章编著人员如下：第一章张战勇；第二章李晶；第三章李晶；第四章李晶；第五章石英剑；第六章李晶；第七章李晶；第八章张战勇；第九章张战勇；第十章张战勇；第十一章石英剑。

由于编者水平有限，本书的疏漏之处在所难免，期待广大读者批评指正，以期不断完善。

目　录

财经类高校经济管理实践教学现状

2014 年 2 月 26 日，李克强总理主持召开国务院常务会议，部署加快发展现代职业教育，其中一项重要任务是"引导一批普通本科高校向应用技术型高校转型"。"应用技术型高校"的核心目标是培养符合社会发展需要的大学生，把应用型人才培养作为地方院校教学工作的重点，让地方高校更好地服务区域市场、服务地方产业，落脚点是办社会满意的教育。所以，强化专业、培养技术技能型人才、适应经济发展需要才是当前省属地方院校培养人才的出发点和核心理念。而经济管理类人才是市场经济发展不可或缺的人才类型。

第一节　财经类高校经济管理实践教学现状及存在问题

2007 年教育部 1 号和 2 号文件，特别强调高校实践教学与人才培养模式的改革和创新，要开展实践基地建设，拓宽校外实践渠道；要实施大学生创新性实验计划，推进高校在教学内容、课程体系、实践环节等方面的综合性改革；以倡导启发式教学和研究性学习为核心，探索教学理念、培养模式和管理机制。这些要求为财经院校建构科学的实践教学体系指明了方向。

一、财经类高校经济管理实践教学现状

经济管理类实践教学体系根据各应用型高校教学实践基本上可分为四类：实验、实训、实习、毕业论文或毕业设计。实验的功能在于培养学生的理解能力与运用理论分析问题、解决实际问题的能力，是对学生逻辑思维能力进行微观系统训练的主要依托。在其内容构成上涵盖单向性（知识点）实验、综合性实验与研究型实验。而单向性实验由验证性实验与理解性实验构成；综合性实验包含课程综合性实验、专业综合性实验与学科综合性实验；研究型实验涵盖了应用理论研究型实验与应用技术开发性实验。实训的功能在于提高学生基本技能与专业技能。基本技能以信息资料能力与处

理能力、外语交际能力以及计算机应用能力为主要诉求；专业技能与学生自身专业业务训练紧密相关，通常在培训专业软件操作技能训练基础上，进行业务处理技能训练；实习是在仿真或真实复杂环境中对学生的能力进行训练。具体内容由专业实习、毕业实习以及创新创业实习等构成。毕业论文或毕业设计作为实践教学活动中的最后环节应当是学生知识、能力、素质的集中展示，该环节也最能体现学生的实践成果。

以上可视为狭义的经管类人才培养、狭义实践教学体系观，本着解放思想、实事求是的原则及多年一线的实践教学工作经验，笔者主张将社会实践、科研活动、学科竞赛纳入实践教学体系中，可称为宏观实践教学体系。社会实践功能主要是训练学生专业实践能力、社会适应能力和创业能力。内容包括社会调查和假期社会实践等，前者是结合课程和专业教学进程进行专题调研和社会调查，后者是寒假组织学生了解经济社会发展实际、参与公益活动。科研活动主要训练学生解决实际问题的能力和科研创新能力。该项内容以学生科研训练计划为载体对学生申报、学校（学院）批准立项科研课题给予必要的经费资助并安排教师进行指导。而学科竞赛主要训练学生分析问题、解决问题的能力，培养创新和创造精神。内容上涵盖国家级省级竞赛、校际学科竞赛、学校举办的竞赛以及各种科技文化体育活动。

近年来，随着实践教学改革不断深化，各财经类高校相继建立了一系列实验室，实践教学质量不断提高，在培养高素质"三创"人才中发挥了积极的作用。从另外一个角度来看，近年来大多数学校实验室建设是以自身专业为依托，独立建设，分散实施，目的是解决专业教学计划中所开设课程的实验课，在一定程度上满足各院系的独立教学。但是从深层剖析，仍然存在一些问题。

二、当前高等财经类院校实践教学体系存在的主要问题

（一）实践教学体系的整体性薄弱

近年来，为了探讨实践教学的整体优化、强化实践教学环节的内在联系与有机整合，强化实践教学环节与理论教学环节内在联系与有机整合，实现实践教学系统的整体功能，提出了"实践教学体系"的概念。在实际应用中，尽管目前"实践性教学环节""实践教学""实践教学体系"等概念仍然没有被严格地区分，但是从概念的逐渐分化中，可以看出对实践教学的研究视角逐渐向整体、系统的角度延伸，实践教学逐渐被视为与理论教学同等地位，各个环节为相互影响、相互渗透、相互联系的有机整体。"实践教学体系"是由实践教学活动各个要素构成的有机联系整体。对实践教学整体性的认识有助于我们运用系统科学的理论和方法对组成实践教学的各个要素进行整体设计，以形成结构和功能最优的教学系统，培养大学生的实践能力。

目前财经类院校的实践教学体系，还缺乏宏观实践教学体系层面的整体性架构，

缺乏点、线、面、体的实践教学体系的总体设计，往往是实践教学的各个环节简单地排列组合，致使实践教学的开展过程一直处在不系统、断续、分块状态中。

(二) 实践教学体系人才培养的目标性不强

实践教学体系的构建必须紧紧围绕财经类院校人才培养规格和专业人才培养目标进行，要从专业知识和职业技能要求出发，提出本专业实践能力培养的具体目标，并将其作为构建实践教学体系的目标。财经类院校的人才培养目标定位主要是为国家和区域经济社会发展培养德、智、体、美全面发展，富有创新精神和实践能力的应用型高级专门人才。在这里提到的"创新精神、实践能力、应用型"应为财经类院校人才培养目标的关键词。因此，财经类院校实践教学体系应紧紧围绕着培养学生的创新精神、实践能力及应用型人才来构建。只有围绕人才培养目标进行财经类院校实践教学体系的构建，才能培养出符合社会需求的应用型高级专门人才。

(三) 实践教学体系的层次不分明

实践能力的提高发展是一个渐进的过程，高等院校培养计划中的实践教学也应分阶段、分层次逐步深化，培养高级应用型人才的财经类院校更要加强实践教学体系的内涵建设。实践教学层次是指由低年级到高年级的所有实践教学环节，如生产劳动、专业劳动、教学实验、教学实习、科研活动、生产实习、毕业论文（设计）、社会实践等组成一个与理论教学相对独立而又密切联系的教学体系。这个体系有明确的教学要求和考核办法，能使教学内容前后衔接、循序渐进、由简单到复杂、层次分明并且有很强的连接性和完整性。目前，有些高校也构建起实践教学体系，但实际中这些体系只是实践教学平台的搭建，对实践教学各个环节的内在联系、教学内容的逻辑关系没有有效地整合成层次分明、结构完整的体系。

三、国外高校经济管理实践教学形式

高校经济管理实践教学形式是指高校经济管理实践教学内在要素的结构或表现方式。国外高校经济管理实践教学形式包括（但不限于）以下内容：

(一) 经济管理实验

人们根据一定的经济管理科研和教学任务，运用仪器设备手段，突破自然与社会条件限制，在人为控制和干预客观对象的情况下，观察、探索经济与管理现象及活动本质规律。

（二）经济管理实训

在学校可控的校内真实或仿真环境中，按照经济管理人才培养规律与目标，反复多次对学生进行经济管理技术或技能训练。

（三）经济管理实习

学校按照经济管理人才培养规律以及经济管理类专业培养目标和教学计划组织学生到国家机关、企业事业单位、社会团体及其他社会组织进行与经济管理类专业相关的实践性教学活动。

（四）经济管理论文（设计）

学生在教师指导下运用经济管理知识与技能，写出探讨经济管理理论问题或解决实际经济管理问题的论文或者做出解决实际经济管理问题设计。

（五）经济管理调研

教师组织并引导学生深入国家机关、企业事业单位、社会团体及其他社会组织，乃至广大民众中进行经济管理考察，以探求现实经济管理的真相、性质和发展规律，进而以此促进学生系统掌握经济管理知识以及调研技术与技巧、提高经济管理职业所需各种能力、养成正确的经济管理职业观与良好的经济管理职业素质。

（六）经济管理创业

教师通过校内、校外创业教育素材、活动与基地，培养经济管理类专业学生创新创业意识、创新创业精神、创新创业思维以及创新创业技能等各种创业综合素质，并最终使经济管理类专业学生真正具有一定创业能力、适应经济全球化与知识经济挑战。

（七）经济管理科研训练

学生在教师的指导下参与教师经济管理科研项目，或者自主进行经济管理课题研究和探索，从而了解和掌握经济管理科学研究的基本方法和手段，养成严谨的科学态度、鲜明的创新意识和良好的团队合作精神，提高经济管理科研创新能力和综合实践能力。

（八）其他有助于提高学生经济管理综合能力的普通社会实践

如美国社区学院的经济管理实践教学本着来自社区、服务于社区的原则，强调通过实验、实训、实习以及社区服务实践等培养学生经济管理实践技能与社会参与意识；美国一流商学院注重通过课内实践（主要包括案例教学、计算机模拟、课程讲座等）、课外实践（主要包括暑期学院项目、合作研究、学术报告会、研究基金等）、校外实践（主要包括社区志愿服务、实地考察、担任咨询顾问、休学一年海外实习等）来培养经济管理类本科生经济管理实践技能与社会参与意识，注重通过课内实践（如案例教学、计算机模拟、聘请从业人员进行课程讲座等）、课外实践（如学术报告会、研究生俱乐部等）、社会实践（如实地考察、商业计划竞赛、企业发展咨询、企业实习等）培养经济管理类研究生经济管理实践能力、创新能力和综合素质。

当然，由于各国具体国情差异，国外高校经济管理实践教学形式还是存在若干差异的。具体来说，经济管理实地调研考察、经济管理模拟实验、经济管理实训和经济管理异地学习是各国经济管理实践教学普遍使用的形式。经济管理实习虽然各国高校早已有之，但在具体操作方式上差异较大，如美国高校多采用项目实习方式，英国高校多采用"三明治"实习方式与项目实习方式，以及日本采用官、产、学结合，学生利用假期到企业打工以达到实习目的等。经济管理科研训练在各国也存在差异，如美国高校有平时独立研究和项目研究、英国高校普遍采用经济管理毕业论文、澳大利亚高校多采用项目研究等。

第二节 VBSE 人才培养理念及课程特点

未来企业是"创新、高效、绿色"且全面信息化的云端企业，漫步云端是企业信息化的新境界。云时代人才培养当以应用型人才培养为导向，而 VBSE"虚拟商业社会环境"是解决高职经济管理类专业学生实训瓶颈的根本出路，其在中国高等教育改革和人才培养上走出了一条"新道"。

一、VBSE 人才培养目标和知识体系架构

"虚拟商业社会环境 VBSE"实训平台的教学活动不针对特定专业，而是关注企业、企业外部环境、关键岗位、典型任务的工作流程的训练。既要求对仿真环境体验，又要求完成企业管理决策，还要求完成相应管理流程的任务，达到决策、执行、体验三位一体的实践教学目标。VBSE 依靠由"基本规则"到"管理理论与策略"的知识体系递进，借助"操作、逻辑、理论、应用"四个方面的培养层级，保障了虚拟商业社会环境 VBSE 最终人才培养目标的达成。

二、VBSE 技术架构

VBSE 通过"把企业搬进校园"，通过统一的虚拟数据库、知识点、教学资源及运行数据库，为经管类院校或专业提供系统化的实训实习课程体系，用手工训练环节让学生熟悉企业业务逻辑，用信息化训练环节让学生掌握企业实际使用的第三方管理软件工具，从而能够实现让经管类毕业生成为"管理信息化企业的合格入门劳动力"的应用型人才培养目标。

VBSE 技术平台是支撑实训实习课程体系的基础平台，是制作课程的工具、授课与学习的载体、教学管理的平台。通过技术平台可以实现跨专业在标准实训实习课程体系的基础上，结合自身办学特色、区域经济特征，发挥既有办学优势，形成一套独特的应用型人才培养体系。

第三节　VBSE 实训课程设计理念及创新

一、VBSE 实训课程设计理念

企业在劳动专业化分工的推动下，人类社会已经形成了三大类社会组织：政府组织、营利性组织和非营利性组织。营利性组织包括两类最重要的组织形式：制造业和服务业。制造企业是运行、管理最复杂的组织，经管类专业的教学课程基本上是以制造企业为蓝本设计的，为此，VBSE 在对跨专业综合实训进行设计时，以制造企业为核心来进行设计。

跨专业综合实训旨在模拟一个真实的小社会，为学生营造一个真实的工作场景，在这个工作场景中学生可以"真实"地工作，接触并处理在工作中遇到的各种业务和问题。仿真组织包括制造商、客户、供应商、第三方物流、分销商、零售商以及周边服务机构，如工商、税务、海关、银行、保险、法庭等。在这些组织中，制造商是核心，其他组织和机构都是为制造商服务的。所以，在实训教学设计时，根据制造企业涉及的外部单位和机构来构建模拟社会供应链中的机构、部门和岗位，模拟了制造商的主要经济业务和内部管理，设置了若干职能管理部门如采购部、市场部、销售部、生产部、财务部、行政部、人力资源部等。

多专业综合实训中心按照人才成长规律，依据从简单到复杂、从低级到高级的顺序，分为"企业管理全景仿真""供应链管理全景实训""商业社会环境全景实训"3 个阶段，分别完成不同的实训目标。

（一）企业管理全景仿真

企业管理全景仿真是"VBSE 多专业综合实训"的基础与核心。它以制造业企业作为设计蓝本，将"模拟现实经营环境"作为教学实景，通过"决策管理""业务运作""过程管控"以及体验"岗位级执行、部门级运作、企业级管理"等内容，实现对制造企业管理的全景实训。

（二）供应链管理全景实训

供应链管理全景实训在企业管理全景模拟的基础上，通过增加客户企业、供应商企业和第三方物流企业，实现多组织、多形态、多流程的供应链级协同与管控，实现供应链管理全景模拟实训。

（三）商业社会环境全景实训

商业社会环境全景实训在供应链管理全景实训的基础上，增加了政府、工商、税务、海关、社保等政务服务和银行、会计师事务所、人力资源公司、IT 服务公司、咨询公司等公共服务机构，实现多组织架构、多行业模拟及多商业形态对抗，最终实现商业社会环境下的全景模拟实训。

二、VBSE 创新性

VBSE 的创新性如下：

第一，VBSE 营造企业经营管理情景，"把企业搬进校园"，让学生在实习平台中体验企业运作原理和规律，熟悉企业运作流程，全方位、多维度体会现代企业生产经营管理工作的全过程，提高实际的动手操作能力，全面提高经管类专业学生的经营管理水平、信息技术水平和综合能力，从而有效提升学生的综合素质、职业能力、社会能力及就业竞争能力。

第二，VBSE 将企业经营现场环境、实物教具、训练软件、实训平台、教学管理系统、资源管理系统等多种教学工具和团队训练、场景教学、自主学习、网上开放教学等多种模式整合起来，建立知识传授、能力培养、素质教育三位一体崭新的校内综合实习模式。

第三，VBSE 实现了教学组织的创新。学生在实习过程中按照市场规律和企业经营规律为行为导向，既是学习者又是经营者和组织者。老师起到策划内容、设立场景、过程监控、点拨答疑、配置资源、能力评估的作用，两条教学主线相互配合推进，实现以学生为中心的实验教学模式创新，建设培养复合性实用型人才新课程体系，带动人才培养模式的优化。

第四，VBSE转变传统教学模式，创新教学手段与方法，重视以教师为主导、学生为主体，以现代企业经营为核心，建立跨专业综合实训平台，开展多专业、全方位、多层次的校内仿真综合实训教学，全面提高学生的综合实践能力和职业适应能力。

第五，VBSE实现了教学评估内容和方法创新，学生考核重点放在解决问题能力、学习能力、团队协同、过程管理上，并充分利用信息系统实现自动、实时、数据挖掘、知识积累的能力。同时，建立和培养一支懂理论、懂技术、会应用的实验教师队伍。

第六，VBSE实现不同专业背景的学生在走向工作岗位之前有一个全面接触现代企业核心业务、工作流程和方法的机会，并通过企业业务流程模拟竞争，通过知识的建构与反馈，使所学的各专业知识得以融会贯通，从而获得对企业管理更深层次的认识，为走向社会做好知识与心理准备。

‖第二章‖
VBSE 教学准备及教学实施

"虚拟商业社会环境 VBSE" 在其提供的虚拟的商业社会环境里，通过对现代制造业、现代服务业以及典型政务环境、商务环境进行全方位的模拟经营及管理，融合了经济管理类多门专业知识，是一个跨学科、跨专业的综合实训教学平台，学生置身其中，通过接近于真实的岗前实训，有利于将理论知识付诸实践，锻炼和提高综合素质能力，缩短进入社会岗位的适应期。

第一节　VBSE 课程地位及人才培养过程

一、VBSE 课程地位

"虚拟商业社会环境 VBSE" 实训平台选取真实商业社会环境中典型单位、部门与岗位，重点关注企业、企业外部环境、组织岗位、典型任务的工作流程训练，目的是让学生模拟岗前实训，认知并熟悉现代商业社会内部不同组织、不同职业岗位的工作内容和特性，培养学生从事经营管理所需的综合执行能力、综合决策能力和创新能力，并具备全局意识和综合职业素养，所以，这门课程是经济管理类本科实践教育体系中，专业技能和综合应用能力训练的重要组成部分。教学应该是在经济管理类专业单项实验和综合实验的基础上开展，课程的教学活动不针对特定专业，实训教学既可以作为经济管理类学生跨学科、跨专业综合实训项目，也可以作为校内模拟实习环节开设。

二、VBSE 人才培养过程

学生前期已经掌握了一定的专业知识和技能，但还缺乏知识的融会贯通，缺乏对岗位规则、岗位业务处理、岗位流程及基于岗位的业务决策的深度认知，不能理解岗位绩效、组织绩效之间的关系，对于企业三流（物流、信息流、资金流）之间的衔接和运转关系没有体会，理论知识有待于到实践中进行检验。学生置身其中，首先要体验仿真的商业社会环境，其次要完成典型岗位、典型业务流程的处理，还要完成相应的经营管理决策，体会并感受企业的思考方法，VBSE 依靠由"基本规则"到"管理理论与决策"的知识应用设计，根据逐级递进的能力训练体系定位，培养高潜质、有全局观的实用型岗位人员，其人才培养过程如图 2-1 所示。

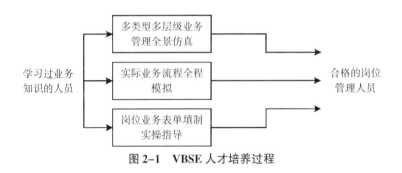

图 2-1　VBSE 人才培养过程

第二节　VBSE 跨专业综合实践教学平台知识体系架构

VBSE 虚拟商业社会提供企业运营模拟实习的引导系统及相关教学资源和教学情境，让学生自主选择工作岗位，学生通过在多类社会组织中从事不同职业岗位的"工作"，完成相应岗位的工作任务，学会基于岗位的基本业务处理，做出基于岗位的业务决策，理解岗位绩效、组织绩效之间的关系，全面认知企业经营管理活动和主要业务流程，体验企业职能部门间的协作关系以及与外围商务、政务、服务等部门间的业务关联。学生通过反复练习，进而形成符合现实经济活动要求的行为方式、智力活动方式和职业行为能力，其能力培养由基本规则开始，依靠由"基本规则"到"管理理论与策略"的知识体系递进，以及基于理解—操作—逻辑—理论—应用的培养层级，保障了 VBSE 最终人才培养目标的达成。VBSE 跨专业综合实践教学平台知识体系架构如图 2-2 所示。

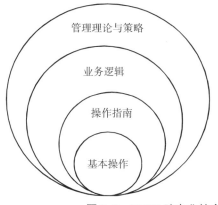

图 2-2　VBSE 跨专业综合实践教学平台知识体系架构

第三节　VBSE 跨专业综合实践教学平台技术架构

　　VBSE 通过"把企业搬进校园"，在其开发的跨专业综合实践教学平台上，提供了与 VBSE 实践教学所有相关的数据库（企业业务数据库、运行数据库、知识点教学资源库等），按照企业业务逻辑设计提供教学顺序，用团队组建和手工训练环节让学生熟悉企业业务逻辑，用自主经营环节让学生运用所学理论与策略完成竞争与合作，通过跨接第三方企业管理软件完成信息化训练，让学生在这样的环节掌握企业实际使用的第三方管理软件工具。这样可方便使用院校根据自身办学特色、区域经济特征，发挥既有办学优势，实现集教学管理、教学运行、学习体验、自主选择相应的教学模块于一体的跨学科、跨专业实训实习课程体系。VBSE 应用模式如图 2-3 所示。

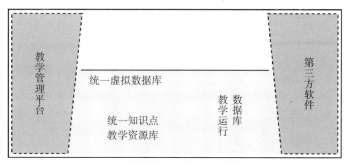

图 2-3　VBSE 应用模式

　　由图 2-3 可以看出，虚拟商业社会环境 VBSE 基于用友新道全新的技术平台构建，该平台具有三大功能：课程制作工具、教师授课与学生学习载体以及教学管理平台。VBSE 技术平台原理如图 2-4 所示。

图2-4　VBSE技术平台原理

课程制作工具是指院校可以利用该技术平台进行课程的开发与课程组合；课程开发是指院校在该技术平台上开发和制作课程；课程组合是指利用已有课程根据不同的教学目标组合出新的课程。

教师授课与学生学习载体是指教师可以利用平台进行授课，主要以推送知识点任务的方式进行，学生学习载体主要是指学生可以接受教师推送的任务，呈现在学生面前的任务有两种类型：科学类知识点和手艺类知识点。科学类知识点主要是以三分屏的方式呈现：关于知识点的 Flash 视频、教学 PPT 以及 Word 电子讲义，均可点击放大化，方便浏览和学习；手艺类知识点主要是软件操作界面，已有有关软件操作的流程说明。

教学管理平台是指平台承担教学管理的任务，具体包括课程参数设置模块、试题分类模块、试题导入模块、考核方案设置模块、组织规则模块、试卷结构模块、单项成绩查询模块、课程成绩查询模块、学生信息导入模块、用户管理和授权模块、班级信息模块、教学资源搜索模块、教学大纲执行模块、教学进度查询模块。

第四节　VBSE 实训前的教学准备

VBSE 的实训过程分为实训前的教学准备、完成企业团队组建、岗位体验和实训总结四个阶段。

一、开课组织形式

VBSE 的开课组织形式有三种：可按班，也可按跨专业、跨学科综合实训项目或者是作为校内模拟实习环节为经济管理相关专业开设选修课程，如果按跨专业、跨学科综合实训项目或者是作为校内模拟实习环节开课，那么相应的实训步骤应该如图 2-5 所示。

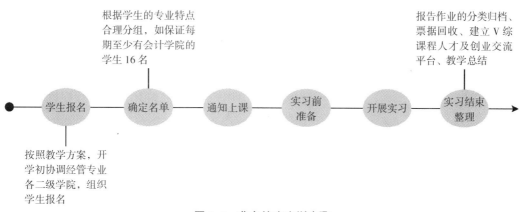

图 2-5　非自然班实训步骤

二、教 学 准 备

VBSE 实训前的教学准备概括讲为六备，即备场地、备系统、备学员、备时间、备资源、备师资，如图 2-6 所示。

(一) 备场地

"VBSE 虚拟商业社会环境"实训平台根据学校实际情况，尽可能为学生提供真实的职业环境，在环境布置、设备配置、文化氛围、管理模式等方面要力求与实际相接近，充分体现规范性、先进性和实效性，形成真实或仿真的职业环境。首先，在实践

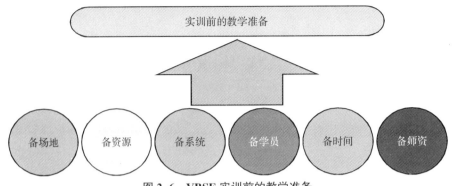

图 2-6　VBSE 实训前的教学准备

教学中，学生有机会亲身经历和了解现代企业生产组织管理的全过程，能身临其境地感受企业的文化与氛围；其次，从业务流程安排、工作岗位设置到企业情境设计，都要尽可能地贴近企业经济与管理活动实际，突出模拟实训的高度仿真性。从办公场地、设备、办公用品用具、实训指导教师、管理方式与手段、业务触发机制等方面都应充分考虑如何贴近现实。为了使综合实训环境更加逼真，在环境搭建时，还将在具体场景的规划上进行设计和模拟仿真，如对银行环境的设计，有实力的学校可以按商业银行模式建立银行柜台，制造企业仿真环境设计可以构建按部门划分的工位等。

（二）备系统

软件平台的网络环境最低应该是百兆局域网（LAN），有条件的最好可提供千兆LAN。运行命令行 PING IP Address-t 如 PING 10.2.104.79-t，如果在 32Bytes 数据包下，任意两台机器之间的连通时间不应该超过 3 毫秒，百台客户机同时 PING 同一台服务器的请求时间不应该超过 10 毫秒，若不符合以上情况，请联系网络管理员检查网络。

1. 数据库服务器、应用服务器和学生机（客户端）配置的最低要求

关于数据库服务器、应用服务器和学生机（客户端）配置的最低要求如表 2-1 所示。

表 2-1　硬件环境配置的最低要求

检查项目 \ 硬件	数据库服务器	应用服务器	学生机（客户端）
CPU	XEON 四核 E5504-2.0G*2 物理核心以上	XEON 四核 E5504-2.0G*2 物理核心以上	2.0GHz 双核以上
内存	8G 以上	4G 以上	2G 以上
硬盘	500G　7200 转以上	80G　7200 转以上，C 盘至少保证有 20G 以上的存储空间	80G 以上，C 盘至少保证有 10G 以上的存储空间
网卡	100M 以上	100M 以上	100M 以上
显示器			32 位真彩色，分辨率最低 1024×768 以上

2. 软件配置

软件配置如表 2-2 所示。

表 2-2　软件配置

检查项目	要求
IE 版本	IE 版本是否为 Internet Explorer 8.0
Flash	Adobe Flash Player For IE 10 以上
IE 插件	Silverlight 已经安装
打印	IE 设置，检查"文件"—"页面设置"："打印背景颜色和背景"已勾选
可信站点	"工具"—"Internet 选项"—"安全"—"站点"：检查已经将服务器的公网的 IP 地址已加入"可信站点"
安全级别	"工具"—"Internet 选项"—"安全"—"自定义级别"：检查含"ActiveX"字样的选项都已设置为"启用"或安全级别调至为"低"

3. VBSE 配置

VBSE 配置如表 2-3 所示。

表 2-3　VBSE 配置

检查项目	要求
重启服务器	VBSE 安装完成后，是否重启数据库服务器和应用服务器
连接数据库	数据源—"读取"—"测试"验证数据源连接
连接数	检查"数据源"中"最大连接数"与"最小连接数"是否符合推荐配置（默认：最大 200，最小 1）
检查授权	检查"license"—"读取授权"，能正常显示授权信息（先要从官网注册授权并获取 license）

4. VBSE 运行检查

VBSE 运行检查如表 2-4 所示。

表 2-4　VBSE 运行检查

检查项目	要求
登录	学生机使用 IE8 连接访问 VBSE 服务器，可显示登录界面
菜单	使用 us90501、admin、us90101 及学生账号登录正常显示菜单项，功能正常
基本操作	设置院校、系别、班级—维护课程信息—下达教学计划—设置课程参数—导入学员—推送大纲—学员点击完成任务
流程图	检查流程图是否能正常显示，否则请安装 Adobe Flash Player For IE 10 以上版本
资源搜索	"教学资源搜索"—空查询—随机打开"DJ"开头的文件
资源搜索	"教学资源搜索"—空查询—随机打开 XPS、FLV 文件，无其他格式文件

(三) 备学员

按照教学方案，开学初可按班或协调经管专业各二级学院，组织学生报名。

（四）备时间

有条件的学校可在固定的学期和固定的时间段安排教学，如果按跨专业、跨学科综合实训项目或者是作为校内模拟实习环节开课，就需要根据学校教学计划安排和学生报名情况指定教学周和教学时间，教学学时为 5~10 天。

（五）备资源

要在每期开课的前一周准备好上课所用的实物单据（账、证、表）、教学指导书、人力资源招聘简历、合同、印章、公司的资质等；准备好招聘环节所需的海报纸、胶棒、彩笔等教具；为每家公司准备好文件袋（夹）、曲别针等用于分类管理。

（六）备师资

师资团队为 2~5 人的指导教师团队。

第五节　VBSE 教学实施

一、VBSE 实训课程的教学目标

"虚拟商业社会环境 VBSE"实训课程的教学目标与其他课程一样，也包含认知目标、能力目标和情感目标三个方面。其教学目标如图 2-7 所示。

图 2-7　VBSE 实训课程的教学目标

二、教学安排

"VBSE 虚拟商业社会环境"实训由 1~10 家组织结构相同的制造企业与外围业务组织构成，每家企业 18 个角色，外加上 6 个外围角色，2~5 名指导教师。学校可根据自身条件及学生数组织教学，教学安排模式如图 2-8 所示。

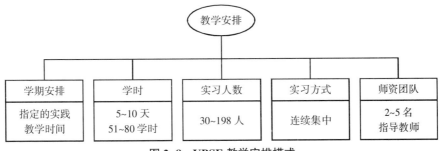

图 2-8　VBSE 教学安排模式

三、教学流程

VBSE 教学流程分为三个层次，即团队组建、手工业务处理、信息化业务处理，具体而言，包括 12 个教学环节，如表 2-5 所示。

表 2-5　VBSE 教学流程

整体流程	
1. 实习运动会	7. 角色登录主界面
2. 能力测评	8. 手工环境工作体验
3. 团队组建	9. 信息化环境工作体验
4. 公司变更	10. 实习考核评价体系
5. 领取办公用品	11. 企业经营+岗位绩效分析
6. 岗位培训	12. 教学管理

四、VBSE 教学过程

VBSE 教学过程分为团队组建、岗位体验和实训总结三个阶段。

（一）团队组建

团队组建阶段共要完成七道具体的流程。

1. 实训总动员

仿真实训开始之前，由实训组织者就本次实训的目的、内容、时间安排、组织形式、实训要求、实训考核等内容做统一宣讲。通过实训动员使学生理解实训的意义、明确实训的要求及工作规范，同时了解实训考核评价指标体系。

2. 岗位胜任能力测评

实训之前，对所有同学做综合素质测评。综合素质测评由实训系统自动抽题、自动计分，题目类型包括基本素质、通用管理、营销、采购、生产、仓储、人力资源、行政管理、财务等各方面内容。岗位胜任能力测评评分较高者作为 CEO 备选人选。

在参与仿真实训的学生中，如有学生积极向往 CEO 一职，首先考虑学生的意愿，如果 CEO 岗位空缺，则考虑岗位胜任能力测评评分较高者，最后考虑教师推荐，指定若干位 CEO 候选人。

3. 竞聘 CEO

首席执行官是在一个企业中负责日常经营管理的最高级管理人员，也称行政总裁。CEO 向公司的董事会负责，在公司或组织内部拥有最终的执行经营管理决策的权力。

在企业全景仿真综合实训中，采用竞聘方式确定每个管理团队的 CEO。前面指定的 CEO 给 5~10 分钟的时间准备竞选发言，竞聘者主要围绕对 CEO 角色的理解、价值主张、处事原则、企业文化等方面展开陈述，所有参与实训的学生可以参与投票，最终以竞聘者得票多少决定是否胜出。

4. 招聘管理团队

为了快速组建公司管理团队，CEO 需要立即着手招聘企业人力资源主管。待人力资源主管选定后，和人力资源主管一起制作招聘海报、提出岗位职位要求，收集、筛选招聘简历，面试应聘人员。

参与实践的学生持个人填写的应聘登记表去意向单位应聘，经过双向选择，最终确定自己的企业及岗位。每个同学应充分重视这次面试，做好面试前的准备工作。

5. 公司成立并熟悉企业基本情况

公司管理团队确认后，CEO 召开公司成立大会，介绍公司组织机构，将企业战略和企业未来发展前景与管理团队进行分享。

6. 领取办公用品

在正式开始实训之前，需要领用必需的办公设备及办公用具。包括实训用到的单据、账表、企业公章、模拟货币等。办公用品领用完成后，各企业、各岗位可以布置自己的办公区，为自己打造一个舒适的办公环境。

7. 岗前培训

现在每个人都有了明确的工作分工，也领取了开展工作必需的物品。那么在正式上岗之前，必须要接受岗前培训。岗前培训要教给员工完成工作所必需的知识和技能，让新员工掌握做好本职工作所需要的方法和程序。换句话说，就是让他们工作起来更富有成效，犯错误的可能性更小。

在企业管理全景仿真实训中，岗前培训阶段必须掌握的内容有熟悉业务规则、理解关键任务和认知原始凭证。

（1）熟悉业务规则。企业管理全景仿真实训中，把企业必须遵守的内外部环境限制、抽象为业务规则，企业竞争是在相同环境下的竞争，熟悉业务规则就会掌握竞争的主动权。

（2）理解关键任务。每名实训同学在企业中都扮演着不同的岗位角色，相应地具有不同的岗位职责。岗位职责明确规定了职工所在岗位的工作任务和责任范围。在企业管理全景仿真实训中，每个角色定义了不同数量的关键任务，学会这些关键任务的处理即具备了胜任类似该岗位的基本能力。

（3）认知原始凭证。所有的原始凭证（包括自制的和企业管理全景仿真实训提供的凭证），都是作为经济业务的原始证据，必须详细载明有关经济业务的发生或完成情况，必须明确经办单位和人员的经济责任。由于各项经济业务的内容和经济管理的要求不同，各种原始凭证的名称、格式和内容也是多种多样的。无论担任什么岗位，都要掌握基于该岗位的原始凭证的识别、填制、流转等基本要求。

为了保证岗前培训的效果，可以结合运用多种培训方式，包括教师现场培训、多媒体课件和自学方式。

（二）岗位体验

岗位体验是综合实训的主体内容，根据企业管理环境不同分为手工管理环境岗位体验和信息化管理环境岗位体验两个阶段，具体分为六个环节。

1. 期初建账

管理团队组建成功之后，在对原始凭证、业务规则都有所认知的基础上，核心制造业要与所在童车制造有限公司离任的管理者进行各项业务的交接，大部分的管理岗位都要进行期初建账，关键是要理清各管理岗位尚未完结的各项业务，以使各项业务能够连贯地接续下去；客户、供应商相应的财务和仓储也要进行期初建账。期初建账的目的是使实训者熟悉仿真情境，通过理解为什么要期初建账、需要建什么、该怎么建等问题，以熟知岗位责任、岗位规则。

2. 认知业务流程

业务流程是为达到特定的价值目标而由不同的人分别共同完成的一系列活动，是对企业关键业务的描述，从中可以体现出企业资源的配置、企业组织机构的设置以及一系列管理制度。

传统的高等教育划分了多个专业方向，细分的专业有利于教学实施和专业化发展，但同时会弱化全局观，不利于工作协同。因此，仿真实训的首要目标是认知企业的业务流程，学会与他人协同工作，共同实现企业目标。

3. 完成岗位工作

在仿真实训中，每个岗位工作都划分为两类：一类是业务流程中串接的工作，与他人的活动有严密的逻辑关系，称为业务工作，如计划员在编制主生产计划时，一定要根据营销部提供的销售订单汇总和市场部提供的市场预测数据；另一类是与岗位相关而与其他部门无关的日常工作，如各个管理岗位的办公费用报销。

业务工作需要遵从逻辑关系，按照业务流程执行的先后顺序在系统提示下依序完成，日常工作可以根据需要随时完成。

4. 手工环境体验

这里的"手工"是指企业绝大部分的业务工作及管理工作均采用手工处理的方式，这是作为管理者必须亲身经历并深度体验的一个环节。

制造企业通过生产过程将原材料转化为产品，要从这个转化过程中获得最大的价值，必须设计能高效生产产品的生产过程；进而必须管理作业从而更加经济地生产产品；管理作业就意味着对过程中使用的资源，即人力、财力和物力进行计划和控制。管理层的计划和控制的主要方法是通过物料流动控制着流程绩效。

在手工环境体验方式下，无论是经济业务的发生，还是物流、信息流、资金流的流动绝大部分是以单据来体现的。通过手工管理方式，能清晰地洞察企业业务的发生是如何驱动了物流、信息流、资金流的流动，从而对企业经营管理的全貌有一个整体性认识。"懂业务、会管理"是成为合格管理人才的必修课。

5. 信息化环境体验

经过至少一个周期的手工环境体验，如有条件和需要，可安排学生进行信息化环境的体验。

信息化环境的实践过程不是对手工过程的简单复制，而是要结合企业业务需求和计算机系统的优势，对原有的业务进行梳理，优化业务流程，深化管理精度，提升管理效率。例如，在信息化环境中，凭证只需录入一次，审核之后，系统自动完成记账，同时自动生成相应的日记账、明细账和总账。

企业信息化是一个复杂的系统工程，通过对信息化环境下岗位工作的完整体验，可以充分对比手工和信息化两种环境下的工作流程、岗位工作的不同，体验信息化给管理工作带来的方便和快捷。

6. 自主经营

这是该实训平台培育的竞争性环节。在前期，无论是手工环境还是信息化环境体验完成之后，接受实训的学生已经对相应职业岗位的工作任务、流程规则有所熟悉，在这样的体验环节，可以很好地考验管理团队的有效分工与协作程度，进而锻炼提升综合执行能力、综合决策能力和培养创新能力。

(三) 实训总结

实训总结是仿真实训的最后一个环节，记入整体实习成绩的一部分。在实训总结环节，学生可以与大家分享自己学习的成果，对相关数据的处理方法及对实习关键步骤的理解，感悟复杂市场营销环境下的企业经营，学会工作、学会思考，从而培养自身的全局意识和综合职业素养，教师在聆听和总结学生体验的同时便于不断优化和调整教学，实现教学相长。

‖ 第三章 ‖
应用指南

第一节　学生学习指南

请对照下列描述，初步了解系统，以完成本课程的相关训练。

一、登录系统

在 IE 浏览器地址栏输入系统登录地址，登录至"用户登录界面"，学生输入自己的用户名、密码，点击"登录"，进入学生的主页面。

在该页面可进行以下操作：

● 签到。

● 企业信息查看，分配完岗位后可点击企业名称，看到本企业的基本信息。

● 资源搜索，在页面右上方可以输入关键词，进行资源的搜索，这些资源包含 XPS 格式 PPT、DOC 等，进行各项学习和了解。

● 维护个人信息时，可以修改个人的密码，并可录入身份证号完成身份的登记（该操作完成后才可在银行批量发放工资）。

● 工作日期，该日期为虚拟日期，在 VBSE2.0 中，表 3–1 中虚拟日期可用于课程训练。

表 3–1　实习用虚拟日期

	月份	日期 1	日期 2	日期 3
2011 年虚拟日历	10 月	7	8	28
	11 月		8	28
2012 年虚拟日历	1 月	6	13	30
	2 月	6	14	29

月份	日期 1	日期 2	日期 3
3 月	6	15	30
4 月	6	13	30
5 月	4	15	30
6 月	6	15	29
7 月	6	13	30

其中"2012 年虚拟日历"为表格最左列合并单元格内容。

二、任务中心

（一）登录系统

学生登录系统后，当教师推送任务时，在中央区域"任务中心"显示"待办工作"与"发起新工作"。

1. 待办工作

某一项实训任务中的环节需要当前岗位学员办理。

2. 发起新工作

某项实训任务的第 1 个环节，需要当前岗位学员发起并完成；发起后点完成，该任务不会消失，但会给出提示，上次发起未结束（建议完成一次后再发起第 2 次）。

【例】客户签订广告合同

客户业务主管在［发起新工作］可以看到"客户签订广告合同—起草广告合同"；点开进行业务操作，完成后在系统左上方点击"完成任务"，这个时候，系统会将下一步任务"审核广告合同"推送给客户总经理，这时，担任客户总经理的同学可以在［待办工作］中看到"客户签订广告合同—审核广告合同"。

（二）任务类型

任务具体分为知识型、手工操作型、软件操作型和考核型。

1. 知识型任务

知识型任务，主要显示视频、教材的 PPT 和 Word，便于老师讲解或者自学时参考。

2. 手工操作型任务

手工操作型任务，主要显示流程图、教材的 PPT 和 Word，便于老师讲解或者自学时参考。

3. 软件操作型任务

软件操作型任务，主要显示软件界面、教材的 PPT 和 Word，便于老师讲解或者自学时参考。

4. 考核型任务

考核型任务一般是需要在线答题的任务，答题完成后，单击"提交"按钮提交试卷。如果试卷全是选择题，则可以直接到教学考核管理的学生查询单项成绩中查询这次考试的成绩。

（三）执行任务

单击"任务中心"中的任务标题，就会弹出单击的任务的当前页面，不同类型的任务，列示资源的形式也不同。任务完成后，需要单击左上角的"完成任务"按钮，才能真正完成该任务。系统将回到"任务中心"界面并自动刷新尚未完成的任务列表。

如果暂时不想完成此工作，可直接单击右上角关闭窗口的图标。

如果完成任务的窗口较小，可以单击任务执行窗口右上角的"放大"按钮，切换到全屏方式，如图 3-1 所示。

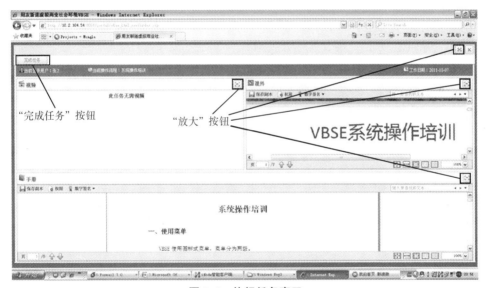

图 3-1　执行任务窗口

三、实训任务类型

实训任务主要有科学类任务和手艺类任务。

（一）科学类任务

科学类任务显示见图 3-2（3分屏，左上为视频、右上为 PPT、下方为 Word 讲义），均可点击最大化，方便浏览。

图 3-2 科学类任务执行页面

（二）手艺类任务

手艺类的任务显示见图 3-3，分为四部分，左上部分是该任务的流程图显示或软件操作部分，右上部分是对应于流程图逐步分解的任务名称、执行角色、执行人和任务类型。页面左下角是该任务的相关课件资源，右下角是相关操作手册。

图 3-3 手艺类任务执行页面

四、任务进度查询

单击左侧"教学进度管理"任务栏，进入教学进度查询，可以在左侧看到本企业的信息，在右侧可以看到进行中和已完成任务，选择需要查看的任务，在弹出的流程图及流程描述中可以看到流程的完成进度。

五、查看电子教案

(一)科学类任务

若该任务属于科学类，执行任务时，在"任务中心"菜单中点击任务名称，弹出科学类任务执行页面，三部分页面会分别显示该任务相关的视屏、电子教材的 Word 版和 PPT 版。

(二)手艺类任务

若该任务属于手艺类，执行任务时，在"任务中心"菜单中点击任务名称，弹出手艺类任务执行页面，学生会在页面下半部分看到该任务的教学资源。

点击资源文件名称，弹出文件内容页面，便于老师讲解或自学参考。

也可在下方的菜单中，找到教学资源查询，输入关键词进行搜索，或在首页的右上方输入关键词进行搜索。

第二节 教师授课指南

一、实训准备工作

(一)实习总动员

仿真实习开始之前，由实习组织者就本次实习的目的、内容、时间安排、组织形式、实习要求、实习考核等内容做统一宣讲。通过实习动员会使学生：理解本次组织实习的意义；掌握实习的重点、难点和突破方法；明确实习的要求及工作规范；了解实习考核评价指标体系。

(二)岗位胜任力测评

实习之前，对所有同学做综合素质测评。综合素质测评由实习系统自动抽题、自动计分，题目类型包括基本素质、通用管理、营销、采购、生产、仓储、人力资源、行政管理、财务等各方面内容。

在参与仿真实习的学生中，根据岗位胜任力测评结果，选取综合测评分数较高的作为 CEO 备选人选，主要参考学生的个人意愿及教师推荐，指定若干位 CEO 候选人。

二、系统登录

在 IE 浏览器地址栏输入系统登录地址，登录至"用户登录界面"，教师输入用户名（us90101），初始密码为"1"，点击"登录"，进入教师的主页面。

三、执行大纲

操作步骤如下：

第一步，教师登录主页面后，鼠标移至"教学过程管理"菜单项上，页面显示该菜单项的所有子菜单。

第二步，根据授课情况，在教学大纲执行页面，先选择虚拟日期（作为当前虚拟商业社会的模拟日期）。

第三步，点击其中的"教学大纲执行"项，页面列示课程包含的所有大纲。

第四步，点击对应的教学大纲，"预览"可看到该大纲中的详细内容，如果确定使用，点启动大纲，系统提示"教学大纲启动成功！"并在任务中心将任务推送（详见操作培训 PPT）。

注意事项

● 日期更换后，系统将自动清除所有任务，学生任务中心为空，需要执行大纲
● 可以在同一个虚拟日期内，执行多个大纲
● 推荐的大纲组合方法见后附文档
● 虚拟日历见后附文档

四、推送任务

操作步骤如下：

第一步，教师"执行教学大纲"完成后，关闭，回到"任务中心"，按 F5 刷新页面，这时可以看到待办任务。

第二步，点击任务名称，系统弹出教学大纲流程图，点击左上角"完成"按钮，教学大纲页面自动退出。

第三步，也可一次选择多个任务后，点"一键推送"，进行任务批量推送。

第四步，此任务的首个节点推送至学生端，担任此岗位的学生登录系统，任务中心会出现此任务的待办项。

第五步，其他任务参照上面说明。

 注意事项

● 推送大纲时，可选一部分再一键推送，当学员人数超过 100 时，一次推送数量控制在 50 条以内

● 推送任务时，保留当前页面，先不进行其他操作

五、选择教师授课指南

操作步骤如下：

第一步，教师登录主页面后，鼠标移至"教学过程管理"菜单项上，页面显示该菜单项的所有子菜单。

第二步，进入"教师授课指南"，根据授课情况，选择本次授课用的指南。

 注意事项

● 教师授课指南与学生大纲的推荐组合方式见后附文档

● 选择后，在教师端首页的左上方，可点"授课指南"看到详细内容，并可按需要进入业务系统进行信息的查询和操作

六、教学资源搜索

教师登录后，在首页右上方的搜索框内，输入关键词搜索想要查找的资源，点放大镜即可。

七、考勤查询

在自主经营阶段，启用自主经营对应的授课指南后，可通过教师首页中的"授课指南"，找到考勤汇总查询，查询学生通过系统进行的考勤记录。

八、调整市场环境

在自主经营阶段，启用自主经营对应的授课指南后，可通过教师首页中的"授课指南"找到以下三个节点，进入后可进行：其一，新增虚拟销售市场订单；其二，新增维护虚拟供应市场订单；其三，批量导入虚拟市场订单。

 注意事项

● 建议使用系统里的模板进行数据修订，避免因 Excel 单元格式不一致，无法导入

九、查询教学进度

操作步骤如下：

第一步，教师登录主页面后，鼠标移至"教学过程管理"菜单项上，页面显示该菜单项的所有子菜单。

第二步，点击其中的"教学进度查询"项，页面列示系统中所有企业当前正在执行的任务进度。

第三步，以"宝乐童车制造有限公司"为例，点击左边对应的企业名称，页面显示该企业当前正在执行的任务进度（包括已完成和进行中）。

第四步，点击对应的任务名称，显示该任务的执行流程图，图中所有置红的节点是当前正在操作的节点，之前的置灰节点均为已完成节点。

附 件

附件一 建议教学安排

1. 虚拟企业组织及岗位设置

组织包含虚拟制造企业、服务公司、银行、社保局、工商局、税务局、会计师事务所、商贸公司，其中每家制造企业下设 18 个岗位，每家商贸公司分别下设 3 个岗位，其余各组织分别有一个岗位（注：如果参训人数较多时，可以多人一组，用一个账号）。

2.0 版本支持最大 14 家企业数，组合有以下建议：

（1）10 家制造企业 + 2 家商贸（作为客户）+ 2 家商贸（作为供应商）

（2）8 家制造企业 + 2 家商贸（作为客户）+ 2 家商贸（作为供应商）

（3）6 家制造企业 + 2 家商贸（作为客户）+ 2 家商贸（作为供应商）

（4）4 家制造企业 + 1 家商贸（作为客户）+ 1 家商贸（作为供应商）

（5）2 家制造企业 + 1 家商贸（作为客户）+ 1 家商贸（作为供应商）

（6）1 家制造企业 + 1 家商贸（作为客户）+ 1 家商贸（作为供应商）

注意事项

- 制造企业最大数量与各院校购买的加密许可数相关
- 该组合选择在每次开课前，通过课程参数进行设置
- 可自由选择企业信息，但需要注意与购买的企业公章保持一致
- 当按组合（1）开课时，建议适当增加服务公司、银行的岗位数

2. 课时建议安排

（1）团队组建 1 天 + 手工学习阶段 1 天 + 信息化学习阶段 1 天 + 手工自主经营 6 天 + 总结 1 天

（2）团队组建 1 天 + 手工学习阶段 1 天 + 手工自主经营 7 天 + 总结 1 天

（3）团队组建 1 天 + 手工学习阶段 1 天 + 信息化学习阶段 1 天 + 信息化自主经营 6 天 + 总结 1 天

（4）团队组建 1 天 + 手工学习阶段 2 天 + 手工自主经营 2 天 + 总结

（5）团队组建 1 天 + 手工学习阶段 2 天 + 手工自主经营 2 天 + 信息化学习阶段 1 天 + 信息化自主经营 1 天 + 总结

注意事项

● 上述选择在教师进行大纲执行时根据情况选择组合

● 如希望跳过团队组建直接开课的院校，可在导入学员名单时，直接将学员所在的虚拟公司、岗位按已有档案进行选择，导入后即可开始任务训练，但考虑本操作相对复杂，第 1 次进行时请与当地分公司的服务支持进行联系

● 手工：不进入 ERP-U8，模拟未购买管理软件的企业

● 信息化：在部分环节进入 ERP-U8 进行操作，模拟购买 U8 后的企业

附件二　教师授课指南与大纲组合推荐

学生学习大纲及教师指南组合表			
授课天	虚拟日期	启动学生大纲	选择教师授课指南
第 1 天	2011-10-7	团队组建	团队组建阶段授课指南
		期初建账及第一阶段考核	团队组建阶段授课指南
第 2 天	2011-10-8	手工第一讲（10-8）	手工学习阶段月初授课指南
		手工第二讲（10-8）	手工学习阶段月初授课指南
	2011-10-28	手工第三讲（10-28）	手工学习阶段月末授课指南
		手工第四讲（10-28）	手工学习阶段月末授课指南
第 3 天	2011-11-8	信息化 11 月 8 日大纲	信息化学习阶段月初授课指南
	2011-11-28	信息化 11 月 28 日大纲	信息化学习阶段月末授课指南
（方案一）手工自主经营			
第 4 天	2012-1-6	核心制造日常业务+日常业务+自主经营月初工作	手工自主 1 月 6 日授课指南
	2012-1-13	核心制造日常业务+日常业务+自主经营月中工作	手工自主经营授课指南
	2012-1-30	核心制造日常业务+日常业务+自主经营月末工作	手工自主经营授课指南
第 5 天	2012-2-6	核心制造日常业务+日常业务+自主经营月初工作	手工自主经营授课指南
	2012-2-14	核心制造日常业务+日常业务+自主经营月中工作	手工自主经营授课指南
	2012-2-29	核心制造日常业务+日常业务+自主经营月末工作	手工自主经营授课指南
第 6 天	2012-3-6	核心制造日常业务+日常业务+自主经营月初工作	手工自主经营授课指南
	2012-3-15	核心制造日常业务+日常业务+自主经营月中工作	手工自主经营授课指南
	2012-3-30	核心制造日常业务+日常业务+自主经营月末工作	手工自主经营授课指南

授课天	虚拟日期	启动学生大纲	选择教师授课指南
(方案一) 手工自主经营			
第7天	2012-4-6	核心制造日常业务+日常业务+自主经营月初工作	手工自主经营授课指南
	2012-4-13	核心制造日常业务+日常业务+自主经营月中工作	手工自主经营授课指南
	2012-4-30	核心制造日常业务+日常业务+自主经营月末工作	手工自主经营授课指南
第8天	2012-5-4	核心制造日常业务+日常业务+自主经营月初工作	手工自主经营授课指南
	2012-5-15	核心制造日常业务+日常业务+自主经营月中工作	手工自主经营授课指南
	2012-5-30	核心制造日常业务+日常业务+自主经营月末工作	手工自主经营授课指南
第9天	2012-6-6	核心制造日常业务+日常业务+自主经营月初工作	手工自主经营授课指南
	2012-6-15	核心制造日常业务+日常业务+自主经营月中工作	手工自主经营授课指南
	2012-6-29	核心制造日常业务+日常业务+自主经营月末工作	手工自主经营授课指南
第10天	2012-7-6	核心制造日常业务+日常业务+自主经营月初工作	手工自主经营授课指南
	2012-7-13	核心制造日常业务+日常业务+自主经营月中工作	手工自主经营授课指南
	2012-7-30	核心制造日常业务+日常业务+自主经营月末工作	手工自主经营授课指南
(方案二) 信息化经营			
第4天	2012-1-6	核心制造日常业务+日常业务+信息化月初工作	信息化1月6日授课指南
	2012-1-13	核心制造日常业务+日常业务+信息化月中工作	信息化自主经营授课指南
	2012-1-30	核心制造日常业务+日常业务+信息化月末工作	信息化自主经营授课指南
第5天	2012-2-6	核心制造日常业务+日常业务+信息化月初工作	信息化自主经营授课指南
	2012-2-14	核心制造日常业务+日常业务+信息化月中工作	信息化自主经营授课指南
	2012-2-29	核心制造日常业务+日常业务+信息化月末工作	信息化自主经营授课指南
第6天	2012-3-6	核心制造日常业务+日常业务+信息化月初工作	信息化自主经营授课指南
	2012-3-15	核心制造日常业务+日常业务+信息化月中工作	信息化自主经营授课指南
	2012-3-30	核心制造日常业务+日常业务+信息化月末工作	信息化自主经营授课指南
第7天	2012-4-6	核心制造日常业务+日常业务+信息化月初工作	信息化自主经营授课指南
	2012-4-13	核心制造日常业务+日常业务+信息化月中工作	信息化自主经营授课指南
	2012-4-30	核心制造日常业务+日常业务+信息化月末工作	信息化自主经营授课指南
第8天	2012-5-4	核心制造日常业务+日常业务+信息化月初工作	信息化自主经营授课指南
	2012-5-15	核心制造日常业务+日常业务+信息化月中工作	信息化自主经营授课指南
	2012-5-30	核心制造日常业务+日常业务+信息化月末工作	信息化自主经营授课指南
第9天	2012-6-6	核心制造日常业务+日常业务+信息化月初工作	信息化自主经营授课指南
	2012-6-15	核心制造日常业务+日常业务+信息化月中工作	信息化自主经营授课指南
	2012-6-29	核心制造日常业务+日常业务+信息化月末工作	信息化自主经营授课指南
第10天	2012-7-6	核心制造日常业务+日常业务+信息化月初工作	信息化自主经营授课指南
	2012-7-13	核心制造日常业务+日常业务+信息化月中工作	信息化自主经营授课指南
	2012-7-30	核心制造日常业务+日常业务+信息化月末工作	信息化自主经营授课指南

附件三   实训招聘组织方案

一、招聘方案

（一）方案一

1. 操作步骤

第一步：学生综合测评答题过程中，教师将应聘简历表发给学生，以备学生完成答题至 CEO 竞聘演讲的空当中填写（要求学生写明应聘意愿）。

测评期间，教师可动员学生踊跃报名竞聘各企业 CEO 及政务中心、服务公司、银行等岗位，并用表格做好记录（建议按组织记录，每家企业可以有 2 名候选人），为指认候选人做准备。

第二步：组织 CEO 及社会资源职位的候选人演讲，演讲过程完成后组织投票。

竞选演讲：将参加竞选演讲的学生根据实际场地和数量分为 2~3 组，由不同的教师带领，分批在各个教室进行竞选演讲，建议每名学生演讲时间控制在 5 分钟内。

第三步：组织 CEO 招聘自己的人力资源部经理，商贸企业 CEO 直接招聘公司剩余员工。招聘过程中教师给予必要指导，不对招聘过程及招聘工具使用做太多要求。

第四步：CEO、人力资源部经理共同招聘剩余人员，为录用的人员发放录用通知单。

第五步：组织学生依照录用通知单的内容进行系统登录，管理自己的岗位。

2. 方案优势

流程简单，易于操作；能够快速组建公司，用约 90 分钟完成团队组建所有工作。

3. 方案劣势

招聘场面比较混乱，不宜更好地体会招聘过程。

（二）方案二

1. 操作步骤

第一步：在学生综合测评答题过程中，教师将应聘简历表发给学生，以备学生完成答题至 CEO 竞聘演讲的空当中填写（要求学生写明应聘意愿）。

第二步：组织 CEO 及社会资源职位的候选人演讲，演讲过程完成后组织投票。

第三步：组织 CEO 招聘自己的人力资源部经理。

第四步：一名教师安排未找到工作的学生分组准备面试，告知学生面试分组及顺序；将学生分为两组，即面试组（一般 6~8 人）与观察组（剩余学生），一组学生面试时，剩余学生作为观察组在一旁观摩。一名教师为面试官组（CEO、人力资源部经理）讲解群体面试流程及技巧、无领导小组讨论面试流程及观察重点，发放无领导小组讨论题目、评分表及面试提纲。

第五步：组织面试组、观察组事先在面试场地内坐好，面试官入场后即开始面试。

第六步：进行面试，群体面试时间控制在 20 分钟/组，无领导小组讨论 50 分钟/组。两轮面试后，在场面试官，可对满意的候选人直接发 offer，面试过程不间断，连续进行。教师在面试过程中针对实际情况给予面试官及应聘者以指导。

第七步：告知各企业 CEO、人力资源部经理快速确定公司员工，特别是与面试中表现突出、收取多份 offer 的候选人及时沟通，以确定录用人员，并发放录用通知书。

第八步：组织学生依照录用通知单的内容进行系统登录，管理自己的岗位。

注意事项

● 分组时尽可能将学生行政班打乱，男女生尽量均衡
● 面试组每组 6~8 人最佳，以保证面试官能很好地观察每个应聘者

2. 方案优势

能够真正体验校园招聘的一般流程及招聘方法，学生在观察和体验中得到切实的提高，招聘现场井然有序，易于控制。

3. 方案劣势

招聘花费时间较长，对教师的数量及精力要求较多，但此时可要求已找到工作的社会资源小组成员（政务专员、服务公司业务员、银行柜员）帮忙组织。

二、面试流程

（一）群体面试基本流程

1. 准备工作

（1）学生坐定后，将桌面上的 A4 白纸折好，制作自己的姓名牌，放置面前。

姓名牌制作方法：将 A4 纸三等分；按照分好的折线两边部分向中间折，折时需沿同方向；在中间处写上姓名，字迹要清晰且足够大；将桌牌置于自己面前，姓名朝向组员。

（2）面试官组内选出一名学生作为整个面试的主持、一名学生注意面试时间的控制（主持人、计时员可以确定一组，也可由面试官轮流充当）。

2. 自我介绍

每位面试者 2 分钟。

3. 面试官提问

问题控制在 4~5 个，可选择每个面试者都回答，也可指定人员回答。

4. 面试提纲范本

校园招聘通用面试提纲

一、基本情况测试题

1. 请您自我介绍一下？

【考察点】考察其是否与简历所列举的内容一致，语言简练、条理清晰、层次要分明。

2. 谈谈您的家庭情况？

【考察点】考察其家庭情况，可以对了解应聘者的性格、观念、心态等有一定的作用。

3. 请您简明地评价一下自己，你预备用哪些词形容？

【考察点】考察应聘者的性格及爱好等，也能从侧面了解其文字方面的功底如何。

4. 您认为自己最大的弱点是什么？

【考察点】考察应聘者是否诚实，也能从侧面有助于了解应聘者的性格特点。

5. 哪位人物对您影响最大？

【考察点】考察其职业生涯路径有可能朝哪个方向发展，对其影响大的人物的职业发展路径，通常都成为应聘者追求的目标。

6. 说说迄今为止你最感到失败的经验及对你的影响。

【考察点】考察应聘者是否对于这个问题能如实回答，能有效反映一个人生命历程的深度和广度。

二、个人能力测试题

7. 您认为您适合干什么？

【考察点】一个人的职业生涯选择是从想干什么和能干什么这两个方面着手考虑的，这两点都得到满足才是最佳选择，考察了解应聘者对未来规划以及性格特点。

8. 最基础的工作您也会愿意干吗？

【考察点】考察应聘者明显不心甘情愿地贡献，只是在应付差事，还是意识到基本功不够扎实，只有通过单调、枯燥的工作得到磨炼才能在将来有毅力去征服困难。

9. 您能为我们公司带来什么呢？

【考察点】考察应聘者是否经受过一些专业培训或者别的兴趣、爱好等。

10. 您和其他求职者有什么不同？

【考察点】考察应聘者是不是以自我为中心、自以为是或者团队精神较差，或者通过这个问题能了解其他学员的情况，发现这批学员中谁是最优秀的人才，谁不适合被录取。

11. 您的目标及对前途的打算是什么？

【考察点】考察应聘者对自己是否有明确的人生目标及努力上进的精神。

12. 你为什么还没找到合适的职位呢？

【考察点】考察学员是不是第一次面试，是否还有其他的工作经验及实习经历。

13. 有想过创业吗？

【考察点】考察面试者是否对自己职业生涯有较长远和清楚的规划。

14. 卖这张桌子给我。

【考察点】考察应聘者的应变思维能力及语言表达能力。

15. 作为被面试者给我打一下分。

【考察点】考察面试者是不是实事求是型的人才。

16. 你认为自己过去工作中最值得骄傲的一件事是什么？

【考察点】考察面试者的思维模式和心理特征，是否自己积极主动、好胜进取。

17. 你如何评价你过去所在的单位？

【考察点】考察面试者的人格是否健全，是否总是爱在背后说三道四，飞短流长，议论人非。另外，考察其是否对待工作有独到的见解和思维。

18. 你计划在公司工作多久？

【考察点】考察应聘者对企业的愿景是什么？是否有长期发展的愿望而不是口不对心的满口允诺。

三、智能型测试题

【考察点】这类问题和背景性问题不同，主要考察应试者的综合分析、言语表达、逻辑思维能力等。通过提出一些值得思考而且富有争论性的现实问题和社会问题，让应试者阐述自己的看法和观点。这一类问题没有明确的正确答案，因此考察的重点不是应试者的答案是否正确，而是在于应试者的逻辑思维、推理、分析、表达能力和知识面，在于考生能否抓住看似复杂问题的实质和症结所在，有逻辑、有层次、有针对性地展开论述，也在于应聘者的思维是否活跃且具有创造性。

19. 当你走上了主要领导工作岗位，发现工作压力、强度远远超过了你当初的想象，你会怎么做？

20. 现在办事请客送礼之风盛行，如果你办事，首先想到的是送礼好还是用权利好？

21. 我们单位需要有两种办事人员：一种只需在本地工作，但薪金较低，发展的机会也较少；另一种需长期出差，比较辛苦，但薪金较高，发展机会也多。你倾向于选择哪种工作？

四、行为性测试题

【考察点】这是提高结构化面试预测有效性的核心技术。通过让考生确认在过去某种情景、任务或背景中他们实际做了什么，从而取得考生过去行为中与一种或数种能力要素相关的信息。目的是通过关注考生过去的行为，而预测考生将来的表现。

试题 1

主考官：你能不能举出一个你所遇到的实例，当时你的老师或上级主管与你在某个活动或工作的要求上没有达成共识，给我讲一讲当时的情况是怎样的？

候选人：……

主考官：你当时是怎么想的？

候选人：……

主考官：后来你是怎样说服上级部门的主管？

候选人：……

主考官：最后达成了什么样的共识？

试题 2

请详细说说在以往的工作中，由你组织的比较成功和不太成功的活动各一次，并说说体会。

试题 3

请用 3 分钟左右的时间谈你过去的一些学习和生活的经历以及你为什么报考这个专业？

【出题思路】背景性问题。导入正题，初步了解考生的基本情况，以便为以后的提问收集资料。考官可根据考生回答的具体情况进行追问，同时要尽可能地让考生多表现自己，考察其求职动机与拟任职位的匹配性。

试题 4

假设你是某高校一名教师，近期将从韩国来 30 名学生参加一个汉语学习短期班，为期三周。学校决定让你来安排此次培训班，你打算如何做？

【考察点】情境性题目。考察计划、组织、协调能力。通过考生对此题目的反应来判断考生是否具备上述能力。本题结合考生年轻、希望全力负责或承担某项工作的心态，为他提供了一次机会。可从他在短期班到来之前所做的准备与规划中，考察出他计划的预见性、组织的缜密性和协调的艺术性等各方面的水平。

试题 5

假设有这样一种情况：你的工作能力绰绰有余，工作成绩也很突出，但却无法赢得领导信任，而某些工作能力不如你的同事却因能说会道，博得了领导的欢心，对此你有何想法？

【考察点】情境性问题。考察考生人际交往的意识与技巧。一般人都认为，善谈者，左右逢源，言克天下；而不善辞令者，处处被动、举步维艰。懂得如何与人交谈，是人与人之间达到默契沟通的一个重要因素，考生对此的认识对其人际交往能力有重要影响。

（二）无领导小组讨论基本流程

教师在课前做好无领导小组讨论分组并公布分组名单，由来自不同专业的学生组成，每组 6~8 人。评估组 3 人，其中评估组 1 人指定为主持，另外 2 人作为评价者。分组时应注意男、女组员的均衡搭配。

1. 无领导小组讨论场地布置（见附图 3-1）

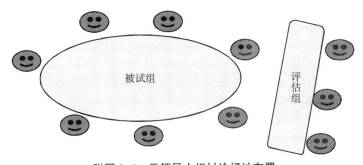

附图 3-1　无领导小组讨论场地布置

2. 无领导小组讨论期间各角色分工（见附表 3-1）

附表 3-1　无领导小组讨论期间各角色分工

阶段	教师	被试组	评估组	
			主持人	评价者
开始阶段（5分钟）	监督指导学生、对不合规范的操作予以纠正	学习规则 研读题目	指导语宣读（1分钟）	熟悉评分规则
独立发言阶段（20分钟）		1分钟自我介绍 2分钟观点陈述	1. 控制时间，逾时提醒 2. 完成后宣布结束	打分、给出评语
交叉发言阶段（5分钟）		1. 补充自己观点，质疑他人观点 2. 形成统一意见，推举1名总结陈词人选		
总结陈词阶段（5分钟）		总结陈词		

3. 无领导小组面试评分表（见附表 3-2）

附表 3-2　无领导小组面试评分表

评价项目	行为描述		评分标准	应聘者得分						
	较好	较差		学生A	学生B	学生C	学生D	学生E	学生F	学生G
言谈举止	形象大方，着装整洁，举止得体，情绪稳定	外形有明显缺陷，着装不够得体，精神不集中，紧张	本评分采取5分制；1分最差，5分最好；评分时以1、2、3、4、5做出评价							
主动参与	发言积极主动，多次发言，且发言内容切题，不重复	发言不够积极，次数很少，内容牵强，累赘								
沟通能力	善于依照具体情境转换沟通方式；以理服人，自己表达观点清晰、有感召力；能快速领略他人意图并做出恰当反应	不善于运用沟通技巧，不能很好地表达自己的观点，语言平淡，缺乏说服力								
分析能力	善于系统、全面、多角度地分析问题，论点鲜明，论据充分且符合逻辑	看问题的角度不够开阔或片面，有论点，但论据干瘪，逻辑层次不清								
团队合作	深入理解团队的目标，对于影响团队目标达成的不和谐因素能够及时察觉并努力解决	过度纠结个别细节，不注重团队目标，不善于配合团队成员完成计划，团队协作意识较差								
自信	能够坚定、清晰地表达观点，在遇到质疑和反对意见时能坚持自己的意见并给出充分的理由	对自己的观点不够自信，容易受他人的影响，表达意见时底气不足，含混不清								

4. 无领导小组面试题目

（1）面包销毁。

指导语

欢迎各位参加无领导小组讨论面试！请大家积极发言，踊跃与小组其他成员讨论，充分表达想法，拿出小组的意见结果。审题与讨论时间严格限制在 35 分钟内，请大家充分利用时间，尽快做出决策。

注意事项

● 请参评人保持考场内安静，关闭手机或保持手机静音。

● 请参评人严格遵守时间要求，规定时间内发言如果没有结果，考官将予以停止，请服从考官指令。

● 讨论一旦开始，参评人不得向考官提出任何问题。

● 讨论过程中，请参评人与小组其他成员保持目光接触，不要面向考官。

● 讨论中只能通过沟通、协调等方式，而不能使用投票或举手表决等方式来达成统一意见。

● 讨论结束后，请将所有材料留在桌面上，然后退场。

测验说明

本测验时间为 35 分钟，其中审题 5 分钟，自由讨论 21~27 分钟，总结陈述 3 分钟。

背景

假设你是某面包公司的业务员，现在公司派你去偏远地区销毁一卡车的过期面包（不会致命的，无损于身体健康）。在行进的途中，刚好遇到一群饥饿的难民堵住了去路，因为他们坚信你所坐的卡车里有能吃的东西。这时报道难民动向的记者也刚好赶来。对于难民来说，他们肯定要解决饥饿问题；对于记者来说，他是要报道事实的；对于你（业务员）来说，你是要销毁面包的。

问题

现在要求你既要解决难民的饥饿问题，让他们吃这些过期的面包（不会致命的，无损于身体健康），以便销毁这些面包，又不能让记者报道过期面包的这一事实？请问你将如何处理？

说明：①面包不会致命；②不能贿赂记者；③不能损害公司形象。

任务要求

每位小组成员首先利用 3 分钟时间仔细阅读题目，然后利用 25 分钟时间进行小组内部讨论，给出一致结论。

达成一致意见后，请推选一名队员做 2 分钟的总结汇报。

（2）沙漠求生记。

指导语

欢迎各位参加无领导小组讨论面试！请大家积极发言，踊跃与小组其他成员讨论，充分表达想法，拿出小组的意见结果。审题与讨论时间严格限制在 35 分钟内，请大家充分利用时间，尽快做出决策。

注意事项

● 请参评人保持考场内安静，关闭手机或保持手机静音。

● 请参评人严格遵守时间要求，规定时间内发言如果没有结束，考官将予以停止，请服从考官指令。

● 讨论一旦开始，参评人不得向考官提出任何问题。

● 讨论过程中，请参评人与小组其他成员保持目光接触，不要面向考官。

● 讨论中只能通过沟通、协调等方式，而不能使用投票或举手表决等方式来达成统一意见。

● 讨论结束后，请将所有材料留在桌面上，然后退场。

测验说明

本测验时间为 35 分钟，其中审题 5 分钟，自由讨论 21~27 分钟，总结陈述 3 分钟。

背景

①在炎热的 8 月，你乘坐的小型飞机在撒哈拉沙漠失事，机身严重撞毁，将会着火焚烧。

②飞机的位置不能确定，只知道最近的城镇是附近 70 公里的煤矿小城。

③飞机上生还人数与你的小组人数相同；你们装束轻便，只穿着短袖 T 恤、牛仔裤、运动裤和运动鞋，每人都有一条手帕。

④全组人都希望一起共同进退。

⑤飞机燃烧前，你们只有 15 分钟时间，从飞机中抢救物品。

⑥机上所有物品性能良好。

⑦沙漠日间温度是 40 度，夜间温度随时骤降至 5 度。

问题

在飞机失事中，如果你们只能从 15 项物品中，挑选 5 项。在考虑沙漠的情况后，请现场各位首先通过讨论挑选出 5 件最重要的东西，然后进行排序，并说明理由。

15 件物品：①一盏闪光信号灯（内置四个电池）；②一把军刀；③一张该沙漠区的飞行地图；④七件大号塑料雨衣；⑤一个指南针；⑥一个小型量器箱（内有温度计、气压计、雨量计等）；⑦一把 45 口径手枪（已有子弹）；⑧三个降落伞（有红白相间图案）；⑨一瓶维他命丸（100 粒装）；⑩十加仑饮用水；⑪化妆镜；⑫七副太阳眼镜；⑬两加仑伏特加酒；⑭七件厚衣服；⑮一本《沙漠动物》百科全书。

任务要求

每位小组成员首先利用 3 分钟时间仔细阅读题目，然后利用 25 分钟时间进行小组内部讨论，给出一致结论。

达成一致意见后，请推选一名队员做 2 分钟的总结汇报。

（3）醉酒驾驶。

指导语

欢迎各位参加无领导小组讨论面试！请大家积极发言，踊跃与小组其他成员讨论，充分表达想法，拿出小组的意见结果。审题与讨论时间严格限制在 35 分钟内，请大家充分利用时间，尽快做出决策。

注意事项

● 请参评人保持考场内安静，关闭手机或保持手机静音。

● 请参评人严格遵守时间要求，规定时间内发言如果没有结束，考官将予以停止，请服从考官指令。

● 讨论一旦开始，参评人不得向考官提出任何问题。

● 讨论过程中，请参评人与小组其他成员保持目光接触，不要面向考官。

● 讨论中只能通过沟通、协调等方式而不能使用投票或举手表决等方式来达成统一意见。

● 讨论结束后，请将所有材料留在桌面上，然后退场。

测验说明

本测验时间为 35 分钟，其中审题 5 分钟，自由讨论 21~27 分钟，总结陈述 3 分钟。

背景

近日，南京正式通过媒体曝光醉酒驾车者，首批公布的名单共有106人，都是在7月被警方查获并实施拘留的。交管部门介绍，曝光还将不定期发布。有人提出醉驾者拘留后还要被曝光是不是过于严厉一说，交管部门认为，曝光可以使醉驾者得到震撼，以后不敢有类似的行为，同时给其他司机以警示。

对此，支持者认为，酒后驾驶是一种高危行为，它会给社会公众带来极其严重的安全威胁。将这种潜在威胁告知公众，让大家提防着，何错之有？同时，曝光醉驾者姓名，让所有司机都深切感受到醉驾的成本实在是太高，从而不敢越雷池一步，又有什么不可以呢？

反对者认为，从我国的现行法律和规章来看，交管部门对醉酒驾驶者的行政处罚方式仅限于拘留、罚款、暂扣或吊销机动车驾驶证。而交管部门在媒体上公开曝光醉驾者，旨在通过道德谴责和贬损人格使醉驾者受到震撼，本质上已经是对醉驾者实施的"法外处罚"和"二次处罚"。

问题

你是如何看待这个问题的？你认为醉驾者该不该遭曝光？

任务要求

给出你的观点，并提出至少5条理由。

（4）大学生就业。

指导语

欢迎各位参加无领导小组讨论面试！请大家积极发言，踊跃与小组其他成员讨论，充分表达想法，拿出小组的意见结果。审题与讨论时间严格限制在35分钟内，请大家充分利用时间，尽快做出决策。

注意事项

● 请参评人保持考场内安静，关闭手机或保持手机静音。

● 请参评人严格遵守时间要求，规定时间内发言如果没有结束，考官将予以停止，请服从考官指挥。

● 讨论一旦开始，参评人不得向考官提出任何问题。

● 讨论过程中，请参评人与小组其他成员保持目光接触，不要面向考官。

● 讨论中只能通过沟通、协调等方式，而不能使用投票或举手表决等方式来达成统一意见。

● 讨论结束后，请将所有材料留在桌面上，然后退场。

测验说明

　　本测验时间为 35 分钟，其中审题 5 分钟，自由讨论 21~27 分钟，总结陈述 3 分钟。

背景

　　大学生就业难的问题屡见报端，目前社会上对大学生就业问题持有两种观点：一种是就业形势严峻，大学生应该因势利导，不应该对第一份工作抱有太高的期望值，应该本着先就业后择业的思想，在积累了一定的工作经验之后再进行职业定位；另一种是大学生就业应该本着谨慎的心态，选准了再做，宁可错过，不可错选，避免找到工作后频繁跳槽。

问题

你更赞同上述观点中的哪种?

任务要求

请给出观点，并说明理由，至少 5 条。

 注意事项

　　● 综合测评为必考内容，答完后点击提交，系统记录成绩，如果不点提交直接完成任务，将无成绩，其他创业类测评，为可选
　　● 上述测评成绩不计入最终实训成绩
　　● 组织全体学生在系统中进行投票，唯一候选人的组织将不再进行投票，直接当选
　　● 投票中，教师和学生可以通过刷新看到最新的票数
　　● 招聘过程中，可根据场地进行指导，特别提醒每个企业 CEO 必须招聘满各岗位，并下发录用通知单
　　● 除 CEO 学生外，每个同学得到录用通知后要在系统菜单中"维护岗位信息"维护自己的岗位信息，完成上岗

三、虚拟日历

附表 3-3　实习用虚拟日历

	月份	日期 1	日期 2	日期 3
2011 年虚拟日历	10 月	7	8	28
	11 月		8	28
2012 年虚拟日历	1 月	6	13	30
	2 月	6	14	29
	3 月	6	15	30
	4 月	6	13	30
	5 月	4	15	30
	6 月	6	15	29
	7 月	6	13	30

‖ 第四章 ‖
VBSE 虚拟环境企业运营通用规则

企业是社会经济的基本单位，企业的发展受自身条件和外部环境的制约。企业的生存与企业间的竞争不仅要遵守国家的各项法规及行政管理规定，还要遵守行业内的各种约定。在开始企业模拟竞争之前，各岗位工作人员必须了解并熟悉这些规则，才能做到合法经营，才能在竞争中求生存、求发展。

生产制造企业仿真业务规则是企业管理全景仿真的主体企业——生产制造企业开展生产经营活动时必须共同遵守的行业规则。

第一节　销售规则

一、市场预测

市场预测和客户订单是企业制订生产计划的依据。作为制造企业，需要通过营销部与客户商谈并签订合同，在系统中提交订单，客户确认后作为后续交易依据。

注意事项

> ● 制造企业在 2011 年 10 月会出现延续历史订单的情况

市场预测是各企业能够得到的关于产品市场需求可参考的预测信息，对市场预测的分析与企业的营销方案策划息息相关。在市场预测中包括各市场、各产品的总需求量、价格等。2012 年经济型童车本地市场数量及市场价格预测如图 4-1、图 4-2 所示。

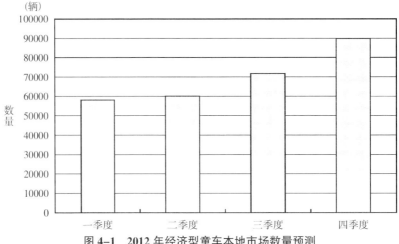

图 4-1　2012 年经济型童车本地市场数量预测

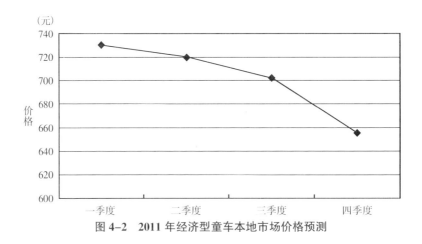

图 4-2　2011 年经济型童车本地市场价格预测

二、营销方案制订

为了让客户了解企业、了解企业的产品和服务，企业会投入大量的资金用于企业整体品牌和产品的宣传，以争取尽可能多的客户订单。为此，要策划营销方案、广告投放渠道、公共关系、产品推介会等一系列营销活动。在企业管理全景仿真中，这些活动统一以"广告费"来体现。

三、关于延期交货的规定

如果由于产能不够或其他原因，可能导致订单不能按交货期交货，发生延期交货时，企业为此应受到相应处罚，为最大限度地减少延期交货造成的损失，企业可以采取分期交货策略。

在与客户签订合同时，双方协商后，可在合同中约束，建议参考以下处理办法：

第一，分期交货。企业可以按规定的交货期先交付一部分货物，并开具相应数量的销售发票，确认应收账款。未及时按期交货的部分延期交货。

第二，延期交货罚款。发生延期交货的当期，会根据合同约定支付相应比例的违约金。对于未能按期交货的部分，可以在三个月之内补齐。如果在三个月之内仍未能全部交货，未能交货部分客户不再收货。

因此，营销部经理接单时要考虑企业的产能。

四、销售合同管理

生产制造公司销售产品必须与客户签订销售合同，销售合同是确立购销关系的依据。销售合同中明确约定了销售数量、品种、价格、商业折扣、付款期限、付款方式。有效合同将受到保护，以维护购销双方的正当权益。

销售合同中产品销售为含税价，增值税率为 17%，销售商品时需要给客户开具增值税专用发票。

与客户签订完纸质合同后，还需要在软件中进行订单录入，并提交给客户进行线上确认。如果客户认为存在问题，可选择拒绝，制造企业可在系统中有第 2 次提交机会，如两次提交均未被客户确认，制造企业需要重新进行该项任务。

五、商业折扣的约定

公司销售产品可根据实际情况向客户提供商业折扣，按一次性销售数量的不同，商业折扣系数也有所不同，可参考标准如表 4-1 所示，也可根据实际经营情况制定。

表 4-1 商业折扣系数

商业折扣标准	折扣（%）	备注
销售量<5000	无	按每种产品计量
5000≤销售量<8000	1	
8000≤销售量<10000	2	
10000≤销售量<15000	3	
15000≤销售量	5	

第二节 采购规则

一、办公用品采购规则

服务公司出售 VBSE 实训所需的各项办公用品，如表单、胶棒、长尾夹、印泥、曲别针等。买卖双方可对结算方式进行协商，即可选择当场结清货款，也可自行约定结算时间，如月结（每月统一结账）。办公用品价款可采用现金或支票进行结算。服务公司可提供的办公用品项目及价格如表 4-2 所示。

表 4-2 办公用品项目及价格

序号	商品名称	单价
1	表单	5 元/份
2	胶棒	20 元/支
3	印泥	30 元/盒
4	长尾夹	10 元/个
5	曲别针	5 元/个
6	复写纸	10 元/张
7	A4 白纸	5 元/张
8	橡皮	5 元/块

企业办公用品管理由行政主管承担，行政主管每月月初收集、统计办公用品采购需求，统一购买、按需发放。

行政主管依照员工使用需求发放办公用品并做好领用记录。

二、制造业采购规则

（一）采购原材料品种

生产制造公司可自主选择原材料供应商，决定采购的品种和数量、采购时间。根据公司可生产的产品类型及物料清单，公司有可能采购的原材料有十种，具体如表 4-3 所示。

表4-3 原材料采购相关信息

存货编码	存货名称	规格	计量单位	存货属性	编制物料净需求计划 使用的提前期（月）
B0001	钢管	Φ外16/Φ内11/L5000（毫米）	根	外购	1
B0002	镀锌管	Φ外16/Φ内11/L5000（毫米）	根	外购	2
B0003	坐垫	HJM500	个	外购	1
B0004	记忆太空棉坐垫	HJM0031	个	外购	1
B0005	车篷	HJ72×32×40	个	外购	1
B0006	车轮	HJΦ外125/Φ内60毫米	个	外购	1
B0007	经济型童车包装套件	HJTB100	套	外购	1
B0008	数控芯片	MCX3154A	片	外购	2
B0009	舒适型童车包装套件	HJTB200	套	外购	1
B0010	豪华型童车包装套件	HJTB300	套	外购	1

 注意事项

● 此处单价为不含税价，增值税为17%

（二）采购原材料的流程

月初，采购部门根据生产部门的材料净需求，考虑现有原材料库存及原材料市场供求形势、采购提前期、安全库存、采购批量等因素，编制采购计划表。

采购部门与供应商签订意向合同，确定未来一段时间里即将购买的原材料品种、预计数量和约定价格。

每月，采购部门根据企业的备料需要向供应商签订纸质采购合同，完成纸质合同后，在系统中录入订单并提交供应商确认。

供应商根据订单中的约定时间向企业发货，企业验收入库；如出现供应商库存不足等其他原因，造成供应商无法按期发货的情况，按双方在合同中的约定进行处理。

货款结算的时间及金额，依据双方签订合同的约定，并根据实际情况进行执行。

 注意事项

● 采购意向合同中的预计数量仅供乙方作计划参考时使用，甲方对此不作采购承诺。如出现违约纠纷情况，可提交工商局进行协调

（三）采购运费

原材料从供应商送达企业时会发生相应的运输费用，具体细节在采购合同中由双方进行约定。

第三节　仓储规则及成品结构

一、仓库规则

公司现有三座仓库：原材料库、半成品库和成品库。原材料库用于存放各种生产原材料，半成品库用于存放车架，成品库用于存放产成品。仓库信息如表 4-4 所示。

表 4-4　仓库信息

仓库名称	仓库编码	可存放物资
原材料库	A 库	钢管、坐垫、车篷、车轮、包装套件、镀锌管、记忆太空棉坐垫、数控芯片、舒适型童车包装套件、豪华型童车包装套件
半成品库	B 库	经济型童车车架、舒适型童车车架、豪华型童车车架
成品库	C 库	经济型童车、舒适型童车、豪华型童车

二、物料及成品

仓储部负责生产所需的原材料的采购入库、生产出库和保管，成品的完工入库和销售出库。公司的物料和成品清单如表 4-5 所示。

表 4-5　物料和成品清单

物料名称	物料编码	单位	规格	来源
钢管	B0001	根	Φ 外 16/Φ 内 11/L5000（毫米）	外购
镀锌管	B0002	根	Φ 外 16/Φ 内 11/L5000（毫米）	外购
坐垫	B0003	个	HJM500	外购
记忆太空棉坐垫	B0004	个	HJM600	外购
车篷	B0005	个	HJ72×32×40	外购
车轮	B0006	个	HJΦ 外 125/Φ 内 60 毫米	外购

续表

物料名称	物料编码	单位	规格	来源
数控芯片	B0008	片	MCX3154A	外购
经济型童车包装套件	B0007	套	HJTB100	外购
舒适型童车包装套件	B0009	套	HJTB200	外购
豪华型童车包装套件	B0010	套	HJTB300	外购
经济型童车车架	M0001	个		自制
舒适型童车车架	M0002	个		自制
豪华型童车车架	M0003	个		自制
经济型童车	P0001	辆		自制
舒适型童车	P0002	辆		自制
豪华型童车	P0003	辆		自制

其中，经济型童车物料清单即 BOM 表如表 4-6 所示。

表 4-6　经济型童车物料清单

结构层次	父项物料	物料编码	物料名称	规格型号	单位	用量	备注
0		P0001	经济型童车		辆	1	自产成品
1	P0001	M0001	经济型童车车架		个	1	自产半成品
1	P0001	B0005	车篷	HJ72×32×40	个	1	外购原材料
1	P0001	B0006	车轮	HJΦ外125/Φ内60毫米	个	4	外购原材料
1	P0001	B0001	经济型童车包装套件	HJTB100	套	1	外购原材料
2	M0001	B0001	钢管	Φ外16/Φ内11/L5000（毫米）	根	2	外购原材料
2	M0001	B0003	坐垫	HJM500	个	1	外购原材料

经济型童车产品结构如图 4-3 所示。

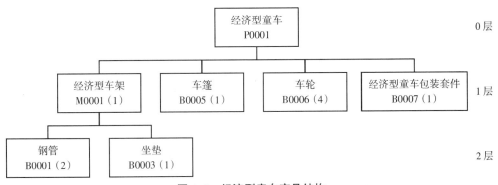

图 4-3　经济型童车产品结构

舒适型童车物料清单如表 4-7 所示。

表 4-7　舒适型童车物料清单

结构层次	父项物料	物料编码	物料名称	规格型号	单位	用量	备注
0		P0002	舒适型童车		辆	1	自产成品
1	P0002	M0002	舒适型童车车架		个	1	自产半成品
1	P0002	B0005	车篷	HJ72×32×40	个	1	外购原材料
1	P0002	B0006	车轮	HJΦ外125/Φ内60毫米	个	4	外购原材料
1	P0002	B0009	舒适型童车包装套件	HJTB200	套	1	外购原材料
2	M0002	B0002	镀锌管	Φ外16/Φ内11/L5000（毫米）	根	2	外购原材料
2	M0002	B0003	坐垫	HJM500	个	1	外购原材料

舒适型童车产品结构如图 4-4 所示。

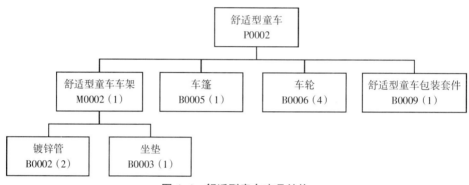

图 4-4　舒适型童车产品结构

豪华型童车物料清单如表 4-8 所示。

表 4-8　豪华型童车物料清单

结构层次	父项物料	物料编码	物料名称	规格型号	单位	用量	备注
0		P0003	豪华型童车		辆	1	自产成品
1	P0003	M0003	豪华型童车车架		个	1	自产半成品
1	P0003	B0005	车篷	HJ72×32×40	个	1	外购原材料
1	P0003	B0006	车轮	HJΦ外125/Φ内60毫米	个	4	外购原材料
1	P0003	B0008	数控芯片	MCX3154A	片	1	外购原材料
1	P0003	B0010	豪华型童车包装套件	HJTB300	套	1	外购原材料
2	M0003	B0002	镀锌管	Φ外16/Φ内11/L5000（毫米）	根	2	外购原材料
2	M0003	B0004	记忆太空棉坐垫	HJM600	个	1	外购原材料

豪华型童车产品结构如图 4-5 所示。

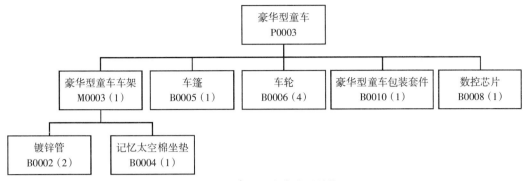

图4-5　豪华型童车产品结构

三、储位管理

仓库储位采用分区分类策略，给每一类物料分配固定的储存区域，物料储存时必须放在指定区域。储存区域仓位编码规则：仓库编码+储位流水号。储位分配如表4-9所示。

表4-9　储位分配

物料名称	单位	仓位
钢管	根	A01
镀锌管	根	A02
坐垫	个	A03
记忆太空棉坐垫	个	A04
车篷	个	A05
车轮	个	A06
经济型童车包装套件	套	A07
舒适型童车包装套件	套	A08
豪华型童车包装套件	套	A09
经济型童车车架	个	B01
舒适型童车车架	个	B02
豪华型童车车架	个	B03
经济型童车	辆	C01
舒适型童车	辆	C02
豪华型童车	辆	C03

注意事项

● 填写物料卡时，需要注意填写每一类物料的储存区域

四、仓储部门人员

仓储部现设置两个岗位：仓储部经理和仓管员。仓储经理负责任务单据审核、登记台账、业务统计；仓管员负责物料、成品的入出库业务。

第四节　生产规则

企业生产离不开厂房、生产设备、仓库等基本生产场地及生产设施。我们的企业是一个持续经营的企业，2011 年 10 月期初时，每个企业已经购置了一个大厂房，大厂房内安装有普通机床 10 台和组装生产线 1 条，设备运行状况良好。

一、厂房规则

企业现有大厂房一座。在以后的生产过程中，企业根据自身经营状况可以建造、租赁厂房。厂房有大、小两种类型，厂房类型及相关规则如表 4-10 所示。

表 4-10　厂房规则

厂房类型	价值（万元）	使用年限（年）	租金（元/月）	折旧（元/月）	容量
大厂房	210	30	10000	5833.33	20 台机床位
小厂房	120	30	6000	3333.33	12 台机床位

 注意事项

- 一条组装生产线占用 4 台机床的位置
- 购买当期不计提折旧，从下月开始计提
- 自有大厂房在经营期间不得出售
- 如经营期间厂房数量超出实际厂房容量，需要联系服务公司进行厂房租赁

二、生产设备规则

根据企业的生产经营状况，企业的生产设备可以随时购买。企业的生产设备有两大类：机床和组装流水线，机床能生产各种类型的车架，组装流水线能组装各种类型

的童车。企业生产设备的基本信息如表4-11所示。

注意事项

> ● 设备购买后，需要经过1个月的购买提前期和1个月安装调试提前期后才可正式投入生产

表4-11 设备基本信息

生产设备	购置费（万元）	使用年限	折旧费（元/月）	维修费（元/月）	生产能力（台/月）			出售
					经济型	舒适型	豪华型	
普通机床	1	10	83.33	33	500	500		按账面价值出售
数控机床	5	10	416.67	180	3000	3000	3000	
组装流水线	3	10	250	100	7000	7000	6000	

注意事项

> ● 折旧：生产设备按月计提折旧
> ● 维修：按月支付维修费用，本月购入生产设备不维修

同时，设备对技术人员需求情况如表4-12所示。

表4-12 产品上线生产人员需求

设备	人员级别	要求人员配置数量
普通机床	初级	2
数控机床	高级	2
组装流水线	初级	5
	中级	15

三、产能规则

工作中心（Working Center）是指直接改变物料形态或性质的生产作业单元。工作中心是用于生产产品的生产资源，包括机器、人和设备，是各种生产或加工单元的总称。一个工作中心可以是一台设备、一条生产线、一个班组或生产单一产品的封闭车间；对于外协工序，对应的工作中心则是协作单位的代号。工件经过每一个工作中心要发生费用，产生成本。工作中心的数据是工艺路线的核心组成部分，是运算物料需

求计划、能力需求计划的基础数据之一。

生产制造公司工作中心资料如表 4-13 所示。

表 4-13　工作中心

工作中心编码	工作中心名称	产品	定额生产能力（台/5 天）	所属部门
wc01	普通机床	经济型童车车架	5000	生产计划部
		舒适型童车车架	5000	
wc02	数控机床	经济型童车车架	3000	生产计划部
		舒适型童车车架	3000	
		豪华型童车车架	3000	
wc03	组装流水线	经济型童车	7000	生产计划部
		舒适型童车	7000	
		豪华型童车	6000	

派工时，一种资源上只允许生产一个品种的产品。假如给一条组装流水线上安排生产 5000 台经济型童车，剩下的 2000 台产能不能用于生产舒适型童车与豪华型童车。必须等该资源产能全部释放后才允许安排不同种类的产品生产。

四、工艺路线

工艺路线用来表示企业各项自制件的加工顺序和在各个工序中的标准工时定额情况，也称为加工路线，是一种计划管理文件，主要用来进行工序排产和车间成本统计。

生产制造公司经济型童车的工艺路线如表 4-14 所示。

表 4-14　经济型童车的工艺路线

物料编码．P0001 经济型童车

工序	部门	工序描述	工作中心	加工工时
10	生产计划部——机加车间	车架加工	普通（或数控）机床	5 天
20	生产计划部——组装车间	组装	组装生产线	5 天

（一）购买生产许可

制造业初始默认的生产许可为经济型童车，如果要生产舒适型或豪华型童车，必须在服务公司购买相应的生产许可证，代表企业完成了新产品的研发。购买许可证后可以立即开工生产，见表 4-15。

表 4-15　生产许可证及价格

许可证类型	价格（元）
舒适型	10000
豪华型	20000

（二）水电费

生产一个车架的平均用电量为 3 度，组装一辆童车平均用电量为 2 度。工业用电 1.5 元/度。

每生产 5000 个车架平均用水量为 30 立方米，水价为 3 元/立方米。

按每月实际完工入库数量计算，请在每月结束前，前往服务公司交纳上月水电费（2012 年 1 月时交纳 2011 年 10 月水电费）。

第五节　人力资源规则

人力资源是企业生产经营活动的基本要素。公司的员工配置、工资标准及核算、员工招聘与培训，要在遵循本规则的前提下，做出科学合理的规划安排，以保证公司的生产经营活动协调、有序、高效进行。

一、人员配置规则

（一）制造企业人员配置规则

1. 制造企业组织结构（见图 4-6）

VBSE 实训系统中核心制造业由 7 个部门组成，分别是企业管理部、营销部、生产计划部、仓储部、采购部、人力资源部、财务部。企业规模不是很大，人数不超过 100人，共由 18 个管理岗和若干个工人岗组成。

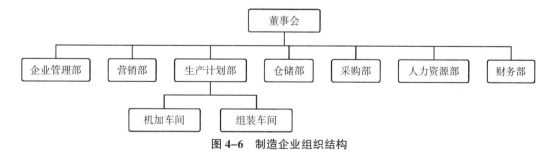

图 4-6　制造企业组织结构

2. 制造企业人员及岗位设置（见表4-16）

表 4-16　制造企业人力资源配置

部门	岗位名称	岗位级别	在编人数	直接上级
企业管理部	总经理（兼企管部经理）	总经理	1	董事会
	行政助理（兼商务管理）	职能管理人员	1	总经理
营销部	营销部经理	部门经理	1	总经理
	市场专员	职能管理人员	1	部门经理
	销售专员	职能管理人员	1	部门经理
生产计划部	生产计划部经理	部门经理	1	总经理
	车间管理员	职能管理人员	1	部门经理
	计划员	职能管理人员	1	部门经理
	初级生产工人	工人	25	生产管理员
	中级生产工人	工人	15	生产管理员
仓储部	仓储部经理	部门经理	1	总经理
	仓管员	职能管理人员	1	部门经理
采购部	采购部经理	部门经理	1	总经理
	采购员	职能管理人员	1	部门经理
人力资源部	人力资源部经理	部门经理	1	总经理
	人力资源助理	职能管理人员	1	部门经理
财务部	财务部经理	部门经理	1	总经理
	出纳	职能管理人员	1	部门经理
	财务会计	职能管理人员	1	部门经理
	成本会计	职能管理人员	1	部门经理

（二）商贸企业人员配置规则

1. 商贸企业组织结构（见图4-7）

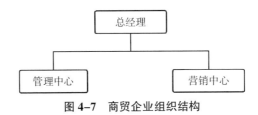

图 4-7　商贸企业组织结构

2. 商贸企业人员及岗位设置（见表4-17）

表4-17　商贸企业人力资源配置

部门	岗位名称	在编人数	直接上级
总裁办公室	总经理	1	无
管理中心	行政主管	1	总经理
营销中心	业务主管	1	总经理

企业需求人才时，可以向人力资源服务公司提供人才需求信息，由人力资源服务公司推荐合适人员，企业择优录用后支付招聘费用。

不同类别人员的招聘提前期不同，招聘费用及招聘提前期如表4-18所示。无论何种类别的人员，试用期内无奖金，试用期工资为基本工资的80%。

表4-18　招聘费用

人员类别	招聘提前期	招聘费用	试用期	基本工资
部门经理	2个月	5000元/人	3个月	6000
职能管理人员	1个月	1000元/人	3个月	4000
生产工人	0个月	500元/人	3个月	1600
中级	0个月	700元/人	3个月	2000
高级	0个月	900元/人	3个月	2500

新员工试用三个月后，人力资源部组织转正答辩，答辩通过转为正式员工；答辩不通过办理辞退手续。

注意事项

● 招聘实际费用可在标准的基础上有上下20%的浮动

二、人员培训

服务公司提供面向企业和个人的人才培训服务。

服务公司提供的企业人才培训服务收费标准如表4-19所示，服务公司业务员与企业相关人进行协商，人均收费可在标准的基础上有上下20%的浮动。

服务公司也开办面向个人的培训课程，培训课程讲授前收取培训费，培训费以现金的形式结算。培训收费标准为500~1000元，服务公司业务员与参训人员协商相关费用。

表4-19　人才培训服务收费标准

参训人员	培训收费标准
总经理	10000 元/人·次
部门经理（主管）	7000 元/人·次
普通员工	4000 元/人·次

三、职工薪酬

（一）职工薪酬的构成

职工薪酬是指企业为获得职工提供的服务而给予各种形式的报酬以及其他相关支出。在企业管理全景仿真中，职工薪酬主要由以下几个部分构成：职工工资、奖金；医疗保险费、养老保险费、失业保险费、工伤保险费和生育保险费等社会保险费；住房公积金；因解除与职工的劳动关系给予的补偿，即辞退福利。

（二）职工薪酬的计算及发放

企业人员的薪酬组成：

年度总薪酬 = 月基本工资 × 12 + 季度绩效奖金 × 4 + 企业应发福利

其中，月基本工资由人力资源部在每月月底统计，财务部月底计提相关费用，人力资源部在次月初发放到个人。季度绩效奖金由人力资源部在每个季度绩效考核完成后统计，财务部在下季度第一个月随当月工资一起发放到个人。例如，第三季度（7~9月）绩效奖金与10月工资一同核算，并于11月初随同10月工资一起发放。企业应缴福利是根据北京市社保局相关规定，在个人自主缴付福利之外，企业为员工缴付的五险一金福利，包括养老保险、失业保险、工伤保险、生育保险、医疗保险和住房公积金。职工实际领取的薪酬是在扣除个人自主缴付福利和个人所得税之后的实际金额。

职工每月实际领取的工资 = 月基本工资 + 季度绩效奖金 - 缺勤扣款 - 个人应缴五险一金 - 个人所得税

缺勤扣款 = 缺勤天数 × （月基本工资/当月全勤工作日数）

1. 基本工资标准

现行标准如表4-20所示。

表4-20　基本薪资标准

人员类别	月基本工资
总经理	10000 元/月
部门经理	6000 元/月

续表

人员类别	月基本工资
职能管理人员	4000 元/月
营销部员工	2500 元/月
初级/中级/高级生产工人	1600 元/月

自 2012 年 1 月开始实行新的薪资标准，见表 4-21。

表 4-21　修改后的薪资标准

人员类别	月基本工资（元/月）
总经理	10000
部门经理	6000
职能管理人员	4000
营销部员工	2500
初级生产工人	1600
中级生产工人	2000
高级生产工人	2500

2. 奖金与绩效

所有人员（除工人外）在每个季度根据公司业务和经营目标制定个人绩效目标，季度末对个人绩效进行自评。奖金与绩效制度如表 4-22 所示。部门经理、人力资源部和总经理共同评定确定个人最终绩效，得出绩效考评结果，最终绩效考评结果按绩效排名强制分为 A、B、C 三级。

表 4-22　奖金与绩效制度

人员分类	季度绩效奖金
生产工人	按 1 元/辆计件提成
营销部人员	上季度销售总额×3‰×绩效分配比例
除营销部之外的其他职能部门人员	上季度企业净利润/15×5‰×绩效考评结果

个人绩效考评结果与季度绩效奖金挂钩：其中，部门经理（除营销部经理）及职能管理人员的绩效考评结果与绩效奖金的应用关系如表 4-23 所示。

表 4-23　绩效考评结果与绩效奖金应用关系对应

绩效结果	强制分布比例	奖金系数	奖金
A（优秀）	20%（3）	1.1	上季度企业净利润×5%/15×1.1
B（中等）	70%（10）	1	上季度企业净利润×5%/15×1
C（合格）	10%（2）	0.9	上季度企业净利润×5%/15×0.9
D（不合格）			建议辞退

营销部经理的绩效奖金为营销部季度绩效奖金的 20%，市场专员和销售员绩效奖金为营销部季度绩效奖金的 40%。

季度奖金实际发放金额与个人业绩考核评定结果挂钩，业绩考核采取百分制，业绩评定 85 分及以上者发放全额季度绩效奖金，低于 85 分的发放季度绩效奖金的80%。

（三）五险一金

五险一金缴费基数及比例各地区操作细则不一，本实习中社会保险、住房公积金规则参照北京市有关政策规定设计，略作调整。

社保中心行使社会保障中心和住房公积金管理中心职能。五险一金缴费基数于每年 3 月核定，核定后的职工月工资额即为缴纳基数。五险一金缴费比例如表 4–24 所示。

表 4–24　五险一金缴费比例

分类	养老	失业	工伤	生育	医疗		住房公积金
					基本医疗	大额互助	
单位	20%	1.5%	0.5%	0.8%	9%	1%	10%
个人	8%	0.5%	0	0	2%	3 元	10%

注意事项

● 单位养老保险缴费 20%，其中 17% 划入统筹基金，3% 划入个人账户。实训中以员工转正后的基本工资金额数为社会保险和住房公积金的缴费基数

（四）个人所得税

个人所得税计算采用 2011 年 9 月 1 日起开始执行的七级超额累进税率，如表 4–25 所示。

个人所得税计算方式：

个人所得税 = 全月应纳税所得额 × 税率 − 速算扣除数

全月应纳税所得额 = 计税基数 − 3500

表 4–25　工资、薪金所得适用个人所得税七级超额累进税率

工资、薪金所得适用个人所得税税率			
级数	全月应纳税所得额	税率（%）	速算扣除数（元）
一	不超过 1500 元	3	0
二	超过 1500 元至 4500 元	10	105
三	超过 4500 元至 9000 元	20	555
四	超过 9000 元至 35000 元	25	1005

续表

工资、薪金所得适用个人所得税税率			
级数	全月应纳税所得额	税率（%）	速算扣除数（元）
五	超过 35000 元至 55000 元	30	2755
六	超过 55000 元至 80000 元	35	5505
七	超过 80000 元	45	13505

例：在核算职工薪酬时，某职工工资在扣除免税项目（包括五险一金、缺勤扣款等）后金额为 8500 元，则此人应缴纳个人所得税是多少？

（8500 – 3500）= 5000（元）（从表 4–25 中可看出其适用 20%的税率）

则 5000 × 20 – 555（速算扣除数）= 445（元）

即应交 445 元的个人所得税。

（五）辞退福利

企业辞退员工需支付辞退福利，辞退福利为三个月基本工资，辞退当季无绩效奖金。辞退当月的薪酬：

辞退当月薪酬 = 实际工作日数 ×（月基本工资/当月全勤工作日数）+ 辞退福利

四、考勤规则

（一）考勤计算规则

VBSE 实习中实行月度考勤，但因每月只设计 3~5 个虚拟工作日，在进行考勤统计时依照下列规则计算：

员工出勤天数 = 当月虚拟工作日出勤天数/当月虚拟工作日总天数 × 21.75

员工缺勤天数 = 21.75–员工出勤天数

考勤周期：实行月度考勤，考勤周期为本月 28 日至次月 27 日。

各类假期薪资发放规则：迟到、早退每次扣款 20 元；旷工 1 日，扣 3 日工资；事假为非带薪假期，扣发全部日工资；病假发放该日工资的 50%；婚假、丧假、产假、计划生育假、年休假为有薪假期，发放全额日工资。

（二）考勤管理

每天的实训开始后，学生必须登录 VBSE 系统点击"考勤"按钮进行考勤签到。

VBSE 实训中对实际业务进行了抽象，一个实际工作日完成一个月的工作内容，每月工作任务集中在 3~5 个虚拟工作日。

计算出勤天数时，实训学生因病、因事休假一个实际工作日的按 3 个工作日计算，休假类型按照实际情况确定。

如学生 A 因病没有参加当天的课程，则他的实际出勤天数=当月应出勤天数–3 天，休假类型为病假。其中应出勤天数为当月实际工作日天数。

迟到、早退按照实际情况计算，每次罚款 30 元。考勤扣款从当月工资中扣除。

第六节 财务规则

财务业务规则主要包括会计核算制度、会计管理制度、预算管理方法、筹资规则、投资规则、账簿设置与会计核算程序等方面的主要规则，各公司必须按照本规则的各项规定组织会计核算，进行会计管理。

一、筹资规则

资金是公司的血液，公司经营与发展离不开资金支持。公司根据财务部门的筹资预案进行充分论证，并考虑合理的资金结构，作出科学的筹资决策。

（一）筹资渠道

在企业管理全景仿真中，企业资金来源于以下几种渠道：实收资本、银行抵押贷款、商业信用（应收、应付、应计费用等）。

（二）筹资用途

金融机构可以提供的贷款主要有短期贷款和长期贷款。短期贷款用于流动资产周转，长期贷款用于长期投资，如购买设备、厂房等固定资产。即长借长用、短借短用、短用短借、长用长借。各种筹资方式的相关信息如表 4–26 所示。

表 4–26 各种筹资方式的相关信息

筹资方式	融资手段	财务费用	最高限额	还款时间	还款约定
银行信用贷款	长期贷款	8%	上月所有者权益×2	按年，最长 5 年	每季付息，到期还本
	短期贷款	6%	上月所有者权益×2	按月，最短 3 个月，最长 12 个月	到期一次还本付息

二、存款规则

银行存款种类、期限和利率如表 4-27 所示。

表 4-27　公司存款种类、期限与利率

种类与期限	活期存款	定期存款			
		三个月	半年期	一年	三年
年利率（%）	0.5	3.1	3.3	3.5	5

三、税务规则

生产制造公司和商贸企业从事生产经营活动，涉及国家或地方多个税种，包括企业所得税、增值税、城建税、教育费及附加、个人所得税。

（一）税种类型

按照国家税法规定的税率和起征金额进行税额的计算，企业所得税按照利润总额的 25% 缴纳，增值税税率为 17%，城建税为增值税税额的 7%，教育费附加为增值税税额的 3%。个人所得税按照七级累进税率，起征点为月收入 3500 元。

（二）日常纳税申报及缴纳税款

在税收征收期内，按照生产制造公司的经营情况，填制个税申报表，携带相关会计报表，到税务部门办理纳税申报业务，得到税务部门开出的税收缴款书，并到银行缴纳税款。依据税务部门规定，每月初进行上月的纳税申报及缴纳。如遇特殊情况，可以向税务部门申请延期纳税申报。

四、会计核算规则

（一）结算方式

本公司可以采用现金结算、转账结算和电汇几种方式。原则上，日常经济活动，低于 2000 元的可以使用现金，超过 2000 元的一般使用转账支票结算（差旅费或支付给个人业务费除外）。

银行支票分为现金支票和转账支票。现金支票用于提取现金，转账支票用于同一票据交换区内的结算；异地付款一般采用电汇方式。

（二）存货计价

存货核算按照实际成本核算，原材料计价采用实际成本计价，材料采购按照实际采购价入账，材料发出按照全月一次加权平均计算材料成本。

全月一次加权平均相关计算：

材料平均单价 = （期初库存数量 × 库存单价 + 本月实际采购入库金额）/（期初库存数量 + 本月实际入库数量）

材料发出成本 = 本月发出材料数量 × 材料平均单价

（三）固定资产取得方式及折旧

固定资产可以按照购买的方式取得。固定资产购买当月不计提折旧，从次月开始计提折旧，出售当期照提折旧。折旧相关信息如表 4-28 所示。固定资产折旧按照直线法计提折旧。

表 4-28　折旧相关信息

固定资产名称	原值（元）	残值（元）	预计使用时间（年）	折旧（季度）	折旧（月）
办公大楼	6000000		40	37500	12500
笔记本电脑	8000		4	500	166.67
台式电脑	5000	200	4	300	100
打印复印机	20000		5	1000	333.33
仓库	1000000		10	25000	8333.33
大厂房	2100000		30	175000	5833.33
普通机床	10000		10	250	83.33
组装生产线	30000		10	750	250

（四）制造费用的归集及分配

生产管理部门发生的费用以及生产过程中各车间共同的间接费用计入制造费用。制造费用按照费用发生车间设置明细科目，如机加车间、组装车间。机加车间发生的费用，如工人工资、工人报销的办公费用、机加车间设备折旧及维修等，能够明确确认为机加车间发生的费用计入制造费用——机加车间。同样，组装车间的费用计入制造费用——组装车间。生产计划部管理人员的工资、使用的设备折旧、报销的办公费等计入"管理费用"。厂房折旧计入制造费用，并按照各类设备占用厂房空间比例进行分配。

（五）成本计算规则

产品成本分为原材料成本、人工成本和制造费用结转。制造费用中车间的费用直接计入该车间生产的产品成本，如果该车间有两个及以上产品生产，则按照该产品生产工时进行分配车间制造费用。在产品只计算材料费用，不计算制造费用和人工费用。即结转当期生产成本的金额为：期初生产成本（直接材料）+本期归集的直接人工+本期归集的制造费用。

1. 成本归集

原材料成本归集按照材料出库单的发出数量×平均单价，人工成本为当月计算的生产部门的人员工资，包括生产管理人员和生产工人。

2. 半成品核算

车架为半成品，车架核算的范围为车架原材料、生产车架发生的人工费、制造费，以及分摊的相关生产制造费用。

3. 产品之间费用分配

如果同一车间生产不同产品，则以各产品数量为权重，分配该车间的直接制造费用和结转的间接制造费用。

（六）坏账损失

生产制造公司采用备抵法核算坏账损失。坏账准备按年提取，按照年末应收账款的3%提取。超过一年未收回的坏账确认为坏账损失。已经确认为坏账损失的应收账款，并不表明公司放弃收款的权利。如果未来某一时期收回已作坏账的应收账款，应该及时恢复债权，并按照正常收回欠款进行会计核算。

（七）利润分配

公司实现利润，应当按照法定程序进行利润分配。根据公司章程规定，按照本年净利润的10%提取法定盈余公积金，根据董事会决议，提取任意盈余公积金，按照公司制定的股利政策（按照净利润总额的20%分配股利），向股东分配股利。每年年末做一次利润分配。

五、费用报销规则

公司发生的费用主要有办公费、差旅费、广告费、市场开拓费、招聘费、培训费、仓储费、招待费等费用。其中办公费按照标准每月报销，其他费用依据实际发生在预算范围内报销，超过预算的需要总经理批准。

（一）办公费用报销标准（见表 4-29）

表 4-29　办公费用报销标准

人员类别	报销标准（元/月）
CEO	1000
部门经理	500
职能部门管理人员	300
生产工人	60

（二）审批流程

日常费用（办公费、差旅费、招聘费）在预算范围内，部门经理和财务经理审批后，财务部做支出处理。超过预算范围的，需要总经理审批。其他费用（广告费、市场开拓费、培训费、仓储费、招待费），在预算范围内，并在 1 万元以下的，部门经理和财务经理审批，否则（1 万元以上或者超过预算范围的），需要总经理审批。

六、票据使用规则

（一）出售支票规则

财务仿真实习中各个企业使用的支票，由银行制作并收取工本费，使用者必须到银行购买使用。任何企业和个人不得自制支票。银行出售的支票，按张出售，每张 20 元。

注意事项

● 课程环境为虚拟商业社会环境，出现的价格与实际商业社会环境存在偏差

（二）购领发票规则

发票业务主要包括发票的购领、监督。税务局根据企业的经营规模和销售收入核定企业每月购领增值税专用发票的限额及次数，如不满足企业生产经营需要，企业可以向税务局提出增版和增量申请。

发票的种类：主要有增值税专用发票和增值税普通发票、服务业发票，不分面额，均为手工填写。

纳税人购买发票时，需交纳发票的工本费。就本实习而言，普通发票 10 元/本，增值税专用发票 30 元/本，服务业发票 10 元/本，实行营改增之后，绝大部分行业进入营改增的纳税范围，目前营改增的纳税人需要发票时，需要到税务部门按张免费领取。

‖ 第五章 ‖
团队组建

第一节 实习动员

一、实习总动员

仿真实习开始之前，由实习组织者就本次实习的目的、内容、时间安排、组织形式、实习要求、教师团队、实习结果认证等相关问题做统一宣讲。通过实习动员使学生达到以下要求：理解本次实习的意义；明确实习的要求及工作规范；了解实习考核评价指标体系。

二、岗位胜任力测评

实习开始之前，对参加实习的学生做综合素质测评。综合素质测评由平台系统自动抽题、自动组卷、自动评分，题目类型包括基本素质、通用管理、营销、采购、生产、仓储、人力资源、行政管理、财务等方面的内容。

岗位胜任力测评得分高者，可以作为 CEO 的备选人选，但就本实习而言，CEO 岗位的竞选应尽量鼓励参与实习的学生自我举荐，其次是同学们之间相互推荐、教师推荐，如果有空缺，则由岗位胜任力测评得分高者担任。这样做的目的是：调动学生的参与热情，为学生快速融入教学情境做好铺垫；让学生进一步熟悉平台和课程规则。

第二节　选取企业 CEO 和外围组织管理岗

一、业务描述

总经理（CEO）和社会资源组织管理岗参选名单确定后，教师告知参选人竞选演讲规则，包含演讲顺序、演讲时间、竞聘者陈述的内容范围等；告知参与实习学生选举规则，并要求其在听完所有总经理（CEO）和社会资源组织管理岗候选人演讲后，要在VBSE 系统的选举界面进行选举投票。

二、业务流程说明（见表 5-1）

表 5-1　选取企业 CEO 和外围组织管理岗流程步骤

操作步骤	角色	操作	内容
1	学生	参加投票选举 CEO	1. 初步确定 CEO 候选人名单，并了解 CEO 候选人竞选演讲规则 2. 听取候选人演讲 3. 在 VBSE 系统投票界面投票，确定选取 CEO 和社会资源组织管理岗

第三节　招聘管理团队

为了快速组建公司管理团队，核心制造企业 CEO 需要立即着手招聘企业人力资源主管，商贸企业 CEO 需要立即着手招聘企业行政主管，待人选确定后，与人力资源主管或是行政主管一起制作招聘海报、提出岗位职位要求，收集、筛选招聘简历，面试应聘人员。

每个学生持个人填写的应聘登记表去意向单位应聘，经过双向选择，最终确定自己的企业及岗位。

每个同学应充分重视这次面试，做好面试前的准备工作。

第四节　现场招聘、团队组建

一、业务描述

招聘工作是企业人力资源工作的重要模块，是企业获得人力资源的主要入口，与企业的各项业务工作开展有着紧密的联系。企业在组织招聘时会依据实际情况来确定组织形式，本手册介绍两种常用的形式，分别是项目型招聘、日常招聘。我们将企业在短时间内投入较多的人力、物力组织多个岗位的集中招聘称为项目型招聘，例如组织校园招聘，而相对的另一种企业日常工作中不断进行的填补岗位空缺的招聘称为日常招聘。

公司组建期人员招聘工作实际就是一个真实的校园招聘现场。在本部分实习组织中人力资源部经理需要在短时间内集中各方力量完成企业团队组建工作，核心制造业需要招聘的人数最多，共需招聘 16 人，组建 7 个部门，每家商贸企业还需招聘一名业务主管。

二、业务流程说明（见表 5-2）

表 5-2　现场招聘、团队组建流程步骤

操作步骤	角色	操作	内容
1	总经理	现场招聘组建团队	1. 组织机构设计、岗位设置 2. 撰写招聘启事 3. 发布招聘公告 4. 收集简历 5. 简历筛选 6. 组织面试、评价

第五节　自助维护岗位信息

一、业务描述

实训中，参加实训的学生依照自己的意愿及现场情况应聘工作岗位，获得单位的聘书后在 VBSE 系统中维护自己的组织及岗位信息。

二、业务流程说明（见表 5-3）

表 5-3　自助维护岗位信息流程步骤

操作步骤	角色	操作	内容
1	学生	维护组织与岗位	学生依照聘书内容设置自己所属的组织及岗位信息

自助维护完岗位信息以后，参加实习的学生对应实习场地的设置，按照组织、部门、岗位的对应关系重新坐好。

第六节　公司成立，领取办公用品

公司管理团队确认后，CEO 召开公司成立大会，介绍公司组织机构，对企业战略和企业未来发展前景与管理团队进行分享。

在正式开始实习之前，需要领用必需的办公设备及办公用具。信息化时代，公司为每位管理人员配备了电脑，并安装配置在工位上。

除此之外，还要领用实习用到的单据、账表、企业公章、模拟货币等。

办公用品领用完成后，各企业、各岗位可以布置自己的办公区，为自己打造一个舒适的办公环境。

第七节 认知岗位职责，熟悉业务

现在每个人都有了明确的工作分工，也领取了开展工作必需的物品。那么在正式上岗之前，必须要接受岗前培训，认知岗位职责。

岗前培训要教给员工完成工作所必需的知识和技能，让新员工掌握做好本职工作所需要的方法和程序。换句话说，就是让他们工作起来更富有成效，犯错误的可能性更小。

一、组织介绍

（一）制造企业

制造企业是以盈利为目的，从事工业生产经营活动或提供工业性劳务的经济组织，是实行自主经营、自负盈亏、独立核算、依法成立的具有法人资格的基本经济组织。

制造企业区别于其他行业的典型特征是生产职能，生产职能是将资源转化为对客户更具有价值的商品的活动。从资源材料的获取到最终消费品有多个阶段，开发最终产品的每个阶段都会增加附加值，从而创造更多的财富。

仿真企业是一家中小型制造企业，属于有限责任公司，创建于 2010 年 1 月，主打产品是经济型童车。目前企业拥有自主产权的大厂房一座，厂房内设机加车间和组装车间。机加车间内有 10 台普通机床，组装车间内有 1 条组装生产线，设备运行状况良好，目前公司财务状况正常，产品在本地市场有一定知名度。

（二）社会资源小组

社会资源小组主要为配合生产制造公司的主体经营活动而设置，并通过交易活动和市场管理活动与生产制造公司发生联系。包括政务服务中心、服务公司、银行等。

1. 政务服务中心

工商行政管理部门的工作目标是：确认市场主体资格，规范市场主体行为，维护市场经济秩序，保护商品生产者和消费者的合法权益，促进市场经济的健康发展。其职能包括以下内容：

（1）受理企业核名。要审核企业申请的公司名称是否和其他相关企业出现重名，或者公司名字是否规范。如果重名，企业必须起另外的名字直到工商局审核通过为止。企业名称预先核准是企业开业登记设立前必须履行的重要工作。

（2）工商注册登记。依据国家工商行政管理的法律、法规，按照一定的程序，对设立在中国境内的工商企业的开业、变更、注销活动进行注册登记。在本实习中，主要进行公司变更登记。

（3）企业工商年检。依法按年度对领取营业执照的单位进行检查，确认企业继续经营资格。

（4）工商监督。依法组织监督检查市场竞争行为，组织实施各类市场经营秩序的规范管理和监督，维护社会公共利益。

（5）广告、合同和商标管理。依法组织管理广告发布与广告经营活动，依法管理合同行为，依法管理注册商标、保护注册商标专用权。

2. 服务公司

服务公司主要是为制造企业顺利完成生产经营活动提供必要的服务，其主要包括以下职能：

（1）人力推荐。向制造企业推荐童车生产工人，收取人员推荐费。

（2）人才培训。为制造企业代为培训管理人员，收取培训费。

（3）广告服务。会展公司为制造企业提供广告服务，收取广告费，开具发票。

（4）组织商品交易会。会展公司承接商品交易会组织工作，收取会务费。

（5）市场开发。作为第三方，承接各制造企业市场开发，收取市场开发费。

（6）认证管理。为制造企业提供认证服务，收取认证费。

（7）产品研发。作为第三方，承接制造企业的产品研发，收取产品研发费。

（8）其他服务。作为第三方，代办制造企业的其他服务事项，收取相应费用，开具发票。

（9）档案管理。对采购过程的各种文档进行分类归档整理。

3. 银行

银行是为制造企业提供对公金融柜台业务的金融机构，其主要包括以下职能：

（1）银行开户。为企业办理银行结算账户开户、变更等。

（2）银行转账。为企业办理银行账户转账业务。

（3）出售银行票据。向企业出售各种银行票据，方便客户办理业务。

（4）银行信贷。为企业提供长期贷款、短期贷款等融资业务。

（5）档案管理。对银行柜台业务的各种文档进行分类归档整理。

（三）商贸企业

商贸企业就是买进货物，然后转手卖给别人，从中获取利润。不对进来的货物进行加工、再生产，以得到更大的利润。

商贸企业的特征如下：以商品的购、销、运、存为基本业务；对经营的商品基本上不进行加工或只进行浅度加工；实现商品使用价值的运动和价值形态的变化；商业企业的"商业利润"主要来自生产企业的让渡；经营周期短，资金周转快；商业企业比生产企业更接近市场。

二、组织结构及岗位职责

1. 制造企业组织结构

企业组织结构是支撑企业生产、技术、经济及其他活动的运筹体系，是企业的"骨骼"系统。没有组织机构，企业的一切活动就无法正常、有效地进行。

企业组织结构是指企业组织由哪些部分组成，各部分之间存在怎样的关联，各部分在整个组织中的数量比例关系。企业组织结构表达的是企业的全体人员以怎样的模式及构架被组织起来，形成一个有机的整体。

企业组织机构是由一个个职位组合而成的。从这个意义上讲，企业组织结构也是企业的职位系统。每个职位都有权利和责任，所以，企业组织结构可以看成是企业的权责系统。

童车厂目前的机构设置如图 5-1 所示。

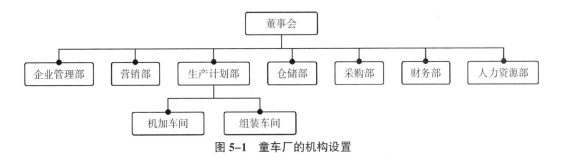

图 5-1　童车厂的机构设置

VBSE 实训系统中核心制造业有 7 个部门，分别为企业管理部、营销部、生产计划部、仓储部、采购部、财务部、人力资源部。企业规模较小，人数不超过 100 人，由 18 个管理岗位及若干工人岗组成。

（1）企业管理部。企业管理部是企业的重要管理部门，主要负责企业管理及运营、上下联络沟通、及时向领导汇报情况等工作，承担督察和考核各部门的工作，如行政文案事务、内务后勤、制度规程、监督管理等工作。

1）企业管理部主要职责如下：

● 管理协调督察。包括企业日常工作的管理和协调，指导、督察和考核各部门的工作，建立、完善、检查和指导各部门管理制度等工作。

● 行政事务管理。包括企业各项管理制度的制定和完善、会议管理等工作。

● 公文档案管理。包括合同管理、公文管理、档案管理等工作。

● 对外公共关系管理。包括印章管理、公关管理等。

● 内务后勤管理。包括固定资产管理、办公用品管理等。

2）企业管理部岗位设置及职责。根据企业目标和企业管理部业务特点，企业管理部岗位一般有总经理、副总经理、总经理办公室主任、总经理办公室秘书、行政总监、行政经理、安全保密专员、办公室专员、行政专员、后勤专员、前台接待专员、车辆专员、公关事务专员等。根据中小企业特点，主要工作岗位有总经理、行政助理。

■ 总经理。总经理是企业管理部的负责人，在董事会领导下，负责总经理办公室职责范围内所有工作。具体职责如下：

● 组织实施经董事会批准的公司企业年度工作计划、财务预算报告及利润分配、使用方案，组织实施经董事会批准的决议。

● 组织指挥企业的日常经营管理工作，在董事会委托权限内，以法人代表的身份代表企业签署有关协议、合同、合约和处理有关事宜。

● 决定组织体制和人事编制，决定总经理助理，各职能部门和各部门经理以及其他管理职员的任免、奖惩，建立健全企业统一、高效的组织体系和工作体系。

■ 行政助理。行政助理是在总经理的领导下，努力做好总经理的参谋助手，起到承上启下的作用，认真做到全方位服务。具体职责如下：

● 协助总经理做好综合、协调各部门工作和处理日常事务。

● 及时收集和了解各部门的工作动态，协助总经理对各部门之间的业务工作领导，掌握公司主要经营活动情况。

● 协助参与企业发展规划的制定，年度经营计划的编制和公司重大决策事项的讨论。

● 协助审核、修订企业各项管理规章制度，进行日常行政工作的组织与管理。

● 协助企业领导草拟工作计划、总结、规划、决议、报告，组织起草以企业名义发出的行政公文。

● 配合执行企业管理体系运行及各项工作进度的监督与跟进。

● 及时处理各种合同、公文、函电、报表等文字资料的签收、拆封、登记、承报、传阅、催办，并做好整理归档工作。

● 企业证照的办理、年审、更换、作废等管理，印章的保管、使用管理等。

● 参与企业行政、采购事务管理，负责企业各部门办公用品的领用和分发工作。

● 协助进行内务、安全管理，为其他部门提供及时、有效的行政服务。

（2）营销部。营销部是企业的重要部门，是企业利润的创造部门，在企业中具有举足轻重的地位，营销工作的成功与否直接决定企业的成败。在本实训模拟的企业中，营销部包括两大职能：一是销售，二是市场。

1）营销部职能。具体来说，营销部的主要职能如下：

完成公司制定的营销指标。营销策略、计划的拟订与实施；营销经费的预算和控制；营销管理制度的拟定、实施和改善；部门员工管理。

2）营销部岗位设置及职责。

根据企业目标和业务特点，依据集中管理、分工负责的原则，营销部的岗位主要设立为营销部经理、市场专员、销售专员三个岗位。

■ 营销部经理。营销经理是营销部的负责人，在总经理的领导下，负责营销部所有工作。其具体职责如下：

● 根据公司发展战略和总体目标，负责制定企业营销总体规划并组织实施。

● 负责制订本部门业务计划并监督执行。

● 负责营销经费的预算和控制。

● 负责营销方案审核、批准与监督执行。

● 负责营销管理制度的拟定、实施与改善。

● 负责对本部门员工绩效结果进行评定。

● 负责本部门年度经营分析。

● 负责本部门员工的培训工作。

● 负责本部门员工队伍建设工作。

● 公司总经理交办的其他工作。

■ 市场专员。市场专员是在营销经理的领导下，承担公司产品市场调查、市场分析与预测、市场开发、产品开发、产品促销等工作，其主要职责如下：

● 负责公司业务相关市场信息的收集与分析，为公司决策及业务拓展提供支持。

● 根据市场调研与分析的结果，对公司的产品销售进行预测。

● 根据市场调研与分析的结果，进行新市场开发。

● 根据市场调研与分析的结果，制订公司新产品开发计划。

● 负责公司广告方案的策划与实施，负责编制公司广告预算。

● 负责公司其他促销活动方案的策划与实施，负责编制公司促销活动预算。

● 部门经理安排的其他工作。

■ 销售专员。销售专员是在营销经理的领导下，负责完成公司下达的销售指标，负责指定区域内公司产品的客户推广和销售管理工作，其主要职责如下：

● 负责搜集与寻找潜在客户，开发新客户，拓展与老客户的业务，建立和维护客户档案。

● 负责制订销售工作计划，并按计划拜访客户。

● 负责与客户进行产品销售沟通与商务谈判。

● 负责销售合同的签订工作。

● 负责销售合同的履行与管理等相关工作，包括及时组织货源、发货与货款回收等。

● 负责公司客户关系维护工作。

● 负责公司产品临时项目投标工作。

● 部门经理安排的其他工作。

（3）生产计划部。生产计划部是企业的重要管理部门，主要负责有效组织生产部门资源，实现产品高效优质生产，成品准时入库。

1）生产计划部职能。生产计划部的主要职能如下：

● 生产管理。根据生产计划员下达的生产计划，组织产品生产，保证产品质量、交期的有效实现；以更低的成本按时、保质、保量地完成生产部和其他职能部门下达的产品生产任务和其他临时工作任务，确保作业，确保安全并可持续运行；制订生产部门人力资源、物料、设备需求计划，以满足生产的需要；"ISO9000"体系及"5S"活动在生产车间的有效实施与推行。

● 物料控制。严格执行各项物料管理制度，降低物料成本；负责生产过程中物料的控制与管理；确保物料配套生产，提高物料利用效益。

● 设备管理。监督设备管理运作，提升设备利用率；执行设备的日常维护管理；遵守国家安全生产法规，执行公司安全操作规程，采取有效劳动保护措施，监督劳动防护用品的有效利用，实行安全文明生产，可持续运行。

● 日常工作管理。每日组织召开生产协调会；定期组织部门例会；制度与工作任务执行与监督；负责部门成本预算与控制；制定相关工作制度，设置相关工作流程，规范部门协作；设定例会制度，保证部门信息流通、信息共享，确保整体运作内耗持续下降；健全生产人才培养机制，积极组织培训学习，提高工作技能，提升工作绩效，提高员工职业素养。

2）生产计划部岗位设置及职责。根据中小企业经营特点，生产计划部的主要岗位有生产计划部门经理、生产计划员及车间管理员。

■ 生产计划部门经理。生产计划部门经理是生产计划部的负责人，在总经理或主管副总经理的领导下，对工厂各项生产经济技术指标的完成负全部责任，具体职责如下：

● 组织编制生产管理等方面的规章制度。

● 监督、检查和指导规章制度的执行，确保生产活动有序进行。

● 组织、协调、监督下属各职能部门和生产车间的生产活动。

● 定期组织召开生产调度会等生产会议，研究解决生产过程中遇到的问题。

● 对所辖部门发生的费用进行严格控制，制定费用控制与审批流程。

● 向下属部门下达各项费用的控制标准，并监督检查其执行情况。

● 定期对安全生产情况进行检查、监督，制定和落实安全生产防范措施。

● 排除生产中出现的安全隐患，妥善处理生产中的重大事故。

● 审批各有关职能部门和生产单位新增设备购置计划等流程。

● 安排生产设备的维修、保养工作，确保企业生产任务的顺利完成。

● 依据企业历年销售情况，编制部门预算计划。

- 全面组织、协调生产车间的原材料、物料供应工作。
- 负责指导、管理、监督分管部门的业务工作，不断提高工作效率和工作质量。
- 做好下属人员的培训、考核和奖惩工作，最大限度地调动员工的积极性。
- 依据生产加工计划对车间生产人员进行派工，并跟踪派工的执行情况。

■ 生产计划员。生产计划员是在生产计划部门经理的领导下，负责编制各期生产计划、设备检修计划、物资采购储备计划、费用计划、用人计划、质量计划等，并在审批后组织实施；具体职责如下：

- 根据企业市场预测组织制定生产规划。
- 根据生产规划和销售订单组织编制主生产计划。
- 合理调配人力、物力，调整生产布局和生产负荷，提高生产效率。
- 根据市场预测，生效的主生产计划制定出生产能力规划。
- 根据生产能力规划，产能标准，提出设备、人员需求。
- 确定产品总需求量，实际需求量，进行物料需求计划（mrp）展算。
- 确定生产加工计划及物料净需求计划，并提交给各相关岗位。

■ 车间管理员。车间管理员是在生产计划部门经理的领导下，负责全面协调车间工作，对生产过程进行监督、指导，同时进行生产质量控制，保证生产质量，合理安排车间设备的使用，使设备发挥最大效率，向生产工人布置生产任务，提出相关技术要求和质量要求，组织车间生产员工参加业务培训。具体职责如下：

- 负责车间内原辅材料的领取、退库。
- 根据生产作业计划核对物料的需求，负责所需物料的跟催工作。
- 对生产中物料的使用情况及不良品进行控制。
- 对车间内产成品的缴库情况进行管理。
- 协调、督促生产车间零部件、各工序产成品的流转事宜。
- 监督、检查车间各项工作，做好生产任务和车间各项工作检查。
- 记录班组内员工工时，准确核算员工的绩效工资。
- 配合人力资源部做好车间员工考勤及工资核算等事宜。
- 实时记录员工的产量，做好车间生产产量的统计工作。
- 每天按时收集、填报各车间的生产报表。
- 负责协调与相关部门的关系。
- 及时与上级领导沟通，汇报车间生产情况。
- 完成领导交办的其他任务。

（4）仓储部。在社会分工和专业化生产的条件下，为保持社会再生产过程的顺利进行，必须储存一定量的物资，以满足一定时期内社会生产和消费的需要。仓储是指通过仓库对暂时不用的物品进行储存和保管。生产企业的核心竞争力体现在产品的开发、生产和制造上，仓储作为企业生产和营销的保障，主要体现在对物料、备品备件和成品的仓储管理。物料是指企业生产所需的原材料、零部件、在制品等。搞好物料仓储管理对确保企业生产正常进行有着重要意义。

仓储部是企业的重要业务部门，主要负责储存保管生产所需的各类原材料、半成品以及生产完工等待销售的产成品等物资，并根据业务部门需要适时做好物资的入库、出库、库存控制等主要工作。

1）仓储部职责。仓储部的主要职能如下：

● 验收入库管理。主要包括物料数量、质量、包装的验收和入库作业以及入库信息处理。

● 储存保管职能。是指对企业拥有的、处于暂时停滞状态的物资进行储存，并对物资进行保养和管理。包括对仓储空间进行科学规划，合理利用仓容及各种资源，使各类物料摆放适当、位置合理，保持物资数量和质量完好，便于取用。

● 出库配送管理。主要包括对出库物料进行拣选、清点及办理出库手续等。

● 物料的盘点。主要包括出库入库数据的统计、定期物料盘点及盘点异常的处理等。

● 库存控制。主要包括核定和掌握各种物料的储备定额，确定合理的库存水平，利用物资储备来实现企业生产所需要均衡、连续的供应。

2）岗位设置及职责。

■ 仓储部经理。仓储部经理是仓储部的负责人，在总经理的领导下，负责完成企业年度的仓储规划，制订部门作业计划、控制仓储成本和费用等工作。具体职责如下：

● 依据公司经营计划，配合公司总目标，制定本部门的目标及工作规划。

● 根据仓储规划和目标，改进仓库的工作流程和标准，优化库存方案，加快存货周转速度，降低库存成本。

● 合理规划公司仓储场所，对公司仓储场所进行全面管理，达到最佳利用率。

● 监督执行仓库的安全管理和现场柳茄管理。

● 督促仓库管理员对物料收发存的管理，并监督仓库进行盘点清查，发现账、物、卡不符时，找出原因并予以调账或上报处理。

● 设计、推行及改进仓储管理制度，并确保其有效实施。

● 安全库存分析与制定。通过以往经验对每个季度销售或会计周期进行预测，库龄评估，避免呆滞死货占用资金。

● 负责制定本部门各级人员的职责和权限，负责指导、管理、监督本部人员的业务工作，做好下属人员的绩效考核和奖励惩罚工作，进行部门建设、部门内员工的管理培训工作。

● 运用有效领导方法，有计划地培养教育和训练，激励所属人员的士气，提高工作效率，并督导其按照工作标准或要求，有效执行其工作，确保本部门的目标高效达成。

● 完成上级领导交办的其他临时性工作。

■ 仓管员。仓管员是在仓储经理的领导下，按照仓储经理下达的作业计划，规范地完成入出库、在库保管、盘点、库存控制等工作，保证企业生产和销售所需物资的及时供应，具体职责如下：

● 严格执行公司仓库保管制度及其细则规定，执行仓库物料的保管、验收、入库、出库等日常工作。

● 合理安排物料在仓库内的存放次序，按物料种类、规格、等级分区堆码，不得混合乱堆，保持库区的整洁。

● 手续检验不合格不允许入库，协助采购部处理退货工作；出库时手续不全不发货，特殊情况须经有关领导签批。

● 负责仓库区域内的安全、防盗、消防工作，发现事故隐患及时上报，对意外事件及时处置。

● 负责将物料的存贮环境调节到最适条件，经常关注温度、湿度、通风、腐蚀等因素，并采取相应措施。

● 负责定期对仓库物料盘点清仓，做到账、物、卡三者相符。

● 负责处理仓库管理中的入出库单、验收单等原始资料，账册的收集、整理和建档工作，及时编制相关的统计报表，逐步应用计算机管理仓库工作。

● 做到以公司利益为重，爱护公司财产，不得监守自盗。

● 完成仓库经理交办的其他临时性工作。

（5）采购部。采购部是企业的重要业务部门，主要负责外购商品并支付价款工作，承担公司物资采购、供应商管理、收货验收、采购结算等任务。采购部的主要职能如下：

● 采购计划管理。初审核公司各部门呈报的年度物料需求计划，统筹策划和确定采购内容等。

● 供应商管理。开发和选择供应商，评审和管理供应商，建立完整的供应商档案库等。

● 采购活动管理。根据生产需求编制采购计划，签订采购合同和下达采购订单，组织实施采购活动等。

● 采购合同管理。组织采购合同的评审，建立采购合同台账，对合同进行分类档案管理，并对合同的执行进行监督等。

● 采购成本管理。积极与供应商进行询价、比价、谈判，尽量把采购成本降低。

● 采购监控与评价。对供应商货物进行到货验收，并对供应商进行评价等。

根据企业经营目标和采购部业务特点，采购部一般设有采购经理、采购计划主管、采购合同主管、供应商管理主管、采购成本控制主管和采购员等岗位。根据一般小企业经营的特点，采购部主要设定采购经理和采购员等岗位，各岗位职责如表5-4所示。

表 5-4　采购岗位职责

采购部经理岗位职责	采购员岗位职责
• 统筹采购规划和确定采购内容，保证、满足经营活动的需要，降低库存成本 • 制定采购计划和目标，改进采购的工作流程和标准，降低库存成本 • 参与收集供应商信息，开发、选择、处理与考核供应商，建立供应商档案管理制度 • 负责采购物流、资金流、信息流的管理工作 • 审核、签署与监督执行采购合同，审核采购订单和物资调拨单 • 根据需要采取相应的应急行动或进行后续跟踪，保证完成紧急采购任务 • 解决与供应商在合同上产生的分歧以及支付条款问题 • 负责制定本部门各级人员的职责和权限，负责指导、管理、监督本部门人员的业务工作，做好下属人员的绩效考核和奖励惩罚工作，进行部门建设、部门内员工的管理培训工作 • 负责并确保所采取的采购行为符合有关政策、法规和道德规范 • 完成上级领导交办的其他临时性工作	• 依据销售订单和商品的库存情况，编制采购计划，报采购经理审批，并贯彻实施 • 收集供应商信息，开发、选择、处理与考核供应商，建立健全供应商网络图和档案管理 • 根据采购计划制作采购合同，拟购货合同的相关条款、价格、付款方式和交期等，报上级领导审批 • 根据采购计划和采购合同制作采购订单 • 实时掌握物资材料的库存和生产情况，对所购买的物资从订购至到货实行全程跟踪 • 严格把好质量关，对不合格原材料坚决拒收；尽量避免原材料积压，提高资金周转率 • 制作商品入库的相关单据，积极配合仓储部保质保量地完成采购货物的入库 • 物料货款和采购费用申请与支付 • 监控库存变化，及时补充库存，使库存维持合理的结构和合理的数量 • 负责建立供应商档案，并及时更新 • 确保所采取的采购行为符合有关政策、法规和道德规范 • 完成上级领导交办的其他临时性工作

（6）财务部。财务部是企业的重要管理部门，主要负责核算和监控企业经营情况、税务管理、资金筹措和运用、向利益关系人编送财务报告和经营管理报告等。

1）财务部主要职责。其主要职能如下：

● 会计核算与报表职能。包括会计核算，即依据会计准则归集、处理各类会计信息；报表编制及分析，即及时编制和提交财务报表，按时编制企业对外报送的财务报告；资产管理，保证企业资源的有效利用及成本核算与监控。

● 会计监督职能。主要包括制定企业的会计制度，编制财务计划或预算，对部门资金的使用情况进行绩效考核等。

● 参与管理职能。主要包括建立内部控制制度，编制内部管理用报表，进行资金管理，实施财务资金运作，促使企业形成和保持健康的经营状态。

财务部门的这三个职能各不相同，但都基于企业最基本的会计数据。通过对会计数据的分析，了解企业目前的资源情况，随市场变化做出积极的调整，实现企业价值和股东价值最大化。

2）岗位设置及职责。财务部门是企业的主要管理部门，为了明确工作职责，严格落实责任，一般企业财务部的岗位设置为：财务负责人岗位、财务会计岗位、出纳岗位、固定资产核算岗位、材料物资核算岗位、工资核算岗位、成本核算岗位、收入利润核算岗位、资金核算岗位、往来结算岗位、总账报表岗位、稽核岗位。上述岗位，可以一人一岗、一人多岗或一岗多人，但必须坚持内部牵制制度。

　　童车厂根据企业目标和业务特点，依据集中管理、分工负责的原则，财务部的岗位主要设立为财务部经理（兼管预算、总账、报表）、财务会计、成本会计、出纳等四个岗位。

　　■ 财务部经理。财务部经理是财务部的负责人，在总经理或主管副总经理的领导下，负责财务部职责范围内所有工作。具体职责如下：

　　● 根据公司发展战略，协助公司领导组织制定公司财务部的战略规划，制订部门工作目标和计划并分解到个人。

　　● 负责公司的全面财务会计工作。

　　● 负责制定并完成公司的财务会计制度、规定和办法。

　　● 解释、解答与公司的财务会计有关的法规和制度。

　　● 分析检查公司财务收支和预算的执行情况。

　　● 审核公司的原始单据和办理日常的会计业务。

　　● 编制财务报表、登记总账及财务数据审定。

　　● 日常会计凭证审核：包括总账会计的凭证审核和成本会计凭证审核。

　　● 部门预算制定。

　　● 负责定期财产清查。

　　● 负责公司预算制定与监控。包括预算体系建设、日常预算控制、预算支出审核。

　　● 资金管理、筹融资管理、资金使用计划等。

　　● 组织期末结算与决算，进行经营分析。

　　● 保证按时纳税，负责按照国家税法和其他规定，严格审查应交税金，督促有关岗位人员及时办理手续。

　　● 管理与维护更新部门所需的信息。

　　■ 财务会计。财务会计是在财务部经理的领导下，起草公司的财务预算，检查预算执行情况，负责公司财务分析工作，负责往来账、银行账的对账工作，负责职工工资发放、税费代缴，负责账务处理，参与财务决算，编制会计报表，负责公司会计核算的日常稽核工作，监督日常财务制度执行，保管财务票据，管理会计档案，检查监督子公司的会计核算工作。具体职责如下：

　　● 建立账簿。

　　● 日常费用报销。

　　● 编制科目余额表。

　　● 填制纳税申报表。

　　● 配合会计师事务所年审。

　　● 凭证填制。

　　● 固定资产购置及折旧。

　　● 季末结账。

■ 成本会计。成本会计是在财务部经理的领导下，承担材料及产品成本核算，主要包括存货入库和领用记账、销售记账、存货成本计价、产品成本核算、成本分析等，具体职责如下：

● 材料采购入库登记。

● 材料领用登记及计价。

● 产品出入库登记。

● 费用归集与分摊。

● 产成品成本计算。

● 销售成本结转。

● 成本分析及控制。

● 负责生产成本的核算，认真进行成本、开支的事前审核。

● 认真核对各项原料、物料、成品、在制品收付事项。

● 保管好各种凭证、账簿、报表及有关成本计算资料，防止丢失或损坏，按月装订并定期归档。

● 参与存货的清查盘点工作，企业在财产清查中盘盈、盘亏的资产，要分别情况进行不同的处理。

■ 出纳。出纳是在财务部经理的领导下，主要负责公司的货币资金核算、往来结算、工资核发。出纳不得兼任稽核、会计档案保管和收入、支出、费用、债权债务账目的核算登记工作等，具体职责如下：

● 负责办理银行账户的开立、变更和撤销业务。

● 现金收支管理，做到账款相符，确保现金的安全。

● 定期进行银行对账，编制银行余额调节表。

● 银行结算业务的办理。

● 签发支票、汇票等重要空白凭证并登记。

● 保管库存现金、有价证券、重要空白凭证、印章等。

● 登记现金日记账和银行存款日记账。

● 及时整理并传递原始票据，完成协同工作。

● 编制资金报表，按月装订并定期归档。

● 办理贷款卡的年检。

● 完成领导交给的其他各项临时工作。

（7）人力资源部。人力资源部是企业发展的助推器，其核心职能是选、训、考、用、留五个方面。人力资源部对公司人力资源管理工作全过程中的各个环节实行管理、监督、协调、培训、考核评比的专职管理部门，对所承担的工作负责。

1）人力资源部工作职责。具体而言，主要工作职责如下：

● 制定人力资源规划，拟定企业人员编制，编制人力资源支出预算，进行成本控制。

● 拟定、修改、废止、解释人力资源管理制度，进行各部门职责权限划分。

● 负责组织结构设计和职位说明书的编写。

● 进行人员招聘与录用、员工异动和离职、退职管理。

● 拟定、研究、改进薪酬管理制度，进行薪酬调整，进行考勤管理，核算和发放职工工资。

● 建设并完善培训管理体系，调查、统计分析培训需求，拟订培训计划，组织监督培训工作，进行培训效果评估。

● 负责绩效考核体系建立和绩效考核工作的组织、实施与反馈。

● 劳动关系管理，解决处理人事问题、劳动纠纷，维护稳定和谐的劳动关系。

● 负责人事档案、劳动合同、培训服务协议等资料的汇集整理、存档保管、统计分析。

● 部门内部组织、协调、提升工作的管理。

2）人员设置及岗位职责。基于公司经营业务、规模的不同，人力资源部的组织结构和岗位设置也有所区别。本实习企业属于中小制造型企业，其组织机构设置相对简单，人力资源部只设置人力资源经理和人力资源助理。岗位职责如表 5-5 所示。

表 5-5　人力资源岗位职责

人力资源经理岗位职责	人力资源助理岗位职责
● 建立、健全公司人力资源管理制度 ● 制订招聘计划、培训计划，组织技能考核鉴定和培训实施 ● 人力资源支出预算的编制，成本控制 ● 负责组织公司人员招聘活动 ● 人事材料及报表的检查、监督 ● 组织制定公司考核制度，定期进行员工考核 ● 负责公司全员薪资核算与发放 ● 建立人力资源管理信息系统，为公司的人力资源管理决策提供参考 ● 部门内组织、管理、协调工作	● 招聘渠道的管理与维护，发布招聘信息 ● 筛选应聘简历，预约、安排面试，跟进面试流程 ● 员工档案管理、劳动合同的管理 ● 招聘和培训的组织和实际开展 ● 人事政策和管理制度的执行和贯彻 ● 负责人事信息的实时更新与维护 ● 负责公司员工考勤管理及汇总整理 ● 办理社会保险、住房公积金缴纳等相关手续 ● 负责员工入职、调动、离职等手续办理 ● 协助上级做好人力资源各模块日常性事务工作 ● 负责协助经理做好部门内其他工作

2. 社会资源小组

社会资源小组主要为配合生产制造公司的主体经营活动而设置，并通过交易活动和市场管理活动与生产制造公司发生联系。包括政务服务中心、服务公司、银行等。

（1）政务服务中心。包括工商局、税务局、社保局、住房公积金管理中心，下面逐一介绍每个部门的职能。

1）工商局。工商行政管理部门的工作目标：确认市场主体资格，规范市场主体行为，维护市场经济秩序，保护商品生产者和消费者的合法权益，促进市场经济的健康发展。工商局主要职能如下：

● 受理企业核名。要审核企业申请的公司名称是否有和其他相关企业出现重名，或者公司名字是否规范。如果重名，企业必须起另外的名字直到工商局审核通过为止。企业名称预先核准是企业开业登记设立前必须履行的重要工作。

● 工商注册登记。依据国家工商行政管理的法律、法规，按照一定的程序，对设立在中国境内的工商企业的开业、变更、注销活动进行注册登记。在本实习中，主要进行公司变更登记。

● 企业工商年检。依法按年度对领取营业执照的单位进行检查，确认企业继续经营资格。

● 工商监督。依法组织监督检查市场竞争行为，组织实施各类市场经营秩序的规范管理和监督，维护社会公共利益。

● 广告、合同和商标管理。依法组织管理广告发布与广告经营活动，依法管理合同行为，依法管理注册商标、保护注册商标专用权。

2）税务局。税务局是企业按照国家有关税收政策办理所有公司的涉税业务，行使税收管理职能。仿真市场中的生产制造企业均需在税务部门办理纳税登记，并依法纳税。税务局主要职能如下：

● 税务登记。按照国家税收法规的规定，新设立的企业或者企业经营情况发生变化，需要到当地税务部门办理开业税务登记或变更税务登记，核发税务登记证。

● 税款征收。税务机关依照税收法律、法规规定将纳税人应当缴纳的税款组织征收入库。税款征收的主要内容包括税款征收的方式、程序，减免税的核报，税额核定，税收保全措施和强制执行措施的设置与运用以及欠缴、多缴税款的处理等。

● 发票管理。发票管理主要针对发票的印制、购领、使用、监督以及违章处罚等各环节进行管理。

● 纳税检查。征收机关依据国家税收政策、法规和财务会计制度规定，对纳税人、扣缴义务人履行纳税义务、扣缴税款义务真实情况进行监督和审查。纳税检查是税收征收管理的重要环节，也是贯彻国家税收政策法规、严肃税收纪律、加强纳税监督、堵塞税收漏洞、纠正错漏、保证国家财政收入的一项必要措施。纳税检查主要分为三个环节：纳税人自查、常规检查和专项检查。

● 税收统计、分析。税务部门应按年度进行税收统计工作，主要任务包括建立税收统计报表体系以及对税务统计结果进行分析，撰写分析报告。税收统计的主要内容包括税源统计、税收统计、税政统计和税负统计等。税务部门每年要对外提供税收统计报表及分析报告。

● 税务违法处罚。企业由于工作上的失误或者主观上的故意，违反了税收法律法规的规定，按照法律规定必须承担法律后果。

3）社保局和住房公积金管理中心。现实社会中，社保局和住房公积金是两个独立的部门，分别开展各自的业务。但是在 VBSE 中，所涉及的业务两个部门的职能是重合的，所以在此社保局和住房公积金管理中心的职能同时介绍。

● 参保登记。为参保单位、职工和个体进行参保登记，建立、修改参保人员基础资料，建立个人账户、记账。

● 企业多险种社保基金征集。

● 社会保险关系转移。

● 社会保险费征收。

● 档案管理。

● 咨询服务。提供社保相关政策咨询。

（2）服务公司。服务公司主要是为制造企业顺利完成生产经营活动提供必要的服务。在 VBSE 中设置综合服务员。其主要职能如下：

● 人力推荐。向制造企业推荐童车生产工人，收取人员推荐费。

● 人才培训。为制造企业代为培训管理人员，收取培训费。

● 广告服务。会展公司为制造企业提供广告服务，收取广告费，开具发票。

● 市场开发。作为第三方，承接各制造企业市场开发，收取市场开发费。

● 产品研发。作为第三方，承接制造企业的产品研发，收取产品研发费。

● 代买火车票、机票，收取费用。

● 办公用品零售业务，收取费用，开具发票。

● 其他服务，作为第三方，代办制造企业的其他服务事项，收取相应费用，开具发票。

● 档案管理，对采购过程的各种文档进行分类归档整理。

● 实训指导教师交办的其他任务。

（3）银行。银行是通过存款、贷款、汇兑、储蓄等业务，承担信用中介的金融机构。在 VBSE 中设置综合柜员的岗位。其岗位职责如下：

● 银行开户。为企业办理银行结算账户开户、变更等。

● 银行转账。为企业办理银行账户转账业务。

● 出售银行票据。向企业出售各种银行票据，方便客户办理业务。

● 银行信贷。为企业提供长期贷款、短期贷款等融资业务。

● 档案管理。对银行柜台业务的各种文档进行分类归档整理。

（4）会计师事务所。会计师事务所是指依法独立承担注册会计师业务的中介服务机构，是由有一定会计专业水平、经考核取得证书的会计师组成的，受当事人委托承办有关审记、会计、咨询、税务等方面业务的组织。注册会计师的岗位职责如下：

● 审计：包括会计报表年审、特殊目的审计、清算审计、离任审计等，对企业的财务数据、会计报告提供并出具一个审计意见。

● 验资：包括设立验资、变更验资（增资、减资）。

● 评估：包括整体资产评估、实物资产评估。

- 造价：即为基建审计，核算工程施工、房屋、基建造价情况。
- 税务咨询。
- 代理记账。
- 财务顾问。

3. 商贸企业

在 VBSE 中，商贸企业的组织结构如图 5-2 所示。

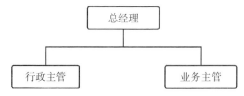

图 5-2　商贸企业组织结构

商贸企业组织结构简单，总经理主管公司的全部业务，下设行政主管和业务主管。

（1）总经理。总经理除了企业管理，兼任财务部经理、税务会计。

1）企业管理岗位职责。

- 组织实施经董事会批准的公司企业年度工作计划、财务预算报告及利润分配、使用方案，组织实施经董事会批准的决议。

- 组织指挥企业的日常经营管理工作，在董事会委托权限内，以法人代表的身份代表企业签署有关协议、合同、合约和处理有关事宜。

- 决定组织体制和人事编制，决定总经理助理，各职能部门和各部门经理以及其他管理职员的任免、奖惩，建立健全企业统一、高效的组织体系和工作体系。

2）财务管理岗位相应职责。

- 根据公司发展战略，协助公司领导组织制定公司财务部的战略规划，制定部门工作目标和计划并分解到个人。

- 负责公司的全面财务会计工作。

- 负责制定并完成公司的财务会计制度、规定和办法。

- 解释、解答与公司的财务会计有关的法规和制度。

- 分析检查公司财务收支和预算的执行情况。

- 审核公司的原始单据和办理日常的会计业务。

- 编制财务报表、登记总账及财务数据审定。

- 日常会计凭证审核：包括总账会计的凭证审核和成本会计凭证审核。

- 部门预算制定。

- 负责定期财产清查。

- 负责公司预算制定与监控：包括预算体系建设、日常预算控制、预算支出审核。

- 资金管理、筹融资管理和资金使用计划等。

● 组织期末结算与决算，进行经营分析。

● 保证按时纳税，负责按照国家税法和其他规定，严格审查应交税金，督促有关岗位人员及时办理手续。

● 管理与维护更新部门所需的信息。

3）税务会计岗位相应职责。

● 按需购买各类发票。

● 严格按照税务发票的管理规定，保管好库存未使用的空白发票。

● 根据业务需求，开具发票并登记。

● 定期进行增值税抵扣联认证工作。

● 准确计算增值税、营业税、城建税等各项税金。

● 编制国税、地税各税种纳税申报表。

● 按时申报国税、地税各税种及缴纳税款。

● 按期整理装订纳税申报表和发票留存联及抵扣联。

● 配合完成税务部门安排的各种检查以及其他工作。

● 根据业务要求，办理其他涉税事项。

● 积极完成领导交给的各项临时工作。

（2）行政主管。在 VBSE 中，行政主管同时兼任仓储部经理、仓管员、行政助理、人力资源部经理、人力资源助理、出纳。

1）仓储岗位相应的职责。

● 验收入库管理。主要包括物料数量、质量、包装的验收和入库作业以及入库信息处理。

● 储存保管职能。是指对企业拥有的、处于暂时停滞状态的物资进行储存，并对物资进行保养和管理。包括对仓储空间进行科学规划，合理利用仓容及各种资源，使各类物料摆放适当、位置合理，保持物资数量和质量完好，便于取用。

● 出库配送管理。主要包括对出库物料进行拣选、清点及办理出库手续等。

● 物料的盘点。主要包括出库入库数据的统计、定期物料盘点及盘点异常的处理等。

● 库存控制。主要包括核定和掌握各种物料的储备定额，确定合理的库存水平，利用物资储备来实现企业生产所需要均衡、连续的供应。

2）人力资源岗位相应的职责。

● 制定人力资源规划，拟定企业人员编制，编制人力资源支出预算，进行成本控制。

● 拟定、修改、废止、解释人力资源管理制度，进行各部门职责权限划分。

● 负责组织结构设计和职位说明书的编写。

● 进行人员招聘与录用、员工异动和离职、退职管理。

● 拟定、研究、改进薪酬管理制度，进行薪酬调整，进行考勤管理，核算和发放职工工资。

● 建设完善培训管理体系，调查、统计分析培训需求，拟订培训计划，组织监督培训工作，进行培训效果评估。

● 负责绩效考核体系建立和绩效考核工作的组织、实施与反馈。

● 劳动关系管理，解决处理人事问题、劳动纠纷，维护稳定和谐的劳动关系。

● 负责人事档案、劳动合同、培训服务协议等资料的汇集整理、存档保管、统计分析。

● 部门内部组织、协调、提升工作的管理。

3）出纳岗位相应的职责。

● 负责办理银行账户的开立、变更和撤销业务。

● 现金收支管理，做到账款相符，确保现金的安全。

● 定期进行银行对账，编制银行余额调节表。

● 银行结算业务的办理。

● 签发支票、汇票等重要空白凭证并登记。

● 保管库存现金、有价证券、重要空白凭证、印章等。

● 登记现金日记账和银行存款日记账。

● 及时整理并传递原始票据，完成协同工作。

● 编制资金报表，按月装订并定期归档。

● 办理贷款卡的年检。

● 完成领导交给的其他各项临时工作。

4）行政助理岗位相应的职责。

● 协助总经理做好综合、协调各部门工作和处理日常事务。

● 及时收集和了解各部门的工作动态，协助总经理指导各部门之间的业务工作，掌握公司主要经营活动情况。

● 协助参与企业发展规划的制定，年度经营计划的编制和公司重大决策事项的讨论。

● 协助审核、修订企业各项管理规章制度，进行日常行政工作的组织与管理。

● 协助企业领导草拟工作计划、总结、规划、决议、报告，组织起草以企业名义发出的行政公文。

● 配合执行企业管理体系运行及各项工作进度的监督与跟进。

● 及时处各种合同、公文、函电、报表等文字资料的签收、拆封、登记、承报、传阅、催办，并做好整理归档工作。

● 企业证照的办理、年审、更换、作废等管理，印章的保管、使用管理等。

● 参与企业行政、采购事务管理，负责企业各部门办公用品的领用和分发工作。

● 协助进行内务、安全管理，为其他部门提供及时、有效的行政服务。

（3）业务主管岗位职责。业务主管同时兼任采购部经理、采购员、营销部经理、销售专员、市场专员，各岗位的职责如下：

1）采购岗位相应的职责。

● 采购计划管理。初审核公司各部门呈报的年度物料需求计划，统筹策划和确定采购内容等。

● 供应商管理。开发和选择供应商，评审和管理供应商，建立完整的供应商档案库等。

● 采购活动管理。根据生产需求编制采购计划，签订采购合同和下达采购订单，组织实施采购活动等。

● 采购合同管理。组织采购合同的评审，建立采购合同台账，对合同进行分类档案管理，并对合同的执行进行监督等。

● 采购成本管理。积极与供应商进行询价、比价、谈判，尽量把采购成本降低。

● 采购监控与评价。对供应商货物进行到货验收，并对供应商进行评价等。

2）销售岗位相应的职责。

● 完成公司制定的营销指标。

● 营销策略、计划的拟订与实施。

● 营销经费的预算和控制。

● 营销管理制度的拟定、实施和改善。

● 部门员工管理。

‖ 第六章 ‖
企业注册登记

第一节 公司工商注册知识学习

一、业务描述

准备创立新公司时需要进行工商注册，工商注册包含确定企业的法律形式、企业名称预先登记、领取开业登记注册申请、银行入资、工商注册审批、领取营业执照、刻章等环节。通过公司注册知识讲解，新成立企业工商注册流程：可以了解真实公司注册流程，从而提高公司注册效率，增强创办企业的信息。

公司章程是指公司依法制定的规定公司名称、住所、经营范围、经营管理制度等重大事项的基本文件。公司章程是公司组织和活动的基本准则，是公司的宪章。公司章程的基本特征是要具备法定性、真实性、自治性和公开性，由股东共同制定，股东为自然人的，由本人签字，自然人以外的股东加盖公章。

二、业务流程说明（见表6-1）

表 6-1 公司注册业务步骤说明

操作步骤	角色	操作	内容
1	工商局专管员	组织学习公司注册知识	通知并组织各企业学习公司注册知识
2	供应商总经理	学习公司注册知识	接到任务，学习公司注册知识
	客户总经理		
	工商局专管员		
	地方税务局专管员		
	银行专员		

第二节 企业类型

根据出资者情况及承担责任的区别，企业分为以下类型：

一、两人以上有限责任公司

依照《中华人民共和国公司法》（以下简称《公司法》）指由法律规定的一定人数的股东所组成，股东以其出资额为限对公司债务承担责任，公司以其全部资产对公司债务承担责任的企业法人。

有限责任公司主要法律特征如下：

其一，有限责任公司是企业法人，公司的股东以其出资额对公司承担责任，公司以其全部资产对公司的债务承担责任。

其二，有限责任公司的股东人数是有严格限制的。各国对有限责任公司股东数的规定不尽相同。我国《公司法》规定股东人数为 1 个（含 1 个）以上 50 个以下。

其三，有限责任公司是合资公司，但同时具有较强的人合因素。公司股东人数有限，一般相互认识，具有一定程度的信任感，其股份转让受到一定限制，向股东以外的人转让股份须得到其他股东过半数同意。

其四，有限责任公司不能向社会公开募集公司资本，不能发行股票。

二、法人独资有限责任公司

一人有限责任公司是有限责任公司的一种，是指由一个股东发起成立的特殊有限责任公司，一人有限责任公司应当在公司登记中注明自然人独资或者法人独资，并在公司营业执照中载明。

法人独资有限责任公司，是指只有一个法人股东的有限责任公司。法人是能独立承担民事责任的一个组织。法人独资有限责任公司的注册资本最低限额为 10 万元人民币。股东应当一次足额缴纳公司章程规定的出资额。

三、自然人独资有限责任公司

自然人独资有限责任公司，是指只有一个自然人股东的有限责任公司。自然人独资有限责任公司的注册资本最低限额为 10 万元人民币。股东应当一次足额缴纳公司章程规定的出资额。

四、个人独资企业

个人独资企业，是指依照本法在中国境内设立，由一个自然人投资，财产为投资人个人所有，投资人以其个人财产对企业债务承担无限责任的经营实体。

个人独资企业具有以下特征：

其一，投资主体方面的特征。个人独资企业仅由一个自然人投资设立。这是独资企业在投资主体上与合伙企业和公司的区别所在。我国合伙企业法规定的合伙企业投资人尽管也是自然人，但人数为 2 人以上；公司的股东通常为 2 人以上，而且投资人不仅包括自然人，还包括法人和非法人组织。当然，在一人有限责任公司的场合，出资人也只有一人。

其二，企业财产方面的特征。个人独资企业的全部财产为投资人个人所有，投资人（也称业主）是企业财产（包括企业成立时投入的初始出资财产与企业存续期间积累的财产）的唯一所有者。基于此，投资人对企业的经营与管理事务享有绝对的控制与支配权，不受任何其他人的干预。个人独资企业就财产方面的性质而言，属于私人财产所有权的客体。

其三，责任承担方面的特征。个人独资企业的投资人以其个人财产对企业债务承担无限责任。

其四，主体资格方面的特征。个人独资企业不具有法人资格。尽管独资企业有自己的名称或商号，并以企业名义从事经营行为和参加诉讼活动，但它不具有独立的法人地位。

五、普通合伙企业、特殊普通合伙企业、有限合伙企业

合伙企业是指自然人、法人和其他组织依照本法在中国境内设立的普通合伙企业和有限合伙企业。

合伙企业分为"普通合伙企业""特殊普通合伙企业"与"有限合伙企业"三类形式。

合伙企业应具备以下条件：①有两个以上合伙人，合伙人为自然人的应当具有完全民事行为能力；②有书面合伙协议；③有合伙人认缴或者实际缴付的出资；④有合伙企业的名称，名称中的组织形式后应标明"普通合伙""特殊普通合伙""有限合伙"等字样；⑤有经营场所和从事合伙经营的必要条件。

普通合伙企业由普通合伙人组成，合伙人对合伙企业债务承担无限连带责任。

六、全民所有制企业

全民所有制企业是生产资料归全体人民所有，依法自主经营、自负盈亏、独立核算，以盈利为目的的企业。

七、集体所有制企业

集体所有制企业是财产归群众集体所有，劳动群众共同劳动，实行按劳分配为主、适当分红为辅，提取一定公共积累的企业。

它的特点如下：生产资料属于集体经济成员共同所有，共同进行生产经营活动，成员根据他对集体经济的贡献来分配其经营成果；它的公有化程度低于全民所有制，范围较小；集体经济单位之间存在差别。在经济体制改革过程中，集体所有制经济的实现形式也在发生变化，出现了许多新的联合体。经营管理上已经不限于生产资料集体所有，统一生产经营、成果实行单一按劳分配的形式，而是实行了集体所有分散经营、各负盈亏等多种形式。

八、集体所有制（股份合作）企业

集体所有制（股份合作）：是以合作制为基础，实行以劳动合作与资本合作相结合，按劳分配与按股分红相结合，职工共同劳动，共同占有生产资料，利益共享，风险共担，股权平等，民主管理的企业法人组织。

九、集体所有制（股份合作）企业（全资设立）

集体所有制（股份合作）企业的法人分支机构的经济性质核定为"集体所有制（股份合作）——全资设立"，并不得投资举办集体所有制（股份合作）企业。

十、农民专业合作社

农民专业合作社是在农村家庭承包经营基础上，同类农产品的生产经营者或者同类农业生产经营服务的提供者、使用者，自愿联合、民主管理的互助性经济组织。

农民专业合作社应当遵循下列原则：成员以农民为主体；以服务成员为宗旨，谋求全体成员的共同利益；入社自愿、退社自由；成员地位平等，实行民主管理；盈余主要按照成员与农民专业合作社的交易量比例返还。

十一、内资个体工商户

根据《中华人民共和国民法通则》第 26 条规定，公民在法律允许的范围内，依法经核准登记，从事工商业经营的，为个体工商户（个体工商户不具备法人资格，不能设立分支机构）。

第三节　企业注册流程

一、确定企业类型

企业的出资者可根据自身的情况及需要承担的相应责任，结合上述的企业类型，确定本企业类型。

二、名称审核

企业名称对于一个企业的生存和发展起着至关重要的作用，一个优秀的企业名称可以内炼企业文化、外塑企业形象，著名企业的名称还凝聚着巨大的无形资产，那么在企业设立之初，如何为您的企业选一个优秀的企业名称呢？

（一）名称组成

企业名称一般由四部分依次组成：行政区划+字号+行业特点+组织形式。

例如，北京东方科技有限公司，北京为行政区划，东方为字号，科技为行业特点，有限公司为组织形式。

关于行政区划在本市登记的企业一般应为北京，此项是企业名称中可选择性最弱的名称组成部分。

字号是企业区别于其他企业的个性化标识，是企业可选择性最强的名称组成部分，尽管如此，企业的字号仍然受到国家法律、法规及相关规定的限制。

在名称预先登记程序中选择字号时，有哪些是需要注意的呢？

为减少重名，建议使用三个以上的汉字作为字号。

一般规定企业名称不得含有下列内容和文字：有损于国家、社会公共利益的；可能对公众造成欺骗或者误解的；外国国家（地区）名称、国际组织名称。

（二）业务流程说明（见表6-2）

表6-2　公司名称审核业务流程

操作步骤	角色	操作	内容
1	工商局专管员	告知商贸企业办理名称审核	通知客户和供应商总经理办理企业名称审核
2	工商局专管员	公司名称审核	1. 进入名称审核主界面 2. 输入"申请公司名称""备选公司名称""经营范围""公司所在地"（必须填），点击"证件号码"列表输入证件号码 3. 点击"提交名称预先核准申请"按钮，审核公司名称信息

三、验资前相关资料准备

（一）资料准备

企业应有自己独立的营业场所，在办理之前，最好确认自己自有、租赁或无偿使用的房屋可以办理营业执照，以免产生不必要的损失。

营业执照的经营范围是企业或个人从事经营活动的依据，由工商行政管理部门参考《国民经济行业分类》核定。其中某些经营活动是需要相关行政许可部门审批取得许可文件后方可进行后续营业执照办理的。通常下列情况需要进行前置审批：设立农药生产企业、设立种子经营企业、设立粮食收购企业、设立兽药生产企业、设立兽药经营企业、设立牛羊畜禽屠宰企业、设立犬类养殖、销售、展览、诊疗机构、设立生产种畜禽企业、设立经营种畜禽企业、设立收购驯养繁殖国家重点保护野生动物或其产品的单位、矿产资源及电力建设、设立矿山企业（含矿产资源开采）、设立煤矿企业、设立煤炭经营企业、设立供电营业机构。

（二）业务流程说明（见表6-3）

表6-3　验资证明之前的相关准备业务流程

操作步骤	角色	操作	内容
1	总经理	验资证明之前相关准备	1. 进入验资证明之前的相关设置主页面 2. 填写"前置审批申请书""发起人协议书""法定代表登记""公司股东名录""董事经理情况""房屋租赁合同"信息 3. 填写好信息后点击"提交"按钮保存填写后的信息

四、入资、开立验资账户

(一) 业务描述

有限责任公司、集体所有制企业、集体所有制（股份合作）企业在设立登记与变更注册资本（金）、实收资本（金）时，需要到工商行政管理局指定的银行开立临时账户，将货币资金存入其中，凭银行出具的入资单据到正规会计师事务所办理验资手续，并取得《验资报告》。在 VBSE 系统里将要开立验资账户的企业，假设是已经开始经营的企业，已经有企业的银行账户信息，此时只要求学员提供企业的银行账户基本信息（企业名称、开户银行名称、银行账号、银行存款余额数）即可开户，银行将为企业新开一个验资账户，提供验资账户账号，并将原企业资金转入验资账户。

在实际工作中，办理人民币验资户开立手续要提供如下材料：

1. 开户企业所需填写的银行资料

其一，填写开户申请书、开立账户授权书、办理业务授权书两份。

其二，填盖对账服务协议、结算账户管理协议。

其三，银企对账印鉴卡、验资户印鉴卡。

 注意事项

● 账户印鉴预留、填写说明请直接咨询开户银行

2. 开户企业应提交相关证件

（1）工商行政管理机构出具：预先核准通知单。

（2）出资人若为企业法人，所需证件资料如下：营业执照正本（原件/复印件）；组织机构代码证（原件/复印件）；国、地税务登记证（原件/复印件）；法人代表身份证（复印件）；银行开户许可证（复印件）。

（3）出资人若为自然人，所需证件资料为：出资人身份证原件/复印件。

（4）出资人若为企业法人和自然人的组合，则以上资料都需要。

以上资料的复印件均需加盖公章或私章。

注册验资是指在注册公司时，需要向您的银行开户行（验资户）存入一笔资金，存入后需要有专业的会计师事务所对你所存入的资金情况进行检查，并出具相关资金证明报告，又称"验资报告"，这是设立公司的前提条件之一，也是代表公司规模的因素之一。

注册验资需注意以下几点：注册验资是将资金临时存放于验资户，在验资期间只

收不付，注册验资的汇缴人应与出资人的名称一致；注册验资的资金必须与申请工商执照时的额度相符，不可虚假出资；注册验资资金在验资完成之后必须转入公司基本账户，并不得抽逃资金；在公司注册完成后，不得任意修改此注册资金，如需修改需进行验资流程，出具新的验资报告。

（二）业务流程说明（见表6-4）

表6-4　入资、开立验资账户业务流程

操作步骤	角色	操作	内容
1	行政主管	签发转账支票	按照银行存款的数额，签发转账支票
2	行政主管	去银行开立验资账户	行政主管准备好企业基本信息（企业名称、开户银行名称、银行账号、银行存款余额数）去银行开立验资账户
3	银行柜员	开立账户	1. 根据行政主管提供的企业信息，开立银行账户 2. 银行柜员输入提供给行政主管一个银行账号，按行政主管签发的转账支票存入资金 3. 将支票入账单返还给行政主管
4	行政主管	填写进账单	按照新开立的账号，填写进账单
5	银行柜员	完成支票进账	在进账单回单上盖"转讫"章；将回单退还给行政主管
6	商贸企业总经理	编制记账凭证	接受行政主管交来的支票入账回单，并编制记账凭证

五、制定公司章程

（一）业务描述

依据我国公司规定，有限责任公司章程应当载明下列事项：公司的名称和住所；公司的经营范围；公司注册资本；股东的姓名或者名称；股东的权利和义务；股东的出资方式和出资额；股东转让出资的条件；公司的机构及其产生办法、职权、议事规则；公司的法定代表人；监事成员；公司的解散事由和清算办法等。股份有限公司的章程应当记载的事项包括以下内容：公司名称和住所；公司经营范围；公司设立方式；公司股份总数；股东的权利和义务；董事会的组成、职权、任期和议事规则；公司法定代表人；监事会的组成、职权、任期和议事规则；公司利润分配办法；公司的解散事由和清算办法；公司的通知和公告办法。

（二）业务流程说明（见表6-5）

表6-5　制定公司章程业务流程

操作步骤	角色	操作	内容
1	总经理	制定公司章程	1. 进入公司章程主页面 2. 单击"参考模板"按钮，查看"公司章程"的模板，填写"公司章程"，填好后单击"添加公司章程"按钮，保存"公司章程"信息

六、工商注册

带齐准备资料到工商局办事大厅提交材料、现场办理，资料包括以下内容：《企业名称预先核准通知书》原件；《指定委托书》原件；《企业设立登记申请书》原件；《企业秘书联系人登记表》两份原件；《企业章程》原件；自然人投资人身份证明复印件或法人投资人主体资格证明复印件；法定验资机构出具的《验资报告》原件；将投资人"名录"页、"出资额"页、"董事、经理、监事任职"页内容打印出来的打印件。

七、办理组织机构代码

（一）业务描述

组织机构代码是对在中华人民共和国内依法注册、依法登记的机关、企事业单位、社会团体和民办非企业单位颁发的一个在全国范围内唯一的、始终不变的代码标识。

国家质监总局负责组织机构代码的管理工作。

（二）业务流程说明（见表6-6）

表6-6　办理组织机构代码业务流程

操作步骤	角色	操作	内容
1	行政主管	办理组织机构代码	凭营业执照到质监局办理组织机构代码
2	质监局专管员	颁发组织机构代码	1. 进入组织机构代码主页面 2. 提交申请信息查看机构代码证
3	行政主管	归档	收到组织机构代码证并归档

八、办理税务登记

（一）业务描述

税务登记又称纳税登记，是指税务机关根据税法规定，对纳税人的生产、经营活动进行登记管理的一项法定制度，也是纳税人依法履行纳税义务的法定手续。

税务登记是税务机关对纳税人实施税收管理的首要环节和基础工作，是征纳双方法律关系成立的依据和证明，也是纳税人必须依法履行的义务。

（二）业务流程说明（见表6-7）

表6-7　税务登记业务流程

操作步骤	角色	操作	内容
1	总经理	办理税务登记	凭营业执照、组织机构代码证办理税务登记
2	地方税务局专管员	颁发税务登记证	1. 进入税务登记主页面 2. 填写税务登记表，提交登记信息领取税务登记证
3	总经理	归档	收到税务登记证并归档

九、开立基本账户

（一）业务描述

由总经理携带相关资料到银行办理开户，是由验资账户转为企业基本账户。

（二）业务流程说明（见表6-8）

表6-8　开立银行基本账户业务流程

操作步骤	角色	操作	内容
1	总经理	携带资料到银行办理开户	持企业营业执照正副本、组织机构代码证书正本、税务登记证、法人身份证、经办人身份证办理
2	银行柜员	把验资账户转为基本账户	把验资账户转为企业基本账户，此时银行柜员只需在系统里查出原验资账户的信息，并手工填写在空白纸上交给商贸企业总经理即可
3	总经理	归档	整理开户相关信息和资料

十、社会保险开户

（一）业务描述

社会保险登记是指应当缴纳社会保险费的单位，按照《社会保险登记管理暂行办法》规定的程序进行登记，领取社会保险登记证的行为。

社会保险登记是社会保险费征缴的前提和基础，也是整个社会保险制度得以建立的基础。县级以上劳动保障行政部门的社会保险经办机构主管社会保险登记。

（二）业务流程说明（见表 6-9）

表 6-9　社会保险开户业务流程

操作步骤	角色	操作	内容
1	行政主管	办理社会保险开户	携带营业执照、法人代表身份证、组织机构代码原件、复印件去办理社会保险开户
2	社保局专管员	社会保险登记	1. 进入社会保险主页面 2. 填写单位社保信息，然后点击"提交社会保险登记表"按钮，提交社保信息（注：此处不颁发社会保险登记证，只提供社会保险登记证号）
3	行政主管	归档	将社会保险信息、资料归档

十一、住房公积金开户

（一）业务描述

住房公积金是单位及其在职职工缴存的长期住房储金，是住房分配货币化、社会化和法制化的主要形式。住房公积金制度是国家法律规定的重要的住房社会保障制度，具有强制性、互助性、保障性。单位和职工个人必须依法履行缴存住房公积金的义务。这里的单位包括国家机关、国有企业、城镇集体企业、外商投资企业、城镇私营企业及其他城镇企业、事业单位、民办非企业单位、社会团体。

（二）业务流程说明（见表 6-10）

表 6-10　住房公积金开户业务流程

操作步骤	角色	操作	内容
1	行政主管	办理住房公积金开户	1. 填写单位经办人授权委托书并加盖公章 2. 携带营业执照、法人代表身份证、组织机构代码证原件及复印件、经办人身份证原件、单位公章去办理住房公积金开户
2	公积金专管员	住房公积金登记	1. 审核《单位经办人授权委托书》，确认经办人身份 2. 要求经办人填写《住房公积金单位信息登记表》 3. 核查《住房公积金单位信息登记表》是否填写完整，办理单位信息登记并在单位信息登记表上加盖业务章，为开户单位生成单位登记号（注意长度为 8 位，从 88023000 开始顺序编号）
3	行政主管	归档	将住房公积金信息、资料归档

十二、签订代发工资协议书

（一）业务描述

代发工资协议书是委托单位与开户行就代发工资相关事宜签订的委托代理协议。实际中大部分企业会与银行签订代发工资协议书，委托银行代发工资。

（二）业务流程说明（见表6-11）

表6-11　签订代发工资协议书业务流程

操作步骤	角色	操作	内容
1	行政主管	去签订代发工资协议书	1. 整理资料，准备签订代发工资协议书 2. 去银行签订协议
2	银行柜员	签订代发工资协议书	1. 将银行代发工资协议书交给客户，要求其填写、签字并盖章（银行代发工资协议一式两份） 2. 核对项目是否填写完整，在代发工资协议书上签字盖章 3. 将其中的一份交给客户，一份留存
3	行政主管	协议书归档	收到银行签字盖章的代发工资协议，归档

十三、社会保险开户签订同城委托收款协议（社保和公积金）

（一）业务描述

同城委托收款协议（住房公积金、社会保险）是委托单位与开户行就代收住房公积金、社会保险相关事宜签订的委托代理协议。

实际中大部分企业会与银行签订同城委托收款协议（住房公积金、社会保险），委托银行代收住房公积金、社会保险。

（二）业务流程说明（见表6-12）

表6-12　社会保险开户签订同城委托收款协议（社保和公积金）业务流程

操作步骤	角色	操作	内容
1	总经理	签订同城委托收款协议（住房公积金、社会保险）	1. 去社会保险/住房公积金中心领取住房公积金委托银行代收合同书，协议书一式三份 2. 按要求填写《特约委托收款协议书》，并加盖单位公章 3. 将协议书送交银行办理委托收款业务

操作步骤	角色	操作	内容
2	银行柜员	签订代发工资协议书	1. 核对内容是否填写完整、规范 2. 在委托银行代收合同书上签字盖章 3. 将其中的一份交给客户，一份留存，一份交给住房公积金中心
3	总经理	协议书归档	收到银行签字盖章的委托银行代收合同书，归档

‖第七章‖
制造企业

第一节 制造业经营前期业务

一、制造业组织内部会议

1. 业务描述

团队建设是指有意识地在组织中努力开发有效的工作小组。团队建设是这样一个过程，在该过程中，参与者和推进者都会彼此增进信任，坦诚相待，共同探索工作小组能创造出不同寻常业绩的原因。

新公司刚刚组建，由来自不同专业的同学组成新公司的管理团队，总经理是团队建设的领航人，必须引领公司成员以出色的表现完成所有工作内容。总经理必须时刻关注团队建设，以更好地完成组织目标。

2. 业务流程说明（见表 7-1）

表 7-1 制造业组织内部会议业务流程

操作步骤	角色	操作	内容
1	总经理	公司成立致辞	1. 欢迎各位成员的加入 2. 阐述企业经营口号 3. 提出实训期间的员工成长目标、工作期望
2	总经理	组织自我介绍	1. 总经理要求团队中的每个人做 1~2 分钟的自我介绍 2. 在成员做好自我介绍后，再次欢迎各位成员的加入
3	总经理	提出工作要求	1. 再次重申公司的目标及对成员的工作期望 2. 对各部门之间、员工之间的协同工作提出要求

二、办公用品及实训用具分发到每一个岗位

1. 业务描述

实训学生按组织岗位围坐在一起后，首先由人力资源助理给各个部门的经理发放实训中要用到的表单、账页、资质与各种登记证、实验用书与参考资料、工章以及曲别针等办公用品，然后由各部门经理根据需要进一步将实训用具下发到每一个具体岗位。

2. 业务流程说明（见表 7-2）

表 7-2　办公用品及实训用具发放业务流程

操作步骤	角色	操作	内容
1	学生	领用实训用品	学生依照岗位需要领用相应的办公用品和实训用具

三、总经理读懂期初数据

总经理在业务工作开展之前需要理解、掌握以下几项信息：

1. 核心制造企业组织结构图

实习模拟的核心制造企业组织结构如图 7-1 所示，分为 4 个管理层次、7 个部门、2 个车间。总经理对董事会负责，并可以对企业管理部、人力资源部、财务部、采购部、仓储部、生产计划部、营销部下达命令或指挥。各职能部门经理对本部门下属有指挥权，对其他部门有业务指导但没有指挥权。

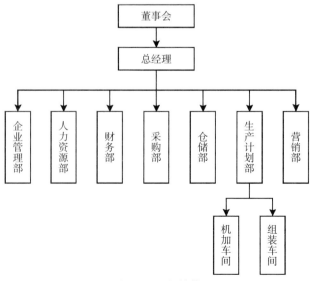

图 7-1　组织结构

2. 岗位设置

各部门岗位设置及人员定编情况见图7-2，设有18个管理岗位，总经理兼任企业管理部经理、行政助理兼任商务管理、计划员兼质量员，车间员工人数依据销售订单情况、生产计划部设备数量及其他企业经营状况做调整。截至2011年9月30日，管理人员在岗18人、车间工人40名，平均分布在2个车间之中。

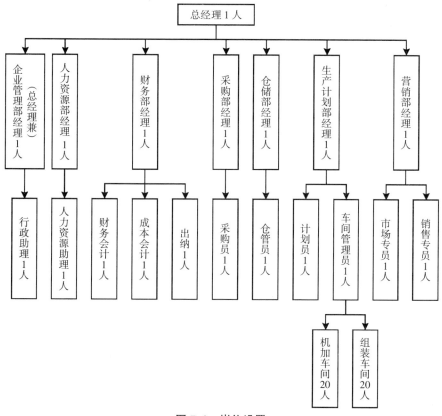

图7-2　岗位设置

3. 阅读企业年度经营规划书（见附录）

四、行政助理读懂期初数据并期初建账

行政助理在业务工作开展之前需要理解、掌握下列信息：

1. 固定资产卡片样式

固定资产卡片上的栏目有：类别、编号、名称、规格、型号、建造单位、年月、投产日期、原始价值、预计使用年限、折旧率、存放地点、使用单位、大修理日期和金额以及停用、出售、转移、报废清理等内容，见图7-3。

固定资产卡片

卡片编号　　　001　　　　　　　　　　　　　　　　　　　　日期　　　　2009/12/31

固定资产编号	012001	固定资产名称	办公大楼
类别编号	012	类别名称	非生产用房
规格型号		使用部门	企管部
增加方式	购入	存放地点	
使用状况	在用　　预计使用年限 40	折旧方法	直线法
开始使用日期	2009/12/31　已计提月份		
原值	6000000　净残值		
累计折旧			
净值	折旧费用类别 管理费用		保管人

附属设备

资产变动历史			
日期	变动事项	变动原因	变动说明

变动事项主要包括：资产大修理、资产转移、原值变动、资产减少等类型。

图 7-3　固定资产卡片样式

截至 2011 年 9 月 30 日，企业拥有固定资产 33 项，每项固定资产均登记在固定资产卡片上。

2. 固定资产登记簿

固定资产登记簿是对所有固定资产卡片统一记录、管理的表格。《固定资产登记簿》（见表 7-3）中记录企业所有办公固定资产种类、购买时间、使用年限及折旧有关内容；《固定资产卡片》上填列资产类别、名称、原值、使用年限、购置日期、年折旧率、折旧额等信息，方便企业进行固定资产查找、管理。

表 7-3　固定资产登记簿

卡片编号	资产编号	资产名称	使用部门	使用状态	预计使用年份	开始使用日期	已计提月份	资产原值	累计折扣	资产净值	折扣费用类别
001	012001	办公大楼	企管部	在用	40	2009/12/31	21	6000000	262500	5737500	管理费用
002	022002	笔记本电脑	企管部	在用	4	2009/12/31	21	8000	3500	4500	管理费用
003	022003	笔记本电脑	人事部	在用	4	2009/12/31	21	8000	3500	4500	管理费用
004	022004	笔记本电脑	财务部	在用	4	2009/12/31	21	8000	3500	4500	管理费用
005	022005	笔记本电脑	采购部	在用	4	2009/12/31	21	8000	3500	4500	管理费用

卡片编号	资产编号	资产名称	使用部门	使用状态	预计使用年份	开始使用日期	已计提月份	资产原值	累计折扣	资产净值	折扣费用类别
006	022006	笔记本电脑	销售部	在用	4	2009/12/31	21	8000	3500	4500	管理费用
007	022007	笔记本电脑	仓储部	在用	4	2009/12/31	21	8000	3500	4500	管理费用
008	022008	台式电脑	财务部	在用	4	2009/12/31	21	5000	2100	2900	管理费用
009	022009	台式电脑	财务部	在用	4	2009/12/31	21	5000	2100	2900	管理费用
010	022010	台式电脑	企管部	在用	4	2009/12/31	21	5000	2100	2900	管理费用
011	022011	台式电脑	人事部	在用	4	2009/12/31	21	5000	2100	2900	管理费用
012	022012	台式电脑	财务部	在用	4	2009/12/31	21	5000	2100	2900	管理费用
013	022013	台式电脑	采购部	在用	4	2009/12/31	21	5000	2100	2900	管理费用
014	022014	台式电脑	销售部	在用	4	2009/12/31	21	5000	2100	2900	管理费用
015	022015	台式电脑	销售部	在用	4	2009/12/31	21	5000	2100	2900	管理费用
016	022016	台式电脑	仓储部	在用	4	2009/12/31	21	5000	2100	2900	管理费用
017	022017	打印复印一体机	企管部	在用	5	2009/12/31	21	20000	7000	13000	管理费用
018	013018	仓库	仓储部	在用	10	2009/12/31	21	1000000	175000	825000	管理费用
019	022019	台式电脑	生产部	在用	4	2009/12/31	21	5000	2100	2900	制造费用
020	022020	台式电脑	生产部	在用	4	2009/12/31	21	5000	2100	2900	制造费用
021	022021	笔记本电脑	生产部	在用	4	2009/12/31	21	8000	3500	4500	制造费用
022	011022	大厂房	生产部	在用	30	2009/12/31	21	2100000	122500	1977500	制造费用
023	021023	普通机床（金工生产线）	生产部	在用	10	2009/12/31	21	10000	1750	8250	生产成本
024	021024	普通机床（金工生产线）	生产部	在用	10	2009/12/31	21	10000	1750	8250	生产成本
025	021025	普通机床（金工生产线）	生产部	在用	10	2009/12/31	21	10000	1750	8250	生产成本
026	021026	普通机床（金工生产线）	生产部	在用	10	2009/12/31	21	10000	1750	8250	生产成本
027	021027	普通机床（金工生产线）	生产部	在用	10	2009/12/31	21	10000	1750	8250	生产成本
028	021028	普通机床（金工生产线）	生产部	在用	10	2009/12/31	21	10000	1750	8250	生产成本
029	021029	普通机床（金工生产线）	生产部	在用	10	2009/12/31	21	10000	1750	8250	生产成本
030	021030	普通机床（金工生产线）	生产部	在用	10	2009/12/31	21	10000	1750	8250	生产成本
031	021031	普通机床（金工生产线）	生产部	在用	10	2009/12/31	21	10000	1750	8250	生产成本
032	021032	普通机床（金工生产线）	生产部	在用	10	2009/12/31	21	10000	1750	8250	生产成本
033	021033	组装生产线	生产部	在用	10	2009/12/31	21	30000	5250	24750	生产成本

五、人力资源部经理、人力资源助理读懂期初数据并期初建账

人力资源部经理在业务工作开展之前需要理解、掌握下列信息：

1. 核心制造企业组织结构图

实习模型的核心制造企业组织结构如图 7-4 所示，分为 4 个管理层次、7 个部门、2 个车间。总经理对董事会负责，并可以对企业管理部、人力资源部、财务部、采购部、仓储部、生产计划部、营销部下达命令或指挥。各职能部门经理对本部门下属有指挥权，对其他部门有业务指导但没有指挥权。

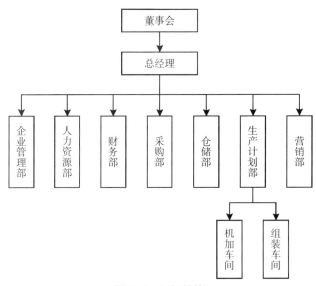

图 7-4　组织结构

2. 岗位设置

各部门岗位设置及人员定编情况见图 7-5，设有 18 个管理岗位，总经理兼任企业管理部经理、行政助理兼任商务管理、计划员兼质量员，车间员工人数依据销售订单情况、生产计划部设备数量及其他企业经营状况做调整。截至 2011 年 9 月 30 日，管理人员在岗 18 人、车间工人 40 名，平均分布在 2 个车间之中。

3. 各岗位工作职责（参见第五章第七节相关内容）

4. 考勤统计表

考勤统计表中记录当月实际应出勤天数、实际出勤天数及员工迟到、早退、病假、事假、旷工等信息。人力资源助理负责日常考勤管理工作并于每个考勤周期截止后统计当月考勤情况，计算考勤扣款，制作《考勤统计表》交人力资源部经理，人力资源部经理依照该表格核算岗位工资。

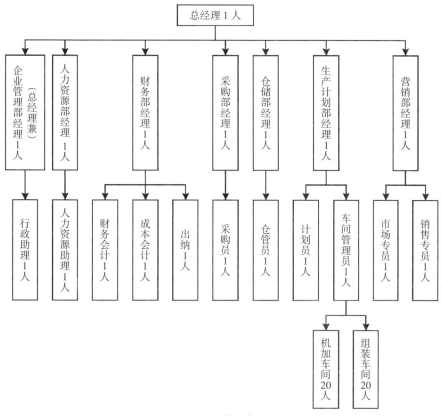

图7-5　岗位设置

为简化烦琐的计算，VBSE 手工实习中将 2011 年 10 月考勤数据列出，该月考勤中所有员工无迟到、无早退及病事假、旷工情况，见表7-4。

表7-4　2011年10月考勤统计表

制表：人力资源部　　　　　　　　　　　　　　　　　　　　　　　　　　　　　2011 年 10 月

工号	姓名	所在部门	担任职务	本月应到	事假	病假	旷工	迟到/早退	本月实例	考勤扣款	备注
1	梁天	企业管理部	总经理（兼企管部经理）	21					21	0	
2	叶瑛	企业管理部	行政助理（兼商务管理）	21					21	0	
3	张万军	人力资源部	人力资源经理	21					21	0	
4	肖红	人力资源部	人力资源经理	21					21	0	
5	李斌	采购部	采购经理	21					21	0	
6	付海生	采购部	采购员	21					21	0	
7	叶润中	生产计划部	生产经理	21					21	0	
8	周群	生产计划部	生产员	21					21	0	
9	孙盛国	生产计划部	计划员（兼质检员）	21					21	0	

续表

工号	姓名	所在部门	担任职务	本月应到	事假	病假	旷工	迟到/早退	本月实例	考勤扣款	备注
10	何明海	仓储部	仓储经理	21					21	0	
11	王宝珠	仓储部	仓储员	21					21	0	
12	杨笑笑	市场营销部	市场营销经理	21					21	0	
13	马博	市场营销部	市场专员	21					21	0	
14	刘思羽	市场营销部	销售员	21					21	0	
15	钱坤	财务部	财务经理	21					21	0	
16	刘自强	财务部	成本会计	21					21	0	
17	朱中华	财务部	总账会计	21					21	0	
18	赵丹	财务部	出纳	21					21	0	
19	李良钊	生产计划部	生产工人	21					21	0	
20	付玉芳	生产计划部	生产工人	21					21	0	
21	张接义	生产计划部	生产工人	21					21	0	
22	毕红	生产计划部	生产工人	21					21	0	
23	吴淑敏	生产计划部	生产工人	21					21	0	
24	毛龙生	生产计划部	生产工人	21					21	0	
25	扈志明	生产计划部	生产工人	21					21	0	
26	李龙吉	生产计划部	生产工人	21					21	0	
27	吴官胜	生产计划部	生产工人	21					21	0	
28	雷丹	生产计划部	生产工人	21					21	0	
29	刘良生	生产计划部	生产工人	21					21	0	
30	余俊美	生产计划部	生产工人	21					21	0	
31	徐积福	生产计划部	生产工人	21					21	0	
32	潘俊辉	生产计划部	生产工人	21					21	0	
33	朱祥松	生产计划部	生产工人	21					21	0	
34	刘文钦	生产计划部	生产工人	21					21	0	
35	龚文辉	生产计划部	生产工人	21					21	0	
36	王小强	生产计划部	生产工人	21					21	0	
37	刘胜	生产计划部	生产工人	21					21	0	
38	刘贞	生产计划部	生产工人	21					21	0	
39	余永俊	生产计划部	生产工人	21					21	0	
40	万能	生产计划部	生产工人	21					21	0	
41	万俊俊	生产计划部	生产工人	21					21	0	
42	张逸君	生产计划部	生产工人	21					21	0	

工号	姓名	所在部门	担任职务	本月应到	事假	病假	旷工	迟到/早退	本月实例	考勤扣款	备注
43	言海根	生产计划部	生产工人	21					21	0	
44	田勤	生产计划部	生产工人	21					21	0	
45	肖鹏	生产计划部	生产工人	21					21	0	
46	徐宏	生产计划部	生产工人	21					21	0	
47	田军	生产计划部	生产工人	21					21	0	
48	郑华珺	生产计划部	生产工人	21					21	0	
49	洪梁	生产计划部	生产工人	21					21	0	
50	冯奇	生产计划部	生产工人	21					21	0	
51	黄聪	生产计划部	生产工人	21					21	0	
52	薛萍	生产计划部	生产工人	21					21	0	
53	张世平	生产计划部	生产工人	21					21	0	
54	李小春	生产计划部	生产工人	21					21	0	
55	蔡丽娟	生产计划部	生产工人	21					21	0	
56	吴新祥	生产计划部	生产工人	21					21	0	
57	胡首科	生产计划部	生产工人	21					21	0	
58	邹建榕	生产计划部	生产工人	21					21	0	
59	张小东	生产计划部	生产工人	21					21	0	
60	岳亮	生产计划部	生产工人	21					21	0	
合计				1260	0	0	0	0	1260	0	

在本实训中，建议人力资源助理自制符合本次实习天数的考勤统计表。

5. 职工薪酬统计表

人力资源部经理每月月底需核算公司全员当月工资，每季度结束后次月核算上一季度绩效奖金。人力资源部经理需将核算完成的《职工薪酬统计表》交财务部经理审核，经审核无误后交总经理审批。2011 年 9 月职工薪酬已经核算完毕，并经过相关的审批流程，见表 7-5，实际工作中数据为零项可以删除，本手册为便于学员了解表格全貌并未作此处理。

6. 企业代缴福利表

现行社会保险、住房公积金管理制度中规定，企业有义务为在职员工缴纳五险一金，企业缴费基数依照上一年度员工月平均工资数额，并规定最低、最高缴费基数。实习中企业、职工本人缴费比例参见人力资源规则。人力资源部经理须依照人力资源助理核算的《五险一金核算表》来制作《企业代缴福利表》，见表 7-6。

表 7-5　职工薪酬统计表
（2011 年 9 月）

部门：人力资源部

序号	工号	姓名	部门	职务类别	基本工资	缺勤天数	缺勤扣款	代扣款项目								上季度销售总额/企业净利润	奖金系数	季度奖金	辞退福利	应税工资	应扣个人所得税	实发金额
								养老保险	医疗保险	失业保险	工伤保险	生育保险	五险小计	住房公积金	五险一金小计							
1	1	梁天	企业管理部	总经理	10000	0	0	800	203	50	0	0	1053	1000	2053				0	7947.00	339.70	7607.30
2	2	张万军	人力资源部	部门经理	6000	0	0	480	123	30	0	0	633	600	1233				0	4767.00	38.01	4728.99
3	3	李澈	采购部	部门经理	6000	0	0	480	123	30	0	0	633	600	1233				0	4767.00	38.01	4728.99
4	4	何明海	仓储部	部门经理	6000	0	0	480	123	30	0	0	633	600	1233				0	4767.00	38.01	4728.99
5	5	钱坤	财务部	部门经理	6000	0	0	480	123	30	0	0	633	600	1233				0	4767.00	38.01	4728.99
6	6	叶润中	生产计划部	部门经理	6000	0	0	480	123	30	0	0	633	600	1233				0	4767.00	38.01	4728.99
7	7	杨笑笑	市场营销部	部门经理	6000	0	0	480	123	30	0	0	633	600	1233				0	4767.00	38.01	4728.99
8	8	叶瑛	企业管理部	职能主管	4000	0	0	320	83	20	0	0	423	400	823				0	3177.00	0.00	3177.00
9	9	肖红	人力资源部	职能主管	4000	0	0	320	83	20	0	0	423	400	823				0	3177.00	0.00	3177.00
10	10	付海生	采购部	职能主管	4000	0	0	320	83	20	0	0	423	400	823				0	3177.00	0.00	3177.00
11	11	王宝珠	仓储部	职能主管	4000	0	0	320	83	20	0	0	423	400	823				0	3177.00	0.00	3177.00
12	12	刘自强	财务部	职能主管	4000	0	0	320	83	20	0	0	423	400	823				0	3177.00	0.00	3177.00
13	13	朱中华	财务部	职能主管	4000	0	0	320	83	20	0	0	423	400	823				0	3177.00	0.00	3177.00
14	14	赵丹	财务部	职能主管	4000	0	0	320	83	20	0	0	423	400	823				0	3177.00	0.00	3177.00
15	15	周群	生产计划部	职能主管	4000	0	0	320	83	20	0	0	423	400	823				0	3177.00	0.00	3177.00
16	16	孙盛国	生产计划部	职能主管	4000	0	0	320	83	20	0	0	423	400	823				0	3177.00	0.00	3177.00
17	17	马博	市场营销部	销售人员	2500	0	0	200	53	12.5	0	0	265.5	250	515.5				0	1984.50	0.00	1984.50
18	18	刘思羽	市场营销部	销售人员	2500	0	0	200	53	12.5	0	0	265.5	250	515.5				0	1984.50	0.00	1984.50
19	19	李良钊	生产计划部	生产工人	1600	0	0	128	35	8	0	0	171	160	331				0	1269	0.00	1269

续表

序号	工号	姓名	部门	职务类别	基本工资	缺勤天数	缺勤扣款	代扣款项目								上季度销售总额/企业净利润	奖金系数	季度奖金	辞退福利	应税工资	应扣个人所得税	实发金额
								养老保险	医疗保险	失业保险	工伤保险	生育保险	五险小计	住房公积金	五险一金小计							
20	20	付玉芳	生产计划部	生产工人	1600	0	0	128	35	8	0	0	171	160	331				0	1269	0.00	1269
21	21	张接义	生产计划部	生产工人	1600	0	0	128	35	8	0	0	171	160	331				0	1269	0.00	1269
22	22	毕红	生产计划部	生产工人	1600	0	0	128	35	8	0	0	171	160	331				0	1269	0.00	1269
23	23	吴淑敏	生产计划部	生产工人	1600	0	0	128	35	8	0	0	171	160	331				0	1269	0.00	1269
24	24	毛龙生	生产计划部	生产工人	1600	0	0	128	35	8	0	0	171	160	331				0	1269	0.00	1269
25	25	眉志明	生产计划部	生产工人	1600	0	0	128	35	8	0	0	171	160	331				0	1269	0.00	1269
26	26	李龙吉	生产计划部	生产工人	1600	0	0	128	35	8	0	0	171	160	331				0	1269	0.00	1269
27	27	吴官胜	生产计划部	生产工人	1600	0	0	128	35	8	0	0	171	160	331				0	1269	0.00	1269
28	28	富丹	生产计划部	生产工人	1600	0	0	128	35	8	0	0	171	160	331				0	1269	0.00	1269
29	29	刘良生	生产计划部	生产工人	1600	0	0	128	35	8	0	0	171	160	331				0	1269	0.00	1269
30	30	余俊美	生产计划部	生产工人	1600	0	0	128	35	8	0	0	171	160	331				0	1269	0.00	1269
31	31	徐积福	生产计划部	生产工人	1600	0	0	128	35	8	0	0	171	160	331				0	1269	0.00	1269
32	32	潘俊辉	生产计划部	生产工人	1600	0	0	128	35	8	0	0	171	160	331				0	1269	0.00	1269
33	33	朱祥松	生产计划部	生产工人	1600	0	0	128	35	8	0	0	171	160	331				0	1269	0.00	1269
34	34	刘文钦	生产计划部	生产工人	1600	0	0	128	35	8	0	0	171	160	331				0	1269	0.00	1269
35	35	龚文辉	生产计划部	生产工人	1600	0	0	128	35	8	0	0	171	160	331				0	1269	0.00	1269
36	36	王小强	生产计划部	生产工人	1600	0	0	128	35	8	0	0	171	160	331				0	1269	0.00	1269
37	37	刘胜	生产计划部	生产工人	1600	0	0	128	35	8	0	0	171	160	331				0	1269	0.00	1269
38	38	刘贞	生产计划部	生产工人	1600	0	0	128	35	8	0	0	171	160	331				0	1269	0.00	1269
39	39	余永俊	生产计划部	生产工人	1600	0	0	128	35	8	0	0	171	160	331				0	1269	0.00	1269

续表

序号	工号	姓名	部门	职务类别	基本工资	缺勤天数	缺勤扣款	代扣款项目								上季度销售总额/企业净利润	奖金系数	季度奖金	辞退福利	应税工资	应扣个人所得税	实发金额
								养老保险	医疗保险	失业保险	工伤保险	生育保险	五险小计	住房公积金	五险一金小计							
40	40	万能	生产计划部	生产工人	1600	0	0	128	35	8	0	0	171	160	331				0	1269	0.00	1269
41	41	万俊俊	生产计划部	生产工人	1600	0	0	128	35	8	0	0	171	160	331				0	1269	0.00	1269
42	42	张逸君	生产计划部	生产工人	1600	0	0	128	35	8	0	0	171	160	331				0	1269	0.00	1269
43	43	言海根	生产计划部	生产工人	1600	0	0	128	35	8	0	0	171	160	331				0	1269	0.00	1269
44	44	田勤	生产计划部	生产工人	1600	0	0	128	35	8	0	0	171	160	331				0	1269	0.00	1269
45	45	肖鹏	生产计划部	生产工人	1600	0	0	128	35	8	0	0	171	160	331				0	1269	0.00	1269
46	46	徐宏	生产计划部	生产工人	1600	0	0	128	35	8	0	0	171	160	331				0	1269	0.00	1269
47	47	田军	生产计划部	生产工人	1600	0	0	128	35	8	0	0	171	160	331				0	1269	0.00	1269
48	48	郑华珺	生产计划部	生产工人	1600	0	0	128	35	8	0	0	171	160	331				0	1269	0.00	1269
49	49	洪梁	生产计划部	生产工人	1600	0	0	128	35	8	0	0	171	160	331				0	1269	0.00	1269
50	50	冯奇	生产计划部	生产工人	1600	0	0	128	35	8	0	0	171	160	331				0	1269	0.00	1269
51	51	黄聪	生产计划部	生产工人	1600	0	0	128	35	8	0	0	171	160	331				0	1269	0.00	1269
52	52	薛萍	生产计划部	生产工人	1600	0	0	128	35	8	0	0	171	160	331				0	1269	0.00	1269
53	53	张世平	生产计划部	生产工人	1600	0	0	128	35	8	0	0	171	160	331				0	1269	0.00	1269
54	54	李小春	生产计划部	生产工人	1600	0	0	128	35	8	0	0	171	160	331				0	1269	0.00	1269
55	55	蔡丽娟	生产计划部	生产工人	1600	0	0	128	35	8	0	0	171	160	331				0	1269	0.00	1269
56	56	吴新祥	生产计划部	生产工人	1600	0	0	128	35	8	0	0	171	160	331				0	1269	0.00	1269
57	57	胡首科	生产计划部	生产工人	1600	0	0	128	35	8	0	0	171	160	331				0	1269	0.00	1269
58	58	邹建楷	生产计划部	生产工人	1600	0	0	128	35	8	0	0	171	160	331				0	1269	0.00	1269
合计								12080	3194	755	0	0	16029	15100	31129	0		0	0	119871	567.76	119303.24

制表人：张万军　2011.9.28　　审核人：钱坤　2011.9.28　　复核人：梁天　2011.9.28

表7-6 企业代缴福利表

部门：人力资源部　　　　　　　　　　　　　　　　　　　　　　　　2011年9月28日

序号	工号	姓名	部门	职务类别	缴费基数	代扣款项目						住房公积金	实缴金额
						养老保险	医疗保险	失业保险	工伤保险	生育保险	五险小计		
1	1	梁天	企业管理部	总经理	10000	2000	1000	150	50	80	3280	1000	4280
2	2	张万军	人力资源部	部门经理	6000	1200	600	90	30	48	1968	600	2568
3	3	李斌	采购部	部门经理	6000	1200	600	90	30	48	1968	600	2568
4	4	何明海	仓储部	部门经理	6000	1200	600	90	30	48	1968	600	2568
5	5	钱坤	财务部	部门经理	6000	1200	600	90	30	48	1968	600	2568
6	6	叶涓中	生产计划部	部门经理	6000	1200	600	90	30	48	1968	600	2568
7	7	杨笑笑	市场营销部	部门经理	6000	1200	600	90	30	48	1968	600	2568
8	8	叶瑛	企业管理部	职能主管	4000	800	400	60	20	32	1312	400	1712
9	9	肖红	人力资源部	职能主管	4000	800	400	60	20	32	1312	400	1712
10	10	付海生	采购部	职能主管	4000	800	400	60	20	32	1312	400	1712
11	11	王宝珠	仓储部	职能主管	4000	800	400	60	20	32	1312	400	1712
12	12	刘自强	财务部	职能主管	4000	800	400	60	20	32	1312	400	1712
13	13	朱中华	财务部	职能主管	4000	800	400	60	20	32	1312	400	1712
14	14	赵丹	财务部	职能主管	4000	800	400	60	20	32	1312	400	1712
15	15	周群	生产计划部	职能主管	4000	800	400	60	20	32	1312	400	1712
16	16	孙盛国	生产计划部	职能主管	4000	800	400	60	20	32	1312	400	1712
17	17	马博	市场营销部	销售人员	2500	500	250	37.5	12.5	20	820	250	1070
18	18	刘思羽	市场营销部	销售人员	2500	500	250	37.5	12.5	20	820	250	1070
19	19	李良利	生产计划部	生产工人	1600	320	160	24	8	12.8	524.8	160	684.8
20	20	付玉芳	生产计划部	生产工人	1600	320	160	24	8	12.8	524.8	160	684.8

续表

序号	工号	姓名	部门	职务类别	缴费基数	代扣款项目								实缴金额
						养老保险	医疗保险	失业保险	工伤保险	生育保险	五险小计	住房公积金		
21	21	张接义	生产计划部	生产工人	1600	320	160	24	8	12.8	524.8	160		684.8
22	22	毕红	生产计划部	生产工人	1600	320	160	24	8	12.8	524.8	160		684.8
23	23	吴淑敏	生产计划部	生产工人	1600	320	160	24	8	12.8	524.8	160		684.8
24	24	毛龙生	生产计划部	生产工人	1600	320	160	24	8	12.8	524.8	160		684.8
25	25	詹志明	生产计划部	生产工人	1600	320	160	24	8	12.8	524.8	160		684.8
26	26	李龙吉	生产计划部	生产工人	1600	320	160	24	8	12.8	524.8	160		684.8
27	27	吴官胜	生产计划部	生产工人	1600	320	160	24	8	12.8	524.8	160		684.8
28	28	雷丹	生产计划部	生产工人	1600	320	160	24	8	12.8	524.8	160		684.8
29	29	刘良生	生产计划部	生产工人	1600	320	160	24	8	12.8	524.8	160		684.8
30	30	余俊美	生产计划部	生产工人	1600	320	160	24	8	12.8	524.8	160		684.8
31	31	徐积福	生产计划部	生产工人	1600	320	160	24	8	12.8	524.8	160		684.8
32	32	潘俊辉	生产计划部	生产工人	1600	320	160	24	8	12.8	524.8	160		684.8
33	33	朱祥松	生产计划部	生产工人	1600	320	160	24	8	12.8	524.8	160		684.8
34	34	刘文钦	生产计划部	生产工人	1600	320	160	24	8	12.8	524.8	160		684.8
35	35	龚文辉	生产计划部	生产工人	1600	320	160	24	8	12.8	524.8	160		684.8
36	36	王小强	生产计划部	生产工人	1600	320	160	24	8	12.8	524.8	160		684.8
37	37	刘胜	生产计划部	生产工人	1600	320	160	24	8	12.8	524.8	160		684.8
38	38	刘贞	生产计划部	生产工人	1600	320	160	24	8	12.8	524.8	160		684.8
39	39	余永俊	生产计划部	生产工人	1600	320	160	24	8	12.8	524.8	160		684.8
40	40	万能	生产计划部	生产工人	1600	320	160	24	8	12.8	524.8	160		684.8
41	41	万俊俊	生产计划部	生产工人	1600	320	160	24	8	12.8	524.8	160		684.8

续表

序号	工号	姓名	部门	职务类别	缴费基数	代扣款项目							实缴金额
						养老保险	医疗保险	失业保险	工伤保险	生育保险	五险小计	住房公积金	
42	42	张逸君	生产计划部	生产工人	1600	320	160	24	8	12.8	524.8	160	684.8
43	43	言海根	生产计划部	生产工人	1600	320	160	24	8	12.8	524.8	160	684.8
44	44	田勤	生产计划部	生产工人	1600	320	160	24	8	12.8	524.8	160	684.8
45	45	肖鹏	生产计划部	生产工人	1600	320	160	24	8	12.8	524.8	160	684.8
46	46	徐茭	生产计划部	生产工人	1600	320	160	24	8	12.8	524.8	160	684.8
47	47	田军	生产计划部	生产工人	1600	320	160	24	8	12.8	524.8	160	684.8
48	48	郑华珺	生产计划部	生产工人	1600	320	160	24	8	12.8	524.8	160	684.8
49	49	洪粱	生产计划部	生产工人	1600	320	160	24	8	12.8	524.8	160	684.8
50	50	冯奇	生产计划部	生产工人	1600	320	160	24	8	12.8	524.8	160	684.8
51	51	黄聪	生产计划部	生产工人	1600	320	160	24	8	12.8	524.8	160	684.8
52	52	薛祥	生产计划部	生产工人	1600	320	160	24	8	12.8	524.8	160	684.8
53	53	张世平	生产计划部	生产工人	1600	320	160	24	8	12.8	524.8	160	684.8
54	54	李小春	生产计划部	生产工人	1600	320	160	24	8	12.8	524.8	160	684.8
55	55	蔡丽娟	生产计划部	生产工人	1600	320	160	24	8	12.8	524.8	160	684.8
56	56	吴新祥	生产计划部	生产工人	1600	320	160	24	8	12.8	524.8	160	684.8
57	57	胡首科	生产计划部	生产工人	1600	320	160	24	8	12.8	524.8	160	684.8
58	58	邹建榕	生产计划部	生产工人	1600	320	160	24	8	12.8	524.8	160	684.8
合计				—	151000	17720	8860	1329	443	708.8	29061	8860	64628

7. 职工薪酬统计——部门汇总表

实际企业中大多施行"秘薪"，只有进行工资核算或高层管理人员掌握全部职员薪酬信息。本实习也采取这种方式，人力资源部人员、财务部经理、总经理知晓所有员工薪酬，其余成员只了解自身薪酬情况。

人力资源部经理将《职工薪酬统计表》《企业代缴福利表》制作完成后，依据表中的相关信息制作《职工薪酬统计——部门汇总表》，表格经过财务部经理审核、总经理审批后交给财务会计、成本会计用于计提费用、计提成本，见表7-7。

表7-7 职工薪酬统计——部门汇总表

部门：人力资源部   9月28日

部门名称	部门人数	实发工资	代缴个人所得税	个人自缴福利		企业代缴福利		合计
				社会保险	住房公积金	社会保险	住房公积金	
企业管理部	2	10784.3	339.7	1476	1400	4592	1400	19992
人力资源部	2	7905.99	38.01	1056	1000	3280	1000	14280
采购部	2	7905.99	38.01	1056	1000	3280	1000	14280
仓储部	2	7905.99	38.01	1056	1000	3280	1000	14280
财务部	4	14259.99	38.01	1902	1800	5904	1800	25704
市场营销部	3	8697.99	38.01	1164	1100	3608	1100	15708
生产计划部	3	11082.99	38.01	1479	1400	4592	1400	19992
机加车间	20	25380	0	3420	3200	10496	3200	45696
组装车间	20	25380	0	3420	3200	10496	3200	45696
总计		119303.24	567.76	16029	15100	49528	15100	215628

制表人：张万军   2011.9.28   审核人：钱坤   2011.9.28   总经理：梁天   2011.9.28

8. 银企代发工资协议、职工薪酬发放表

实际中大部分企业会与银行签订《工资代发协议》，委托银行代发工资，见图7-6。

职工工资表经审核、审批后，人力资源部经理依据已签字完成的《职工薪酬统计表》制作《职工薪酬发放表》。表格经过审核、盖章后送交银行，由银行依据相关信息发放工资。在实际业务中，企业并不向银行递交纸质表格作为发放工资的凭据，而是依据银行的要求将职工工资信息录盘，进而将有关信息传递给银行。人力资源部经理完成"职工薪酬发放"任务时，需要的职工薪酬发放表依据表7-8所示表样、数据自行制作并打印。

9. 第三季度企业经营成果、绩效评定结果

2011年9月进行了第3季度绩效考核结果评价工作，形成《2011年第3季度绩效评定结果》。表7-9中详细列示了非生产工人的18人绩效考核成绩及绩效评级情况，《2011年第3季度经营成果》中记录该季度企业净利润、销售总额及产量信息。表7-9、表7-10是核算绩效奖金的基础资料。

银企代发工资合作协议

甲方：
乙方：

甲乙双方本着相互支持，共同发展的原则，经过友好协商，就"代发工资"合作事宜，达成如下协议：

第一条：乙方接受甲方委托代理甲方按月以转账方式向甲方职工发放工资（以下简称工资代发）。

第二条：甲方在委托乙方工资代发的基础上与乙方开展全面业务合作，包括结算业务、公司业务、信用卡等业务。

第三条：甲方在乙方开立结算账户，作为工资款项划转的账户，账户利率为国家规定的一般企业活期存款利率。甲方的职工在乙方分别开立人民币个人结算账户，作为工资划入账户。甲方向乙方提交相应的证明文件，并承诺所提供的开户资料真实，有效，如有伪造，欺诈，承担法律责任。

第四条：甲方负责告知职工开立的工商银行个人结算账户，对账户的开立、使用和撤销须遵守《人民币银行结算账户管理办法》及相关法律、法规的规定。乙方负责提供银行个人结算账户的代发（代扣）等服务。该账户一经开立不得擅自销户和改变,如果职工存折遗失可由职工本人办理挂失换折；如果职工更换了代发工资账户，需由甲方相应修改职工代发工资账户，否则引起的一切后果由甲方承担。

第五条：甲方严格执行央行《人民币银行结算账户管理办法》第四十条规定，并向其开户银行提供相应的付款依据。同时,保证结算户有充足的资金支付工资代发的转账要求，并授权乙方根据委托代发工资金额自动扣划结算账户。往来账户为：_____。甲方结算户不足以支付工资金额的转账要求时，乙方不垫资转账，由此产生的经济纠纷由甲方负责处理。

第六条：手续费支付方式。每月___日（节假日顺延）。甲方根据工资代发的笔数，按照____元/笔向乙方支付手续费。付款方式采用甲方主动转账到乙方指定账户（511040科目，具体账户请与会计部门落实），如甲方未能按时支付乙方手续费，按照每日（3‰）向乙方支付滞纳金。

第七条：工资代发程序。乙方向甲方提供对数据文件进行加密的"企业模块"程序。甲方根据双方明确定义的数据格式生成加密数据磁盘，于每月 日，将本月代发工资加密磁盘、票据、明细交接清单一式两联交给乙方，乙方负责审核磁盘文件的有效性，负责核对磁盘代理分户金额的合计数及笔数与票据金额或明细交接清单合计金额，笔数是否相符。甲乙双方在明细交接清单上签字、盖章，并各自留有一份。乙方以此作为转账的依据。

第八条：为保证甲方代理款项的数据安全，乙方不得修改甲方数据。甲方负责对磁盘数据的真实性、有效性进行负责，如因甲方提供的账户信息不准确或因甲方的其他原因而产生的差错，由甲方承担责任。

第九条：乙方根据甲方的申请，进行款项转账。如因乙方原因不能及时处理账务信息，乙方对由此产生的后果负责。

第十条：代理业务账务处理次日，乙方将不成功的明细流水传递给甲方，并协助甲方查询不成功原因。

第十一条：本协议期限为一年，自 年 月 日到 年 月 日止。如一方出现违约，另一方有权随时终止本协议，由此造成的损失由违约方承担。甲乙双方在协议执行过程中如有异议，需提前15天提出修改意见，经双方协商后生效。

第十二条：本协议一式两份，甲乙双方各执一份。经甲、乙方签章盖章后生效。

甲方（公章）   乙方（公章）
法定代表人（签字）   法定代表人（签字）
（或授权代理人）   （或授权代理人）
　　　年　月　日   　　　年　月　日

图 7-6　企业代发工资协议

表 7-8　职工薪酬发放表

单位：好佳童车厂　　　　　　　　　　　　　　　　　　　　　　日期：2011.9.28

序号	姓名	实发工资	银行账号
1	梁天	7607.30	6222 0220 0800 6671 000
2	张万军	4728.99	6222 0238 0300 8317 038
3	李斌	4728.99	6222 8879 1005 2839 796
4	何明海	4728.99	6222 0213 1100 0929 570
5	钱坤	4728.99	6222 0238 0332 8317 043
6	叶润中	4728.99	6222 0033 2251 0124 637

续表

序号	姓名	实发工资	银行账号
7	杨笑笑	4728.99	6222 0032 1024 0050 124
8	叶瑛	3177.00	6222 0212 0800 4387 203
9	肖红	3177.00	6222 0220 1800 2592 004
10	付海生	3177.00	6222 0033 2251 0124 637
11	王宝珠	3177.00	6222 0220 1800 2508 968
12	刘自强	3177.00	6222 0220 1300 9060 816
13	朱中华	3177.00	6222 0031 0018 0008 953
14	赵丹	3177.00	6222 0031 0023 0012 725
15	周群	3177.00	6222 0236 0202 2590 533
16	孙盛国	3177.00	6222 0236 0204 0406 670
17	马博	1984.50	6222 8879 1005 2839 796
18	刘思羽	1984.50	6222 0238 0300 8317 038
19	李良钊	1269	6222 8856 2000 5990 396
20	付玉芳	1269	6222 0222 0100 6249 858
21	张接义	1269	6222 0220 1001 8104 304
22	毕红	1269	6222 0218 1800 0211 908
23	吴淑娟	1269	6222 0222 0101 0327 585
24	屯龙生	1269	6222 0205 1100 7205 665
25	扈志明	1269	6222 0236 0204 5611 431
26	李龙吉	1269	6222 0220 1301 0270 180
27	吴官胜	1269	6222 0042 2104 0013 410
28	雷丹	1269	6222 0218 0400 2429 110
29	刘良生	1269	6222 0236 0203 2589 194
30	余俊美	1269	6222 0222 0101 0068 692
31	徐积福	1269	6222 0215 0800 3754 109
32	潘俊辉	1269	6222 0216 1400 4184 377
33	朱祥松	1269	6222 0244 0203 3109 525
34	刘文钦	1269	6222 0236 0203 7956 828
35	龚文辉	1269	6222 4811 9048 9040 210
36	王小强	1269	6222 8812 0132 6662 623
37	刘胜	1269	6222 0220 0155 4476 731
38	刘贞	1269	6222 0031 3016 0101 320
39	余永俊	1269	6222 0212 0800 1773 306
40	万能	1269	6222 0217 0201 8997 353
41	万俊俊	1269	6222 0211 1600 7118 881
42	张逸君	1269	6222 0220 1300 1890 004

序号	姓名	实发工资	银行账号
43	言海根	1269	6222 4814 6133 1660 616
44	田勤	1269	6222 0213 0300 3784 672
45	肖鹏	1269	6222 0020 8008 0155 164
46	徐宏	1269	6222 9836 3000 0306 211
47	田军	1269	6222 0211 1500 6000 116
48	郑华珺	1269	6222 0218 1800 0211 652
49	洪梁	1269	6222 0212 0200 7798 714
50	冯奇	1269	6222 0237 0001 1101 286
51	黄聪	1269	6222 0222 0100 8313 167
52	薛萍	1269	6222 0040 0011 9769 495
53	张世平	1269	6222 0224 0400 0317 182
54	李小春	1269	6222 0232 0200 5485 528
55	蔡丽娟	1269	6222 0218 1800 0211 145
56	吴新祥	1269	6222 0219 1300 0864 028
57	胡首科	1269	6222 0010 0110 2638 880
58	邹建榕	1269	6222 0217 0200 9932 872
合计		119303.24	

表 7-9 2011 年第 3 季度绩效评定结果

姓名	部门	职位	考核成绩	绩效评级	绩效系数
梁天	企业管理部	总经理	85	B	1
叶瑛	企业管理部	职能主管	73	B	1
杨笑笑	市场营销部	部门经理	82	B	0.2
马博	市场营销部	销售人员	70	C	0.4
刘思羽	市场营销部	销售人员	90	A	0.4
叶润中	生产计划部	部门经理	92	A	1.1
周群	生产计划部	职能主管	83	B	1
孙盛国	生产计划部	职能主管	82	B	1
张万军	人力资源部	部门经理	93	C	0.9
肖红	人力资源部	职能主管	84	A	1.1
何明海	仓储部	部门经理	85	C	0.9
王宝珠	仓储部	职能主管	81	B	1
李斌	采购部	部门经理	86	B	1
付海生	采购部	职能主管	84	B	1
钱坤	财务部	部门经理	88	A	1.1
刘自强	财务部	职能主管	87	B	1
朱中华	财务部	职能主管	80	B	1
赵丹	财务部	职能主管	81	B	1

表 7-10　2011 年第 3 季度经营成果

序号	项目	数额	数据来源
1	第三季度净利润	1280136.1 元	财务部
2	第三季度销售总额	7200000 元	财务部
3	第三季度童车总产量	12000 辆	生产计划部

六、财务部经理读懂期初数据并期初建账

进入财务经理岗位，首先需要检查实习用品，包括总账、期初数据资料、报表及相关办公用品等；其次根据已经具备的实习装备，开设总账账簿。

1. 认识总账

总账是指总分类账簿，也称总分类账。是根据总分类科目开设账户，用来登记全部经济业务，进行总分类核算，提供总括核算资料的分类账簿。总分类账所提供的核算资料，是编制会计报表的主要依据，任何单位都必须设置总分类账。

总分类账一般采用订本式账簿。总分类账的账页格式，一般采用"借方""贷方""余额"三栏式。总账的样式如图 7-7 所示。

总账

科目名称：　　　　　　　　　　　　　　　　　　　　　　　　第 1 页

图 7-7　总账的样式

2. 总账的启用

会计账簿是储存数据资料的重要会计档案；在账簿启用时，应在"账簿启用和经管人员一览表"中详细记载：单位名称、账簿页数、启用日期，并加盖单位公章；经

管人员（包括企业负责人、主管会计、复核和记账人员等）均应签名盖章。如图 7-8 所示。

经管人员一览表

单位名称	好佳童车厂				
账簿名称	总账				
账簿页数	100 页				
使用日期	2011.10.01				
单位领导签章		梁天	会计主管签章 钱坤		
经管人员职别	姓名	经管或接管日期	签章	移交日期	签章
财务经理	钱坤	2011 年 10 月 01 日	钱坤	年　月　日	
		年　月　日		年　月　日	
		年　月　日		年　月　日	
		年　月　日		年　月　日	
		年　月　日		年　月　日	
		年　月　日		年　月　日	
		年　月　日		年　月　日	

图 7-8　总账的启用

3. 开设账户

因为总账是订本式，不能添加账页，所以在建账前应根据总账页数和一级科目数量及每个科目估计的业务量，为每个科目的业务预留出足够的记录空间，例如 3 页登记现金总账，4~7 页登记银行存款总账等；然后在每页写上账户名称，并在每个账户起始页右边缘粘贴表明账户名称的口取纸，完成账户开设工作。

"库存现金日记账"的开设如图 7-9 所示。

总账

科目名称：库存现金　　　　　　　　　　　　　　　　　　　　　　　　　第 1 页

年		凭证		摘要	借方										贷方										方向	余额										√	库存现金
月	日	字	号数		千	百	十	万	千	百	十	元	角	分	千	百	十	万	千	百	十	元	角	分		千	百	十	万	千	百	十	元	角	分		

图 7-9　账户的开设

4. 期初余额的录入

● 写上年、月、日。

● 摘要写"上月结转"。

● 根据科目余额表将一级科目余额登记在总账对应账户的"余额"栏，并写清楚余额方向"借"或"贷"。

● 无余额的账户不登记。例如"库存现金"的期初余额登记如图 7-10 所示。

<u>总账</u>

科目名称：库存现金　　　　　　　　　　　　　　　　　　　　　　　　　　　　第 1 页

2011 年		凭证		摘要	借方										贷方										方向	余额										√	库存现金
月	日	字	号数		千	百	十	万	千	百	十	元	角	分	千	百	十	万	千	百	十	元	角	分		千	百	十	万	千	百	十	元	角	分		
10	1			上月结转																					借			2	0	0	0	0	0			

图 7-10　期初余额的登记

用同样的方法完成其他总账账户的开设。

注意事项

在会计人员完成期初建账后，及时督促会计人员进行期初余额的试算平衡

七、出纳读懂期初数据并期初建账

进入出纳岗位，首先需要检查实习装备，包括现金日记账、银行存款日记账、期初文档及相关办公用品等；其次根据已经具备的实习装备，开设日记账账簿。

1. 认识日记账

日记账亦称序时账，是按经济业务发生时间的先后顺序，逐日逐笔登记的账簿。日记账，应当根据办理完毕的收货凭证、付款凭证，随时按顺序逐笔登记，最少每天登记一次。日记账分为现金日记账和银行存款日记账，如图 7-11 和图 7-12 所示。

现金日记账

第 1 页

年		凭证		摘要	对方科目	借方										贷方										余额									
月	日	字	号数			千	百	十	万	千	百	十	元	角	分	千	百	十	万	千	百	十	元	角	分	千	百	十	万	千	百	十	元	角	分

图 7-11　现金日记账的样式

银行存款日记账

第1页

年		凭证		摘要	对方科目	借方										贷方										余额									
月	日	字	号数			千	百	十	万	千	百	十	元	角	分	千	百	十	万	千	百	十	元	角	分	千	百	十	万	千	百	十	元	角	分

图 7-12 银行存款日记账的样式

现金日记账是用来登记库存现金每天的收入、支出和结存情况的账簿。企业应按币种设置现金日记账进行明细分类核算。现金日记账的格式一般有"三栏式""多栏式"和"收付分页式"三种，在实际工作中大多采用的是"三栏式"账页格式。

2. 日记账的启用

会计账簿是储存数据资料的重要会计档案；在账簿启用时，应在"账簿启用和经管人员一览表"中详细记载单位名称、账簿页数、启用日期，并加盖单位公章；经管人员（包括企业负责人、主管会计、复核和记账人员等）均应签名盖章，如图 7-13 所示。记账人员或会计主管人员在本年度调动工作时，应注明交接日期、接办人员和监交人员姓名，并由交接双方签名或盖章，以明确经济责任。

经管人员一览表

单位名称		好佳童车厂				
账簿名称		现金日记账				
账簿页数						
使用日期		2011.10.01				
单位领导签章		梁天	会计主管签章			钱坤
经管人员职别	姓名	经管或接管日期	签章	移交日期		签章
出纳	赵丹	2011 年 10 月 01 日		年 月 日		
		年 月 日		年 月 日		
		年 月 日		年 月 日		
		年 月 日		年 月 日		

图 7-13 现金日记账的启用

3. 开设账户并录入期初余额（见图 7-14）

● 写上年、月、日。

● 摘要写"上月结转"。

现金日记账

第 1 页

2011年		凭证		摘要	对方科目	借方										贷方										余额									
月	日	字	号数			千	百	十	万	千	百	十	元	角	分	千	百	十	万	千	百	十	元	角	分	千	百	十	万	千	百	十	元	角	分
10	1			上月结转																							2	0	0	0	0	0	0	0	0

图 7-14　期初余额的录入

● 根据科目余额表将二级或者三级科目余额登记在明细账对应账户的"余额"栏，并写清楚余额方向"借"或"贷"。

例如"库存现金"账户的开设及期初余额录入，用同样的方法完成"银行存款"账户的开设及期初余额录入。

八、成本会计读懂期初数据并期初建账

进入成本会计岗位，首先需要检查实习装备，包括单据、期初文档、账簿、报表及相关办公用品等；其次根据已经具备的实习装备，开设数量金额明细账。

1. 认识三栏式明细账、数量金额式明细账、多栏式明细账

（1）三栏式明细账。三栏式明细账的账页只设借方、贷方和余额三个金额栏，不设数量栏。这种格式适用于那些只需要进行金额核算而不需要进行数量核算的明细核算，如"应付账款"等债权债务结算科目的明细分类核算。三栏式明细账账页如图 7-15 所示。

明细账

科目名称：

第　页

年		凭证		摘要	借方										贷方										方向	余额										√
月	日	字	号数		千	百	十	万	千	百	十	元	角	分	千	百	十	万	千	百	十	元	角	分		千	百	十	万	千	百	十	元	角	分	

图 7-15　三栏式明细账账页

（2）数量金额式明细账，就是在借方、贷方、余额三栏明细分类账的基础上，增设数量和单价栏，这种格式适用于既需要进行金额核算，又需要进行实物数量核算的各种财产物资的明细核算，如"原材料""产成品"等财产物资科目的明细分类核算。

在这种明细分类账格式的上端，一般应该根据实际需要，设置一些必要的项目，如材料、产品的类别、名称、规格、计量单位、存放地点，有的还要标明最高和最低

储备数量等。通过数量金额式明细账的记录，就能了解各种材料，产成品的增加、减少和结存的详细情况，以利于对材料、产成品的管理和日常进行监督。数量金额式明细账账页如图 7-16 所示。

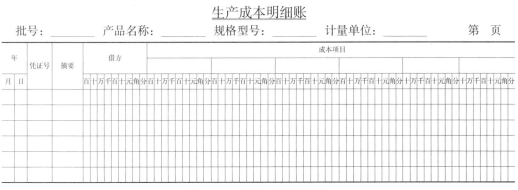

图 7-16 数量金额式明细账账页

（3）多栏式明细账，账页按照明细科目或明细项目分设若干专栏，以在同一账页上集中反映各有关明细科目或某明细科目各明细项目的金额。这种格式适用于费用、成本、收入和成果的明细核算，如"生产成本""制造费用"等科目的明细分类核算。

多栏式明细账一般采用活页式账簿。其账页格式如图 7-17 所示。

生产成本明细账

批号：_____ 产品名称：_____ 规格型号：_____ 计量单位：_____ 第 页

年		凭证号	摘要	借方								成本项目																													

图 7-17 多栏式明细账账页

2. 明细账的启用

会计账簿是储存数据资料的重要会计档案；在账簿启用时，应在"账簿启用和经管人员一览表"中详细记载单位名称、账簿页数、启用日期，并加盖单位公章；经管人员（包括企业负责人、主管会计、复核和记账人员等）均应签名盖章，如图 7-18 所示。

经管人员一览表

单位名称	好佳童车厂				
账簿名称	数量金额明细账				
账簿页数					
使用日期	2011.10.01				
单位领导签章		梁天	会计主管签章		钱坤
经管人员职别	姓名	经管或接管日期	签章	移交日期	签章
成本会计	刘自强	2011 年 10 月 01 日	刘自强	年　月　日	
		年　月　日		年　月　日	
		年　月　日		年　月　日	
		年　月　日		年　月　日	
		年　月　日		年　月　日	
		年　月　日		年　月　日	

图 7-18　明细账的启用

注意事项

> ● 由于采用活页式账簿，账簿页数在启用时并不知道是多少，所以此栏内容先不填，等更换账簿时再补填

3. 开设账户

（1）数量金额式明细账的开设。在每页写上账户名称，填写账页上端内容，并在每个账户起始页右边缘粘贴表明账户名称的口取纸，完成账户开设工作。

以"原材料——坐垫"为例来说明数量金额明细账的开设方法，如图 7-19 所示；以"生产成本——经济童车"为例来说明多栏式明细账的开设方法，如图 7-20 所示。

（2）多栏式明细账的开设方法。除按数量金额式明细账开设方法填写上述内容外，还要在账页内按照核算要求开设若干成本项目。

最高储存量_____
最低储存量_____
编号 B0003　规格 HJM500

原材料　明细账

本账页数	
本户页数	

单位　个　名称　坐垫

年		凭证		摘要	借方											贷方											借或贷	结存											坐垫
月	日	种类	号数		数量	单价	百	十	万	千	百	十	元	角	分	数量	单价	百	十	万	千	百	十	元	角	分		数量	单价	百	十	万	千	百	十	元	角	分	

图 7-19　数量金额明细账账户的开设

生产成本明细账

批号：________ 产品名称：普通童车 规格型号：________ 计量单位：辆 第 页

年		凭证号	摘要	借方									成本项目																																																				
													直接材料									直接人工									制造费用																																	
月	日			百	十	万	千	百	十	元	角	分	百	十	万	千	百	十	元	角	分	百	十	万	千	百	十	元	角	分	百	十	万	千	百	十	元	角	分	百	十	万	千	百	十	元	角	分	十	万	千	百	十	元	角	分	十	万	千	百	十	元	角	分

图 7-20 多栏式明细账账户的开设

（3）三栏式明细账的开设。同数量金额明细账的开设基本相同。如“应付账款——河北钢铁厂”账户开设如图 7-21 所示。

应付账款 明细账

科目名称：河北钢铁厂 第 页

年		凭证		摘要	借方										贷方										方向	余额										√
月	日	字	号数		千	百	十	万	千	百	十	元	角	分	千	百	十	万	千	百	十	元	角	分		千	百	十	万	千	百	十	元	角	分	

图 7-21 三栏式明细账账户的开设

（4）数量金额式明细账期初余额的登记。以坐垫为例，数量金额式明细账期初余额的登记如图 7-22 所示。

- 写上年、月、日。
- 摘要写“上月结转”。
- 根据科目余额表依次将数量、单价、金额登记在数量金额账“结存栏”对应位置，并写清楚余额方向“借”或“贷”。
- 无余额的账户无须登记。

最高储存量________

最低储存量________

原材料 明细账

本账页数	
本户页数	

编号 B0003 规格 HJM500 单位 个 名称 坐垫

2011 年		凭证		摘要	借方											贷方											借或贷	结存											坐垫
月	日	种类	号数		数量	单价	百	十	万	千	百	十	元	角	分	数量	单价	百	十	万	千	百	十	元	角	分		数量	单价	百	十	万	千	百	十	元	角	分	
10	1			上月结转																							借	5000	50		2	5	0	0	0	0	0	0	

图 7-22 数量金额式明细账期初余额的登记

（5）多栏式明细账期初余额的登记。以经济童车为例，生产成本明细账的登记如图 7-23 所示。

- 写上年、月、日。
- 摘要写"上月结转"。
- 根据科目余额表依次将余额登记在借方及相应成本项目栏内。

生产成本明细账

批号：_____ 产品名称：普通童车 规格型号：_____ 计量单位：辆_____ 第 页

2011年		凭证号	摘要	借方										成本项目																																							
														直接材料									直接人工									制造费用																							
月	日			百	十	万	千	百	十	元	角	分	百	十	万	千	百	十	元	角	分	百	十	万	千	百	十	元	角	分	百	十	万	千	百	十	元	角	分	百	十	万	千	百	十	元	角	分	百	十	万	千	百	十	元	角	分
10	1		上月结转 （4000）		1	3	2	0	0	0	0	0		1	3	2	0	0	0	0	0																																				

图7-23 多栏式明细账期初余额的登记

（6）三栏式明细账期初余额的登记。以河北钢铁厂为例，三栏式明细账期初余额的登记如图7-24所示。

应付账款   明细账

科目名称：河北钢铁厂 第 页

2011年		凭证		摘要	借方										贷方										方向	余额										√
月	日	字	号数		千	百	十	万	千	百	十	元	角	分	千	百	十	万	千	百	十	元	角	分		千	百	十	万	千	百	十	元	角	分	
10	1			上月结转																					贷		3	5	1	0	0	0	0	0	0	

图7-24 三栏式明细账期初余额的登记

注意事项

期初余额登记完毕后，要和其他会计一起与总账进行账账核对，以确保期初余额的试算平衡。

九、财务会计读懂期初数据并期初建账

进入财务会计岗位，首先需要检查实习装备，包括科目余额表、期初文档及相关办公用品等；其次，根据已经具备的实习装备，开设负责的各个明细账账簿。

1. 认识明细账

明细账也称明细分类账，是根据总账科目所属的明细科目设置的，用于分类登记某一类经济业务事项，提供有关明细核算资料。

明细账可采用订本式、活页式、三栏式、多栏式、数量金额式。

　　明细账是按照二级或明细科目设置的账簿，一般采用活页式账簿。各单位应结合自己的经济业务的特点和经营管理的要求，在总分类账的基础上设置若干明细分类账，作为总分类账的补充。明细分类账按账页格式不同可分为三栏式、数量金额式和多栏式。

　　（1）三栏式。三栏式明细账的账页只设借方、贷方和余额三个金额栏，不设数量栏。这种格式适用于那些只需要进行金额核算而不需要进行数量核算的明细核算，如"应收账款""应付账款"等债权债务结算科目的明细分类核算。

　　（2）数量金额式。数量金额式明细账的账页按收入、发出和结余再分别设数量和金额栏。这种格式适用于既需要进行金额核算，又需要进行实物数量核算的各种财产物资的明细核算，如"原材料""产成品"等财产物资科目的明细分类核算。

　　（3）多栏式。多栏式明细账的账页按照明细科目或明细项目分设若干专栏，以在同一账页上集中反映各有关明细科目或某明细科目各明细项目的金额。这种格式适用于费用、成本、收入的明细核算，如"制造费用""管理费用""营业外收入"和"营业外支出"等科目的明细分类核算。

　　三栏式样本如图 7-25 所示；数量金额式样本如图 7-26 所示；多栏式样本如图 7-27 所示。

明细账

二级科目：

年		凭证		摘要	借方									贷方									借或贷	余额								
月	日	种类	号数		百	十	万	千	百	十	元	角	分	百	十	万	千	百	十	元	角	分		百	十	万	千	百	十	元	角	分

图 7-25　三栏式明细账的样式

　2. 明细账的启用

　　会计账簿是储存数据资料的重要会计档案；在账簿启用时，应在"账簿启用和经管人员一览表"中详细记载单位名称、账簿页数、启用日期，并加盖单位公章；经管人员（包括企业负责人、主管会计、复核和记账人员等）均应签名盖章，如图 7-28 所示。记账人员或会计主管人员在本年度调动工作时，应注明交接日期、接办人员和监交人员姓名，并由交接双方签名或盖章，以明确经济责任。

最高储存量 _____
最低储存量 _____   明细账

本账页数	
本户页数	

编号 _____　规格 _____　　　　　　　　单位 _____　名称 _____

年		凭证		摘要	借方											贷方											借或贷	结存										
月	日	种类	号数		数量	单价	百	十	万	千	百	十	元	角	分	数量	单价	百	十	万	千	百	十	元	角	分		数量	单价	百	十	万	千	百	十	元	角	分

图 7-26　数量金额式明细账的样式

生产成本明细账

批号：_____　　产品名称：_____　　规格型号：_____　　计量单位：_____　　　　第 1 页

2011 年		凭证号	摘要	借方									成本项目																														
月	日			百	十	万	千	百	十	元	角	分	百	十	万	千	百	十	元	角	分	百	十	万	千	百	十	元	角	分	百	十	万	千	百	十	元	角	分	百	十	万	千	百	十	元	角	分

图 7-27　多栏式明细账的样式

经管人员一览表

单位名称	好佳童车厂			
账簿名称	三栏式明细账			
账簿页数				
使用日期	2011.10.01			
单位领导签章	梁天	会计主管签章		钱坤
经管人员职别	姓名	经管或接管日期	签章	移交日期	签章
财务会计	朱中华	2011 年 10 月 1 日		年　月　日	
		年　月　日		年　月　日	
		年　月　日		年　月　日	
		年　月　日		年　月　日	
		年　月　日		年　月　日	

图 7-28　三栏式明细账的启用

3. 开设账户

按照会计科目表的顺序、名称，在明细账账页上建立二级、三级明细账账户；每个明细科目至少建立一个账页，因为明细账是活页式，能添加账页，所以建账后若出现账页页数不够，可以随时添加账页；然后在每页写上二级、三级明细账账户名称，并在每个账户起始页右边缘粘贴表明账户名称的口取纸，完成账户开设工作。

例如"应付账款——北京彩虹耗材厂"明细账期初账户的开设如图 7-29 所示，用同样的方法可以完成其他明细账账户的开设。

应付账款 明细账

二级科目名称：北京彩虹耗材厂

年		凭证		摘要	借方										贷方										借或贷	余额										记账
月	日	种类	号数		千	百	十	万	千	百	十	元	角	分	千	百	十	万	千	百	十	元	角	分		千	百	十	万	千	百	十	元	角	分	

图 7-29 账户的开设

4. 期初余额的录入

期初余额的登记如图 7-30 所示。录入期初余额时注意以下问题：

● 写上年、月、日。

● 摘要写"上月结转"。

● 根据科目余额表将二级或者三级科目余额登记在明细账对应账户的"余额"栏，并写清楚余额方向"借"或"贷"。

● 无余额的账户只登记年，不登记月、日，摘要和余额，不用在余额处录入 0。

应付账款 明细账

二级科目名称：北京彩虹耗材厂

2011年		凭证		摘要	借方										贷方										借或贷	余额										记账
月	日	种类	号数		千	百	十	万	千	百	十	元	角	分	千	百	十	万	千	百	十	元	角	分		千	百	十	万	千	百	十	元	角	分	
10	1			上月结转																					贷			2	3	4	0	0	0	0	0	

图 7-30 期初余额的登记

十、生产计划部经理读懂期初数据并期初建账

1. 2011 年度销售预测表

销售预测是指对未来特定时间内，全部产品或特定产品的销售数量与销售金额的

估计。销售预测是在充分考虑未来各种影响因素的基础上，结合本企业的销售实绩，通过一定的分析方法提出切实可行的销售目标。年度销售预测如表 7–11 所示。

表 7–11　年度销售预测表

单位：辆

产品＼年份	2011 年						2012 年		
	7 月	8 月	9 月	10 月	11 月	12 月	1 月	2 月	3 月
经济型童车				4000	5000	5000	6000	5000	7000
舒适型童车									
豪华型童车									

2. 期初库存表

期初库存就是在一个库存会计时期开始时，可供使用或出售的存货（如货品、物资或原料）的账面价值（数量）。期初库存如表 7–12 所示。

表 7–12　期初库存

项目	期初数量	在途数量	在产数量	备注
经济型童车	2000		4000	
经济车架			5000	
钢管	5000	15000		
坐垫	5000	5000		
车篷	5000	5000		
车轮	20000	20000		
包装套件	10000	0		

3. 物料清单（BOM）

物料清单（Bill of Material，BOM）是详细记录一种产品所用到的所有原材料及相关属性，产品结构表反映了生产产品与其物料需求的数量和从属关系。

物料清单是接收客户订单、选择装配、计算累计提前期、编制生产和采购计划、配套领料、跟踪物流，追溯任务、计算成本、改变成本设计不可或缺的重要文件，上述工作涉及企业的销售、计划、生产、供应、成本、设计、工艺等部门。因此，也有这种说法，BOM 不仅是一种技术文件，还是一种管理文件，是联系与沟通各部门的纽带，企业各个部门都要用到 BOM 表。经济型童车的 BOM 表如表 7–13 所示，BOM 图如图 7–31 所示。

4. 车间产能报表

产能（Capacity）即生产能力，是指在一定时期内（通常是一年），企业的全部生产性固定资产，在先进合理的技术组织条件下，经过综合平衡后，所能生产的一定种类和一定质量的最大数量，或者能够加工处理的一定原材料的最大数量。

表 7-13　经济型童车的 BOM 表

结构层次	物料编码	物料名称	规格型号	单位	总数量	备注
0	P0001	经济型童车		辆	1	自产成品
1	M0001	经济车架		个	1	自产半成品
1	B0005	车篷	HJ72×32×40	个	1	外购原材料
1	B0006	车轮	HJΦ外 125/Φ内 60 毫米	个	4	外购原材料
1	B0007	包装套件	HJTB100	套	1	外购原材料
2	B0001	钢管	Φ外 16/Φ内 11/L5000（毫米）	根	2	外购原材料
2	B0003	坐垫	HJM500	个	1	外购原材料

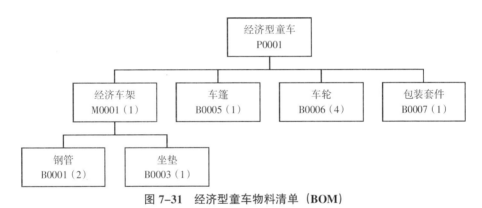

图 7-31　经济型童车物料清单（BOM）

理解生产能力指标的几个要点：

● 企业先进的生产性固定资料。

● 生产能力是在企业可能达到的技术组织条件下确定，不考虑劳动力不足和物质供应中断等不正常现象。

● 以实物指标为计量单位。

● 综合平衡的结果。

● 一般以最大产品数量来表示，有时也可以加工的原材料最大数量表示。

（1）生产能力的种类。生产能力是反映企业生产可能性的一个重要指标，实际运用中的生产能力有多种不同的表达方式，其分类包括设计生产能力、查定生产能力和计划生产能力等。

其一，设计生产能力，是企业建厂时在基建任务书和技术文件中所规定的生产能力，它是按照工厂设计文件规定的产品方案、技术工艺和设备，通过计算得到的最大年产量。企业投产后往往要经过一段熟悉和掌握生产技术的过程，甚至改进某些设计不合理的地方，才能达到设计生产能力。设计生产能力也不是不可突破的，当操作人员熟悉了生产工艺，掌握了内在规律以后，通过适当的改造是可以使实际生产能力大大超过设计生产能力的。

其二，查定生产能力，是指企业在没有设计生产能力资料或设计生产能力资料可靠性低的情况下，根据企业现有的生产组织条件和技术水平等因素，而重新审查核定的生产能力。它为研究企业当前生产运作问题和今后的发展战略提供了依据。

其三，计划生产能力，也称为现实能力，实际可用能力，是企业计划期内根据现有的生产组织条件和技术水平等因素所能够实现的生产能力。它直接决定了近期所做的生产计划。

计划能力包括两大部分：首先是企业已有的生产能力，是近期内的查定能力；其次是企业在本年度内新形成的能力。后者可以是以前的基建或技改项目在本年度形成的能力，也可以是企业通过管理手段而增加的能力。计划能力的大小基本上决定了企业的当期生产规模，生产计划量应该与计划能力相匹配。企业在编制计划时要考虑市场需求量，能力与需求不大可能完全一致，利用生产能力的不确定性，在一定范围内可以对生产能力作短期调整，以满足市场需求。

（2）生产能力的计量单位。由于企业种类的广泛性，不同企业的产品和生产过程差别很大，在作生产能力计划以前，必须确定本企业的生产能力计量单位。常见的生产能力计量单位如下：

其一，以产出量为计量单位。调制型和合成型生产类型的制造企业生产能力以产出量表示十分确切明了。如钢铁厂、水泥厂都以产品吨位作为生产能力，家电生产厂是以产品台数作为生产能力。这类企业它们的产出数量越大，能力也越大。若厂家生产多种产品，则选择代表企业专业方向，产量与工时定额乘积最大的产品作为代表产品，其他的产品可换算到代表产品。换算系数：

k_i：$k_i = t_i/t_0$（见词条图）

式中：

k_i——代表 i 产品的换算系数；

t_i——代表 i 产品的时间定额；

t_0——代表产品的时间定额。

其二，以原料处理量为计量单位。有的企业使用单一的原料生产多种产品，这时以工厂年处理原料的数量作为生产能力的计量单位是比较合理的，如炼油厂以一年加工处理原油的吨位作为它的生产能力。这类企业的生产特征往往是分解型的，使用一种主要原料，分解制造出多种产品。

其三，以投入量为生产能力计量单位。有些企业如果以产出量计量它的生产能力，则会使人感到不确切、不易把握。如发电厂，年发电量几十亿度电，巨大的天文数字不易比较判断，还不如用装机容量来计量更方便。这种情况在服务业中更为普遍，如航空公司以飞机座位数量为计量单位，而不以运送的客流量为计量单位；医院以病床数而不是以诊疗的病人数来计量；零售商店以营业面积或者标准柜台数来计量，而不能用接受服务的顾客数来计量；电话局以交换机容量表示，而不用接通电话的次数表示。这类企业的生产能力有一个显著特点，就是能力不能存储，服务业往往属于这种类型，如表 7-14 所示。

表 7-14　生产车间产能报表

制表部门：生产计划部　　　　　　制表日期：2011 年 9 月 30 日

车间名称		普通机床	数控机床	组装生产线	组装生产线实际可用产能
2011 年 10 月	初始产能	5000	0	7000	5000
	占用情况	0	0	0	0
	剩余产能	5000	0	7000	5000
2011 年 11 月	初始产能	5000	0	7000	5000
	占用情况	0	0	0	0
	剩余产能	5000	0	7000	5000
2011 年 12 月	初始产能	5000	3000	7000	5000
	占用情况	0	0	0	0
	剩余产能	5000	3000	7000	5000
2012 年 1 月	初始产能	5000	3000	7000	7000
	占用情况	0	0	0	0
	剩余产能	5000	3000	7000	7000
2012 年 2 月	初始产能	5000	3000	7000	7000
	占用情况	0		0	0
	剩余产能	5000	3000	7000	7000
2012 年 3 月	初始产能	5000	3000	7000	7000
	占用情况	0		0	0
	剩余产能	5000	3000	7000	7000

十一、车间管理员读懂期初数据并期初建账

企业在下达了生产任务后，每一张生产任务单所需要生产的产品有没有按时生产完工，已完工的产品是分多少批完工入库的以及何时生产完工的，是按计划生产完工的还是延期完工的，都需要适时掌握相关情况，以免造成出货延期，生产执行情况表如表 7-15 所示。

表 7-15　生产执行情况表

制表部门：生产计划部　　　　　　　制表日期：2011 年 9 月 30 日

派工单号	产品名称	领料情况	开工数量	完工数量	开工日期	计划完工日期	完工日期	在产品数量	完工入库数量	产品入库日期	备注
SC-PG-201109001	经济车架	已领	5000		2011.9.08	2011.10.08		5000			
SC-PG-201109002	经济型童车	已领	4000		2011.9.08	2011.10.08		4000			

车间管理员：周群

十二、计划员读懂期初数据并期初建账

1. 经济车架派工单

派工单（又称工票或传票）是指生产管理人员向生产人员派发生产指令之单据，是工业企业中对工人分配生产任务并记录其生产活动的原始记录。一种面向工作中心说明加工工序优先级的文件，说明工作中心的工序在一周或一个时期内要完成的生产任务。它还说明什么时间开始加工，什么时间完成，计划加工数量是多少，计划加工时数是多少，在制的生产货位是什么，计时的费率、计件的费率、加班的费率、外协的费率等。经济车架派工单如表 7-16 所示。

表 7-16　经济车架派工单

派工部门：生产计划部
派工单号：SC-PG-201109001　　　　　　　　　派工日期：2011 年 9 月 8 日

产品名称	工序	工序名称	工作中心	生产数量	计划进度	
					开始日期	完工日期
经济车架	10	机加工	普通机床	5000	9 月 8 日	10 月 8 日

生产计划部经理：叶润中　　　　　　　　　　　　　车间管理员：周群

2. 经济型童车派工单（见表 7-17）

表 7-17 经济型童车派工单

派工部门：生产计划部
派工单号：SC-PG-201109002　　　　　　　　　　　　　　　派工日期：2011 年 9 月 8 日

产品名称	工序	工序名称	工作中心	生产数量	计划进度	
					开始日期	完工日期
经济型童车	20	组装	组装生产线	4000	9 月 8 日	10 月 8 日

生产计划部经理：叶润中　　　　　　　　　　　　　　　　车间管理员：周群

十三、仓储部经理及仓管员读懂期初数据并期初建账

1. 产品 BOM 结构

仓储部经理及仓管员熟悉产品 BOM 结构，了解产品物料需求结构和各物料的需求比例关系。物料清单是详细记录一种产品所用到的所有原材料及相关属性，产品结构表反映了生产产品与其物料需求的数量和从属关系。

BOM 不仅是一种技术文件，还是一种管理文件，是联系与沟通各部门的纽带，企业各个部门都要用到 BOM 表。经济型童车的 BOM 表如表 7-18 所示，经济型童车BOM 结构如图 7-31 所示。

表 7-18 经济型童车的 BOM 表

结构层次	物料编码	物料名称	单位	总数量	备注
0	P0001	经济童车	辆	1	自产成品
1	M0001	经济车架	个	1	自产半成品
1	B0005	车篷	个	1	外购原材料
1	B0006	车轮	个	4	外购原材料
1	B0007	包装套件	套	1	外购原材料
2	B0001	钢管	根	2	外购原材料
2	B0003	坐垫	个	1	外购原材料

2. 原材料和成品清单

仓储部经理及仓管员熟悉原材料和成品表中的所有物料名称、物料编码、规格及来源。原材料和成品清单如表7-19所示。

表7-19   原材料和成品清单

物料名称	物料编码	单位	物料规格	来源
钢管	B0001	根	Φ外16/Φ内11/L5000毫米	外购
坐垫	B0003	个	HJM500	外购
车篷	B0005	个	HJ72×32×40	外购
车轮	B0006	个	HJΦ外125/Φ内60毫米	外购
包装套件	B0007	套	HJTB100	外购
经济车架	M0001	个		自制/委外
经济型童车	P0001	辆		自产

3. 储位分配表

仓储部经理及仓管员熟悉储位分配表中各物料的储存仓位编码。储位分配表如表7-20所示。

表7-20   储位分配表

物料名称	单位	仓位
钢管	根	A01
坐垫	个	A02
车篷	个	A03
车轮	个	A04
包装套件	套	A05
经济车架	个	B01
经济型童车	辆	C01

4. 库存期初数据表

仓储部经理及仓管员熟悉库存期初数据表中各物料的库存期初数量和在途（产）数量，物料在途数量。库存期初数据表如表7-21所示。

表 7-21 库存期初数据表

原材料和成品	库存期初数量	在途（产）数量
经济型童车	2000	4000
经济车架	0	5000
钢管	5000	15000
坐垫	5000	5000
车篷	5000	5000
车轮	20000	20000
包装套件	10000	0

在途数量是指企业已经下采购订单收到对方的结算凭证，但仍在运输途中或已经运达企业但是尚未验收入库的材料的数量。在产数量是指已经投产，正在车间加工、组装的，未完工的半成品和成品的数量。

5. 建立期初库存台账

库存台账是用来核算、监督库存物料和成品的。所以需将各种物品分别设账，以便能把该物品的进、销、存清晰地反映出来。

初次建账，先将所有物品的实物库存数量盘点出来，再按各种物品分别建账，将盘点出来的实物库存数作为台账的期初库存，以后每次入库和出库的物品数量都及时准确地在台账上进行登记，算出结存数量。

安全库存又称缓冲库存，设置安全库存是为了应对供应和需求或提前期中偶然出现的不可预测的波动。如果需求大于预测，就会发生缺货，设置安全库存是为了预防这种可能性的发生，从而避免生产中断或为客户交货中断。

仓管员根据期初资料，建库存台账，一物一账，将物料的库存期初数量填入库存台账。钢管库存台账见表 7-22。

表 7-22 钢管库存台账

库存台账

物料名称：   钢管规格：Φ外 16/Φ内 11/L5000mm   最高存量：

物料编号：B0001   仓位：A01   最低存量：

2011 年		凭证号数	摘要	借方		贷方		结存	
月	日			数量	单价	数量	单价	数量	单价
10	1		上月结转					5000	

十四、采购部经理和采购员期初建账

本案例采购部根据企业的需要做出如下决定：按季度与供应商签订采购合同；每月向各供商下达 1 次订单；从发出采购订单到收到采购物料的时间为 1 个月，即采购提前期为 1；收到物料、收到货物后的次月支付货款；发出订单和收到物料后，填写"采购合同执行情况表"和"供应商考核记录表"。采购部为保证完成 10 月工作任务，采购部在期初除掌握 VBSE 实习基础知识外，还需要如表 7-23 所示的期初资料，请核对期初资料是否齐全。

表 7-23 采购部期初资料汇总（采购部期初明细）

序号	单据类型	单据名称	页数
1	采购部	8 月采购订单	4
2	采购部	9 月采购订单	3
3	采购部	期初库存的 9 月入库单	4
4	采购部	BOM	1
5	采购部	车间产能报表	1
6	采购部	供应商信息汇总表	1
7	采购部	期初采购合同执行情况表	1
8	采购部	期初库存	1
9	采购部	材料供应商资料信息	1
10	采购部	供应商考评记录	1

1. 8 月下达的采购订单

采购部根据生产部物料需求计划，8 月执行采购合同下达 4 份采购订单，如表7-24、表 7-25、表 7-26、表 7-27 所示。订单一式四联，第一联采购部留存，第二联仓储部留存，第三联财务部留存，第四联寄送给供应商。

2. 9 月下达的采购订单

采购部根据生产部物料需求计划和库存状况，9 月执行采购合同，下达 3 份采购订单，如表 7-28、表 7-29、表 7-30 所示。订单一式四联，第一联采购部留存，第二联仓储部留存，第三联财务部留存，第四联寄送供应商。

表 7-24 8月钢管采购订单

采购订单

供应商名称：邦尼工贸有限公司 采购类别：正常采购

合同编号：CG-HT-201107001 付款方式：月结

制单日期：2011.08.08 订单编号：CG-DD-201108001

序号	品名	规格	单位	到货时间	数量	单价	折扣率	金额小计
1	钢管	Φ外 16/Φ内 11/L5000mm	根	2011.09.08	5000	70.2	0	351000.00
2	—	—						
3								
金额合计	（大写）：叁拾伍万壹仟元整					（小写）：351000.00		
备注								

采购部经理：李斌 采购员：付海生

第一联 采购部留存

表 7-25 8月坐垫和车篷采购订单

采购订单

供应商名称：恒通橡胶厂 采购类别：正常采购

合同编号：CG-HT-201107002 付款方式：月结

制单日期：2011.08.08 订单编号：CG-DD-201108002

序号	品名	规格	单位	到货时间	数量	单价	折扣率	金额小计
1	坐垫	HJM500	个	2011.09.08	5000	58.5	0	292500.00
2	车篷	HJ72×32×40	个	2011.09.08	5000	70.2	0	351000.00
3	—	—						
金额合计	（大写）：陆拾肆万叁仟伍佰元整					（小写）：643500.00		
备注								

采购部经理：李斌 采购员：付海生

第一联 采购部留存

表 7-26　8 月车轮采购订单

采购订单

供应商名称：恒通橡胶厂　　　　　　　　　　　　　　　　　　采购类别：正常采购
合同编号：CG-HT-201107003　　　　　　　　　　　　　　　　付款方式：月结
制单日期：2011.08.08　　　　　　　　　　　　　　　　订单编号：CG-DD-201108003

序号	品名	规格	单位	到货时间	数量	单价	折扣率	金额小计
1	车轮	HJΦ 外 125/Φ 内 60mm	个	2011.09.08	20000	23.4	0	468000.00
2	—	—						
金额合计	（大写）：肆拾陆万捌仟元整					（小写）：468000.00		
	备注							

采购部经理：李斌　　　　　　　　　　　　采购员：付海生

第一联　采购部留存

表 7-27　8 月包装套件采购订单

采购订单

供应商名称：邦尼工贸有限公司　　　　　　　　　　　　　　　采购类别：正常采购
合同编号：CG-HT-201107004　　　　　　　　　　　　　　　　付款方式：月结
制单日期：2011.08.08　　　　　　　　　　　　　　　　订单编号：CG-DD-201108004

序号	品名	规格	单位	到货时间	数量	单价	折扣率	金额小计
1	包装套件	HJTB100	个	2011.09.08	10000	23.4	0	234000.00
2	—	—						
金额合计	（大写）：贰拾叁万肆仟元整					（小写）：234000.00		
	备注							

采购部经理：李斌　　　　　　　　　　　　采购员：付海生

第一联　采购部留存

表 7-28 9 月钢管采购订单

采购订单

供应商名称：邦尼工贸有限公司　　　　　　　　　　　采购类别：正常采购
合同编号：CG-HT-201107001　　　　　　　　　　　　付款方式：月结
制单日期：2011.09.08　　　　　　　　　　　　　　　订单编号：CG-DD-201109001

序号	品名	规格	单位	到货时间	数量	单价	折扣率	金额小计
1	钢管	Φ外 16/Φ内 11/L5000mm	根	2011.10.08	15000	70.2	0	1053000.00
2	—	—						
金额合计		（大写）：壹佰零伍万叁仟元整				（小写）：1053000.00		
备注								

采购部经理：李斌　　　　　　　　　采购员：付海生

第一联 采购部留存

表 7-29 9 月坐垫和车篷采购订单

采购订单

供应商名称：恒通橡胶厂　　　　　　　　　　　　　　采购类别：正常采购
合同编号：CG-HT-201107002　　　　　　　　　　　　付款方式：月结
制单日期：2011.09.08　　　　　　　　　　　　　　　订单编号：CG-DD-201109002

序号	品名	规格	单位	到货时间	数量	单价	折扣率	金额小计
1	坐垫	HJM500	个	2011.10.08	5000	58.5	0	292500.00
2	车篷	HJ72×32×40	个	2011.10.08	5000	70.2	0	351000.00
3	—	—						
金额合计		（大写）：陆拾肆万叁仟伍佰元整				（小写）：643500.00		
备注								

采购部经理：李斌　　　　　　　　　采购员：付海生

第一联 采购部留存

表 7-30　9 月车轮采购订单

采购订单

供应商名称：邦尼工贸有限公司　　　　　　　　　　　　采购类别：正常采购
合同编号：CG-HT-201107003　　　　　　　　　　　　　付款方式：月结
制单日期：2011.09.08　　　　　　　　　　　　订单编号：CG-DD-201109003

序号	品名	规格	单位	到货时间	数量	单价	折扣率	金额小计
1	车轮	HJΦ 外 125/Φ 内 60mm	个	2011.10.08	20000	23.4	0	468000.00
2	—	—						
金额合计	（大写）：肆拾陆万捌仟元整					（小写）：468000.00		
备注								

采购部经理：李斌　　　　　　　　　采购员：付海生

第一联　采购部留存

3. 9 月"材料入库单"

仓储部根据采购部 8 月采购订单验货入库，填制"材料入库单"，将第二联交给采购部留存，如表 7-31、表 7-32、表 7-33、表 7-34 所示；采购部根据"材料入库单"填写"采购合同执行情况表"和"供应商考核记录表"。

表 7-31　9 月钢管入库单

材料入库单

制单日期：2011.09.08　　　　　　　　　　　　　　仓库：材料仓
供应商名称：邦尼工贸有限公司　　　　　　　　　　类型：原材料采购
单据编号：CK-CLRK-201109001　　　　　　　　订单编号：CG-DD-201108001

序号	品名	规格型号	单位	入库时间	数量	备注
1	钢管	Φ 外 16/Φ/内 11/L5000mm	根	2011.09.01	5000	
2	—	—				
3						
合计						

仓储部经理：何明海　　　　　　　　仓管员：王宝珠

第二联　采购部留存

表 7-32　9 月坐垫和车篷入库单

材料入库单

制单日期：2011.09.08　　　　　　　　　　　　　　　仓库：材料仓
供应商名称：恒通橡胶厂　　　　　　　　　　　　　　类型：原材料采购
单据编号：CK-CLRK-201109002　　　　　　　　　订单编号：CG-DD-201108002

序号	品名	规格型号	单位	入库时间	数量	备注
1	坐垫	HJM500	个	2011.09.01	5000	
2	车篷	HJ72×32×40	个	2011.09.01	5000	
3						
合计						

仓储部经理：何明海　　　　　　　　仓管员：王宝珠

表 7-33　9 月车轮入库单

材料入库单

制单日期：2011.09.08　　　　　　　　　　　　　　　仓库：材料仓
供应商名称：恒通橡胶厂　　　　　　　　　　　　　　类型：原材料采购
单据编号：CK-CLRK-201109003　　　　　　　　　订单编号：CG-DD-201108003

序号	品名	规格型号	单位	入库时间	数量	备注
1	车轮	HJΦ外125/Φ内60mm	个	2011.09.01	20000	
2	—	—				
3						
4						
合计						

仓储部经理：何明海　　　　　　　　仓管员：王宝珠

表 7-34　9 月包装套件入库单

材料入库单

制单日期：2011.09.08　　　　　　　　　　　　　　　仓库：材料仓
供应商名称：邦尼工贸有限公司　　　　　　　　　　　类型：原材料采购
单据编号：CK-CLRK-201109004　　　　　　　　　订单编号：CG-DD-201108004

序号	品名	规格型号	单位	入库时间	数量	备注
1	包装套料	HJTB100	套	2011.09.01	10000	
2	—	—				
3						
4						
合计						

仓储部经理：何明海　　　　　　　　仓管员：王宝珠

4. 采购合同执行情况记录表

采购员下达采购订单后及时填写"采购合同执行情况表"，并根据采购物料入库情况、货款支付情况等及时完善，如表 7-35 所示。

表 7-35　8 月、9 月采购合同执行情况表

制表部门：采购部

合同编号	合同总数	订单编号	供应商名称	物料编码	物料名称	计量单位	订货日期	订货数量	单价	总金额	计划交期	备注
CG-HT-201107001	30000	CG-DD-201108001	邦尼	B0001	钢管	根	2011/08/08	5000	70.20	351000	2011/09/01	
CG-HT-201107002	15000	CG-DD-201108002	恒通	B0003	坐垫	个	2011/08/08	5000	58.50	292500	2011/09/01	
CG-HT-201107002	15000	CG-DD-201108002	恒通	B0005	车篷	个	2011/08/08	5000	70.20	351000	2011/09/01	
CG-HT-201107003	60000	CG-DD-201108003	恒通	B0006	车轮	个	2011/08/08	20000	23.40	468000	2011/09/01	
CG-HT-201107004	15000	CG-DD-201108004	邦尼	B0007	包装套件	套	2011/08/08	10000	23.40	234000	2011/09/01	
CG-HT-201107001	30000	CG-DD-201109001	邦尼	B0001	钢管	根	2011/09/08	15000	70.20	1053000	2011/10/08	
CG-HT-201107002	15000	CG-DD-201109002	恒通	B0003	坐垫	个	2011/09/08	5000	58.50	292500	2011/10/08	
CG-HT-201107002	15000	CG-DD-201109002	恒通	B0005	车篷	个	2011/09/08	5000	70.20	351000	2011/10/08	
CG-HT-201107003	60000	CG-DD-201109003	邦尼	B0005	车轮	个	2011/09/08	20000	23.40	468000	2011/10/08	

续表

	计划付款	已到数量	入库数量	不合格数量	到货日期	应付金额	已付金额	实际付款	开票情况	开票时间	备注
CG-HT-201107001	2011/10/08	5000	5000	0	2011/09/01	351000			已开	2011/09/01	
CG-HT-201107002	2011/10/08	5000	5000	0	2011/09/01	292500			已开	2011/09/01	
CG-HT-201107002	2011/10/08	5000	5000	0	2011/09/01	351000			已开	2011/09/01	
CG-HT-201107003	2011/10/08	20000	20000	0	2011/09/01	468000			已开	2011/09/01	
CG-HT-201107004	2011/10/08	10000	10000	0	2011/09/01	234000			已开	2011/09/01	
CG-HT-201107001	2011/11/08										
CG-HT-201107002	2011/11/08										
CG-HT-201107002	2011/11/08										
CG-HT-201107003	2011/11/08										

采购部经理：李斌　　　　　　　　　　　采购员：付海生

5. 供应商考评记录表

采购员根据 7 月、8 月、9 月采购物料入库情况及时填写"供应商考评记录表"，在季度末对每位供应商按照考评指标进行正确评价，如表 7-36 所示。

表7-36　第3季度供应商考评记录表

考评指标与权重		价格水平	质量合格率	准时交货率	合作态度	供应柔性	评价结果
		与行业平均价格相比	合格数量/抽检数量	晚1天，扣2分；晚10天，得分为0	送货前，是否主动沟通	紧急采购时，能否按时交货	
供应商名称		30%	30%	20%	10%	10%	
邦尼工贸有限公司	第1次	相同	100%	准时	没有沟通	紧急采购时，能按时交货	优秀供应商
	第2次	相同	100%	准时	没有沟通		
	第3次	相同	100%	送货车坏了，晚到1天，扣2分	没有沟通		
	平均值	相同	100%	98%	良好	好	
恒通橡胶厂	第1次	低	100%	准时	送货前主动沟通	紧急采购时，能按时交货	优秀供应商
	第2次	低	97%	准时	送货前没有沟通		
	第3次	低	97%	晚5天，扣10分	送货前主动沟通		
	平均值	低	98%	98%	良好	好	
评价指标的说明		（1）价格水平：低于行业平均价格计30分；与行业平均价格一致计20分；高于行业平均价格计0分 （2）质量合格率：100%计30分；95%~100%计20分；90%~95%计10分；90%以下计0分 （3）准时交货率：100%计20分；95%~100%计15分；90%~95%计10分；90%以下计0分 （4）合作态度：优秀计10分；良好计7分；一般计3分；差计0分 供应柔性：好计10分；一般计5分；差计0分					
供应商评价标准		供应商评价采用百分制；80分以上为优秀供应商；70~80分为良好供应商；60~70分为合格供应商；60分以下为不合格供应商					
对各类供应商的管理策略		（1）优秀供应商：续签合同；根据需要增加采购量；战略合作等 （2）良好供应商：在提出改进方案的基础上可以续签合同，在合作过程中严格监控，维持原有采购数量 （3）合格供应商：原则上更换供应商；如供应商同意重新进行采购认证，可以签订采购认证合同 （4）不合格供应商：终止合同，更换供应商					

6. 第4季度期初库存

各类物品在第3季度末（第4季度期初）的库存如表7-37所示。

表7-37　第4季度期初各类物品库存

第4季度期初库存

项目	实际库存数量	在途数量	期初库存数量	安全库存	可用库存
经济型童车	2000	0	2000	2000	0
在产车架	5000		5000		
在产童车	4000	0	4000		

项目	实际库存数量	在途数量	期初库存数量	安全库存	可用库存
钢管	5000	15000	20000	10000	10000
坐垫	5000	5000	10000	5000	5000
车篷	5000	5000	10000	5000	5000
车轮	20000	20000	40000	20000	20000
包装套件	10000	0	10000	5000	5000

注：期初库存=期初实际库存+在途（在产）库存；可用库存=期初库存-安全库存。

7. 经济型童车结构图和物料清单（BOM）

经济型童车结构和物料清单分别如表7-18、图7-31所示。

8. 企业产能报表

企业产能是企业在一个周期内（本案例为1个月）最大产出能力，是采购部制订采购计划时是否增加采购批量获得采购价格折扣需要考虑的因素之一，本案例的产能报表如表7-38所示。

表7-38　企业产能报表

制表部门：生产计划部　　　　　　　　　　　　　　制表日期：2011年9月30日

车间名称		普通机床	数控机床	组装生产线	实际可用产能
2011年10月	初始产能	5000	0	7000	5000
	占用情况	0	0	0	0
	剩余产能	5000	0	7000	5000
2011年11月	初始产能	5000	0	7000	5000
	占用情况	0	0	0	0
	剩余产能	5000	0	7000	5000
2011年12月	初始产能	5000	3000	7000	5000
	占用情况	0	0	0	0
	剩余产能	5000	3000	7000	5000
2012年1月	初始产能	5000	3000	7000	7000
	占用情况	0	0	0	0
	剩余产能	5000	3000	7000	7000
2012年2月	初始产能	5000	3000	7000	7000
	占用情况	0		0	0
	剩余产能	5000	3000	7000	7000
2012年3月	初始产能	5000	3000	7000	7000
	占用情况	0		0	0
	剩余产能	5000	3000	7000	7000

9. 经济型童车供应商信息表

经济型童车现有和潜在供应商信息表如表 7-39 所示。

表 7-39　经济型童车现有和潜在供应商信息表

采购物料名称	现有供应商名称	潜在供应商名称
车轮	企业法定中文名称：恒通橡胶厂 企业法定代表人：张艳 企业注册地址：北京市大兴区旧宫镇小红门路45号 注册登记地点：北京市大兴区工商行政管理局 组织机构代码证：000102972 办公地址：北京市大兴区旧宫镇小红门路45号 邮政编码：100076 办公电话：（010）51062888 企业法人营业执照注册号：110000001012587 税务登记证号：11010000102972 开户银行：建设银行北京分行小红门支行 账号：1100 1504 1000 5000 4123	企业法定中文名称：邦尼工贸有限公司 企业法定代表人：张伟 企业注册地址：北京市丰台区新富镇兴旺路115号 注册登记地点：北京市工商行政管理局 企业法人营业执照注册号：110106311235740 税务登记证号：1101061206988 组织机构代码证：031239188 办公地址：北京市丰台区新富镇兴旺路115号 邮政编码：100070 办公电话：010-60423018 开户银行：建设银行北京分行兴旺支行 账号：1100 0077 1178 0789 161
车篷/坐垫	企业法定中文名称：恒通橡胶厂 企业法定代表人：张艳 企业注册地址：北京市大兴区旧宫镇小红门路45号 注册登记地点：北京市大兴区工商行政管理局 组织机构代码证：000102972 办公地址：北京市大兴区旧宫镇小红门路45号 邮政编码：100076 办公电话：（010）51062888 企业法人营业执照注册号：110000001012587 税务登记证号：11010000102972 开户银行：建设银行北京分行小红门支行 账号：1100 1504 1000 5000 4123	
钢管	企业法定中文名称：邦尼工贸有限公司 企业法定代表人：张伟 企业注册地址：北京市丰台区新富镇兴旺路115号 注册登记地点：北京市工商行政管理局 企业法人营业执照注册号：110106311235740 税务登记证号：1101061206988 组织机构代码证：031239188 办公地址：北京市丰台区新富镇兴旺路115号 邮政编码：100070 办公电话：010-60423018 开户银行：建设银行北京分行兴旺支行 账号：1100 0077 1178 0789 161	

采购物料名称	现有供应商名称	潜在供应商名称
包装套件	企业法定中文名称：邦尼工贸有限公司 企业法定代表人：张伟 企业注册地址：北京市丰台区新富镇兴旺路115号 注册登记地点：北京市工商行政管理局 企业法人营业执照注册号：110106311235740 税务登记证号：1101061206988 组织机构代码证：031239188 办公地址：北京市丰台区新富镇兴旺路115号 邮政编码：100070 办公电话：010-60423018 开户银行：建设银行北京分行兴旺支行 账号：1100 0077 1178 0789 161	企业法定中文名称：恒通橡胶厂 企业法定代表人：张艳 企业注册地址：北京市大兴区旧宫镇小红门路45号 注册登记地点：北京市大兴区工商行政管理局 组织机构代码证：000102972 办公地址：北京市大兴区旧宫镇小红门路45号 邮政编码：100076 办公电话：(010) 51062888 企业法人营业执照注册号：110000001012587 税务登记证号：11010000102972 开户银行：建设银行北京分行小红门支行 账号：1100 1504 1000 5000 4123

经济型童车供应商信息汇总表如表7-40所示。

表7-40　经济型童车供应商信息汇总表

制表日期：2011年10月1日　　　　　　　　　　　　　　　　制表部门：采购部

序号	供应商名称	联系人	座机电话	产品型号	生产周期	最小订购量	证件齐全	单价	付款方式	账期	备注
1	邦尼工贸有限公司	张伟	010-60423018	钢管	1个月	5000	齐	70.20	月结	1个月	
2	恒通橡胶厂	张艳	010-51062888	车篷/坐垫	1个月	2000/3000	齐	58.5/70.2	月结	1个月	
3	恒通橡胶厂	张艳	010-51062888	车轮	1个月	100000	齐	23.4	月结	1个月	
4	邦尼工贸有限公司	张伟	010-60423018	包装套件	1个月	5000	齐	23.4	月结	1个月	
5	恒通橡胶厂	张艳	010-51062888	包装套件	1个月	5000	齐	23.4	月结	1个月	

采购部门经理：李斌　　　　　　　　　　　　　　　　采购员：付海生

十五、营销部经理、销售专员期初建账

营销部经理、销售专员需掌握的期初数据见表7-41至表7-51。

1. 营销部期初数据表

综合2011年4个季度的情况来看，本地市场经济型童车的销量有所上升，但价格有所下降。综合2011年第4季度的情况来看，本地市场经济型童车的销量有一定的波动，整体呈上升趋势，价格呈下降趋势。

表 7-41 营销部期初数据表

序号	期初数据	相关说明	对应岗位
1	销售发货明细表	已发货未收款订单	营销部经理、销售专员
2	销售预测表	2011 年第 4 季度和 2012 年第 1 季度	营销部经理、市场专员、销售专员
3	市场预测（本地，手工）	2011 年全年	营销部经理、市场专员、销售专员
4	市场预测（本地，信息化）	2011 年第 4 季度	营销部经理、市场专员、销售专员
5	客户信息汇总表	企业客户信息	营销部经理、销售专员
6	库存期初报表	各种成品的期初库存情况	营销部经理、销售专员
7	车间产能报表	车间产能情况	营销部经理、销售专员

表 7-42 销售发货明细表

单据编号	销售订单号	客户名称	产品名称	数量（辆）	货款额（元）	合同约定交货期	合同约定回款期	实际发货数量（辆）	发票开具情况	回款额（元）
0001	LJ110001	旭日贸易公司	经济型童车	4000	2808000.00	2011-9-08	2011-10-08	4000	已开	

编制人：刘思羽　　　　　　　　　　　　　　　　　　编制日期：2011 年 10 月

说明：一式一联，销售部存

表 7-43 销售预测表

单位：辆

产品＼年份	2011 年						2012 年		
	7 月	8 月	9 月	10 月	11 月	12 月	1 月	2 月	3 月
经济型童车				4000	5000	5000	6000	5000	7000
舒适型童车									
豪华型童车									

表 7-44 2011 年本地市场经济型童车销量预测（手工阶段）

单位：辆

市场	产品名称	第 1 季度	第 2 季度	第 3 季度	第 4 季度
本地	经济型童车	130000	138000	151000	160000

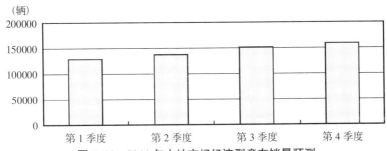

图 7-32 2011 年本地市场经济型童车销量预测

注：以上预测数据为 10 家企业的预测数据。

表 7-45 2011 年本地市场经济型童车销售价格预测（手工阶段）

单位：元

市场	产品名称	第 1 季度	第 2 季度	第 3 季度	第 4 季度
本地	经济型童车	702	690	677	655

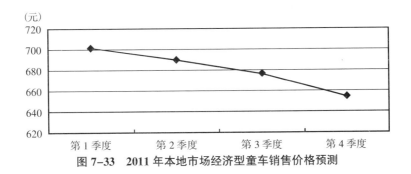

图 7-33 2011 年本地市场经济型童车销售价格预测

表 7-46 2011 年本地市场经济型童车销量预测（信息化阶段）

单位：辆

市场	产品名称	10 月	11 月	12 月
本地	经济型童车	60600	62000	61800

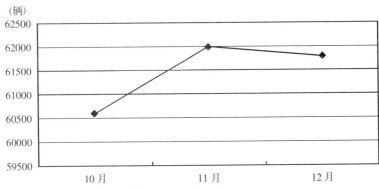

图 7-34 2011 年第 4 季度本地市场经济型童车销量预测

注：以上预测数据为 10 家企业的预测数据。

表 7-47　2011 年本地市场经济型童车销售价格预测（信息化阶段）

单位：元

市场	产品名称	10 月	11 月	12 月
本地	经济型童车	624.39	595.12	564.48

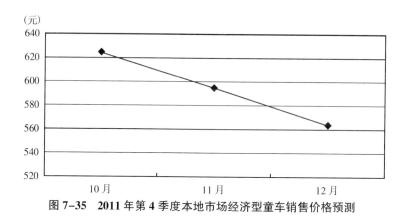

图 7-35　2011 年第 4 季度本地市场经济型童车销售价格预测

表 7-48　旭日贸易公司基本信息表

本地客户	
企业法定中文名称	旭日贸易公司
企业法定代表人	康玲
企业注册地址	北京市海淀区北清路 5 号
注册登记地点	北京市海淀区工商行政管理局
企业法人营业执照注册号	110108554831327
税务登记证号	110108723947632
组织机构代码证	723947632
办公地址	北京市海淀区北清路 5 号
邮政编码	100094
办公电话	010-68500412
开户银行	工商银行北京分行海淀支行
账号	0202 2045 0999 9101 222

表 7-49　华晨商贸城基本信息表

本地企业	
企业法定中文名称	华晨商贸城
企业法定代表人	李峰
企业注册地址	北京市海淀区中关村北大街 127 号
注册登记地点	北京市海淀区工商行政管理局
企业法人营业执照注册号	110108753990101
税务登记证号	110108072397603
组织机构代码证	072397603

续表

本地企业	
办公地址	北京市海淀区中关村北大街 127 号
邮政编码	100080
办公电话	010–62570416
开户银行	工商银行北京分行海淀支行
账号	0202 2045 0999 9100 555

表 7–50　库存报表（期初）
2011 年 10 月 1 日

项目	库存数量（辆）	在途数量（辆）
经济型童车	2000	0

表 7–51　生产车间产能报表

制表日期：2011 年 10 月 1 日　　　　　　　　　　　　制表部门：生产计划部
单据编号：0001

车间名称		普通机床	数控机床	组装生产线	实际可用产能
2011 年 10 月	初始产能	5000	0	7000	5000
	占用情况	0	0	0	0
	剩余产能	5000	0	7000	5000
2011 年 11 月	初始产能	5000	0	7000	5000
	占用情况	0	0	0	0
	剩余产能	5000	0	7000	5000
2011 年 12 月	初始产能	5000	3000	7000	5000
	占用情况	0	0	0	0
	剩余产能	5000	3000	7000	5000
2012 年 1 月	初始产能	5000	3000	7000	7000
	占用情况	0	0	0	0
	剩余产能	5000	3000	7000	7000
2012 年 2 月	初始产能	5000	3000	7000	7000
	占用情况	0		0	0
	剩余产能	5000	3000	7000	7000
2012 年 3 月	初始产能	5000	3000	7000	7000
	占用情况	0		0	0
	剩余产能	5000	3000	7000	7000

2. 特别提示

（1）下一个月的市场预测和成品库存基本均衡。

（2）下一个季度的市场预测和产能有较小的不均衡性。

（3）营销部经理要根据市场预测制定广告投放策略并进行新一轮的产品销售竞争。

（4）营销部经理还要及时反馈市场预测变化，并提出增加产品供应的要求。

十六、编制物料需求计划

1.业务描述

总需求计划就是在一段时间内整个生产计划所需要的量，而净需求计划则是通过计算得来的，就是在总需求量上扣除现有库存量、已订购量、在途量，最后得出净需求，其实就是还需要的订购量。

2.业务流程说明（见表 7-52）

表 7-52　物料需求计划编制步骤

操作步骤	角色	操作	内容
1	生产计划员	编制物料净需求计划	通过填制物料需求计算表进行物料净需求计算，并将结果填写到物料净需求计划表中
2	生产计划部经理	审核物料净需求计划	审核物料净需求计划中物料需求时间与数量是否同主生产计划一致
3	生产计划员	送交物料净需求计划	计划员留存一份物料净需求计划，第二联送采购部经理

十七、编制主生产计划

1.业务描述

主生产计划（Mster Production Schedule，MPS）是闭环计划系统的一个部分。MPS 的实质是保证销售规划和生产规划对规定的需求（需求什么、需求多少和什么时候需求）与所使用的资源取得一致。MPS 考虑了经营规划和销售规划，使生产规划同它们相协调。它着眼于销售什么和能够制造什么，这就能为车间制订一个合适的"主生产进度计划"，并且以精确计算数据调整这个计划，直到负荷平衡。

2.业务流程说明（见表 7-53）

表 7-53　主生产计划编制步骤

操作步骤	角色	操作	内容
1	生产计划部经理	编制主生产计划	1.去营销部索要销售预测表和销售订单汇总表 2.根据销售预测和销售订单汇总表，结合各车间的生产能力状况编制主生产计划计算表 3.根据主生产计划计算表填写主生产计划表 4.填写车间产能报表
2	生产计划部经理	主生产计划送交相应部门	此表一式两联，一联送交计划员做物料净需求计划用，一联生产计划部经理留存

第二节　日常任务

一、组织人员培训

1. 业务描述

组织培训，是指组织为了提高劳动生产率和个人对职业的满足程度，直接有效地为组织生产经营服务，从而采取各种方法，对组织各类人员进行的教育培训投资活动，培训活动由服务公司组织。

在职人员培训分为一线生产工人的技术培训和管理人员的能力提升培训。管理人员的培训由人力资源部委托外部专业培训机构提供；培训完成后财务部根据培训费发票向专业培训机构支付培训费。一线生产工人的技术培训由企业内部组织。

2. 业务流程说明（见表7-54）

表7-54　组织人员培训步骤

操作步骤	角色	操作	内容
1	服务公司业务员	发布培训通知	1. 依据培训计划表安排，确认讲师、培训内容、培训时间安排 2. 确定培训场地，并做好培训场地布置工作 3. 服务公司业务员自拟培训通知至受训人，告知其培训时间、地点、培训内容等
2	服务公司业务员	组织培训	1. 清点受训人员，查看是否全部到齐，组织受训人员在《培训签到表》上签字 2. 联系未到人员，对没有参加培训人员做好登记 3. 维护培训现场秩序，做好讲师与受训者之间的互动沟通工作
3	服务公司业务员	培训满意度调查	1. 培训完成后，组织受训者填写《培训满意度调查问卷》 2. 回收《培训满意度调查问卷》，清点份数，督办未提交人员立即填写后交回
4	服务公司业务员	总结培训结果	1. 以培训签到表、培训满意度调查问卷及培训进行效果为依据进行培训分析 2. 撰写总结报告并存档 3. 依据培训计划表总结培训执行情况 4. 对培训总结报告内容加以了解和备份 5. 为再次培训计划制定做积累
5	服务公司业务员	开具发票、收取费用	1. 根据培训具体内容与参训人数确定培训费用，并开具发票，要求学员交给人力资源部（学员）并告知人力资源部（学员）尽快付款 2. 向各企业人力资源部门（学员）收取费用

二、培训费用报销

1. 业务描述

为了持续经营的需要，激励员工更好地学习技能、服务企业，公司要对员工进行不定期培训，培训产生的实际费用，由该员工所在部门主管以及人力资源部审核确认后，进行报销。人力资源部其他的报销项目：如办公费、招聘费的报销流程亦是如此。

2. 业务流程说明（见表 7-55）

表 7-55   培训费用报销步骤

操作步骤	角色	操作	内容
1	人力资源助理	填写支出凭单	人力资源助理填写支出凭单，将原始凭证作为附件粘在支出凭单后面，请部门经理审核
2	人力资源部经理	审核支出凭单	人力资源部经理审核支出凭单，确认是否在预算项目及金额内
3	财务会计	业务审核	财务会计审查业务单据的真实性和合法性
4	财务部经理	业务审核	财务部经理审核业务单据的合理性
5	财务会计	填制记账凭证	财务会计填制记账凭证
6	财务部经理	审核记账凭证	财务部经理审核记账凭证
7	财务会计	登记科目明细账	财务会计登记科目明细账

注意事项

● 除了先借款后报销，还有另外一种情况：发生费用时员工先垫付（如请客户吃饭发生的餐费），事后凭发票和经理审批的支出凭单去财务部门报销，财务经理在预算范围内审核业务后由出纳支付现金

● 按照公司的财务制度，1 万元以内的费用由财务经理审批，超过 1 万元（含 1 万元）额度的需要总经理审批。

三、市场调研

1. 业务描述

市场调研，是指为了提高产品的销售决策质量、解决存在于产品销售中的问题或寻找机会等而系统地、客观地识别、收集、分析和传播营销信息的工作。

2. 业务流程说明（见表7-56）

表 7-56　市场调研步骤

操作步骤	角色	操作	内容
1	营销部经理	收集市场信息	通过走访等方式了解各家客户的童车需求
2	营销部经理	在 VBSE 系统中查看市场预测信息	在系统中查看市场预测信息
3	营销部经理	编制市场分析报告	根据市场需求及预测信息编制本企业的市场分析报告，该报告可作为制定销售计划的参考依据

四、招聘生产工人

1. 业务描述

员工招聘就是企业采取一些科学的方法寻找、吸引应聘者，并从中选出企业需要的人员予以录用的过程，是指按照企业经营战略规划的要求把优秀、合适的人招聘进企业，把合适的人放在合适的岗位。包括征召、甄选和录用三个阶段。

本任务是企业通过人才服务招聘生产工人。

2. 业务流程说明（见表7-57）

表 7-57　生产工人招聘步骤

操作步骤	角色	操作	内容
1	人力资源部经理	人才筛选	1. 要求生产计划部经理依照生产计划安排统计生产工人缺口，并告知人力资源部 2. 与生产计划部经理沟通人才素质要求及职称等 3. 登录系统进行简历筛选 4. 结合招聘需求确定录用名单 5. 与服务公司沟通确定录用人员
2	服务公司业务员	查询已聘人员、开具发票	1. 依据确定的人员录用名单在系统中做查询已聘人员 2. 根据协定的人才推介服务费用金额开具服务业发票，并将支票交给招聘企业，要求其尽快支付费用
3	人力资源部经理	申请借款	1. 依据发票显示内容和金额填写支出凭单 2. 将发票粘贴在支出凭单后 3. 将填写完成的支出凭单交财务部经理审核
4	财务部经理	审核借款	1. 审核支出凭单填写是否完整 2. 判断经济业务是否真实 3. 在支出凭单上签字 4. 将支出凭单交给出纳并告知人力资源部经理去出纳处领取支票
5	出纳	开具支票	1. 依据支出凭单开具转账支票，收款单位名称及账号信息，要求人力资源部经理提供 2. 将开具好的转账支票交财务部经理审核、盖章

续表

操作步骤	角色	操作	内容
6	财务部经理	审核支票	1. 检查支票填写是否规范 2. 在支票上盖财务章 3. 将支票交还出纳
7	出纳	支付支票	1. 将支票交给人力资源部经理 2. 要求人力资源部经理在支票使用登记簿上签字
8	财务会计	填制记账凭证	1. 依据支出凭单填制记账凭证 2. 将填写完成的记账凭证交财务部经理审核签字
9	财务部经理	审核记账凭证	1. 审核记账凭证是否填写规范 2. 在记账凭证上签字
10	出纳	登记银行存款日记账	1. 依照记账凭证登记银行存款日记账 2. 将记账凭证交还财务会计
11	财务会计	登记明细账	依据记账凭证登记明细账

五、解聘工人

1. 业务描述

解聘工人是指企业与职工签订的劳动合同未到期之前，企业由于种种原因需要提前终止劳动合同而辞退员工。实训中只模拟生产工人的解聘业务。

2. 业务流程说明（见表7-58）

表7-58　解聘工人业务步骤

操作步骤	角色	操作	内容
1	人力资源部经理	人才解聘决策	1. 询问生产计划部经理是否需要裁减冗余的生产工人 2. 登录系统查询生产工人信息，辞退不需要的工人 3. 依照规则结算工人工资
2	服务公司业务员	解聘人员入库	因企业招聘录用而被锁定的原有人才信息，当企业解聘时，将其重新激活进入人才库

六、购买产品生产许可

1. 业务描述

新产品开发是指从研究选择适应市场需要的产品开始到产品设计、工艺制造设计，直到投入正常生产的一系列决策过程。从广义而言，新产品开发既包括新产品的研制，也包括原有的老产品改进与换代。新产品开发是企业研究与开发的重点内容，本实习中采用购买生产许可证来模拟新产品研发的过程。

2. 业务流程说明（见表 7-59）

表 7-59 购买产品生产许可业务步骤

操作步骤	角色	操作	内容
1	生产计划部经理	确定购买生产许可证的产品种类	根据市场需求确定新产品类型
2	生产计划部经理	填写支出凭单	查看实习规则，了解该生产许可的购买费用，并填写支出凭单
3	财务经理	审核支出凭单	审核支出凭单内容
4	服务公司业务员	在 VBSE 系统中处理生产许可证购买	在系统中完成生产许可证的购买
5	服务公司业务员	开发票	根据金额开具企业购买生产许可证的费用发票，并将发票送交企业出纳员
6	出纳	开具支票	出纳员根据发票开具购买生产许可证所需支票，并将支票送交服务公司业务员
7	成本会计	填写记账凭证	成本会计将开具的支票登入记账凭证
8	财务经理	审核记账凭证	审核记账凭证的内容
9	出纳	登记银行日记账	出纳员根据记账凭证填写银行日记账，记录支出信息
10	成本会计	登记科目明细账	成本会计将支出信息登入科目明细账
11	服务公司业务员	支票送存银行	服务公司业务员将支票送银行入账

七、购买增值税发票

1. 业务描述

发票是指一切单位和个人在购销商品、提供劳务或接受劳务、服务以及从事其他经营活动，所提供给对方收付款的书面证明，是财务收支的法定凭证，是会计核算的原始依据，也是审计机关、税务机关执法检查的重要依据。

2. 业务流程说明（见表 7-60）

表 7-60 增值税发票购买步骤

操作步骤	角色	操作	内容
1	税务会计	去税务局购买发票	携带税务登记证副本、发票领购本、发票存根和财务章到税务局购买发票
2	国税局专管员	销售发票	1. 销售增值税专用发票 2. 登记发票登记簿 3. 将发票交税务会计
3	国税局专管员	开具收费凭证	开具收费凭证
4	财务会计	填制记账凭证	1. 接收税务会计交来的收费凭证 2. 填制记账凭证
5	财务部经理	审核记账凭证	1. 财务经理审记账凭证 2. 审核无误后签字

续表

操作步骤	角色	操作	内容
6	出纳	付款并登记现金日记账	1. 接收财务经理审核过的记账凭证 2. 支付现款并登记现金日记账
7	财务会计	登记科目明细账	1. 接收出纳交来的记账凭证 2. 登记科目明细账

八、购买支票（制造企业、供应商、客户）

1. 业务描述

支票是出票人签发，委托办理支票存款业务的银行或者其他金融机构在见票时无条件支付确定的金额给收款人或持票人的票据。

支票是以银行为付款人的即期汇票，可以看作汇票的特例。支票出票人签发的支票金额，不得超出其在付款人处的存款金额。如果存款低于支票金额，银行将拒付给持票人。这种支票称为空头支票，出票人要负法律责任。

开立支票存款账户和领用支票，必须有可靠的资信，并存入一定的资金。支票可分为现金支票和转账支票。支票一经背书即可流通转让，具有通货作用，成为替代货币发挥流通手段和支付手段职能的信用流通工具。运用支票进行货币结算，可以减少现金的流通量，节约货币流通费用。

一张支票的必要项目包括："支票"字样；无条件支付命令；出票日期；出票人名称的签字；付款银行名称及地址（未载明付款地点者，付款银行所在地视为付款地点）；付款人；付款金额。

出票地点不是必须填写项（未载明出票地点者，出票人名字旁的地点视为出票地）。

申办条件：开立支票存款账户，申请人必须使用其本名，并提交证明其身份的合法证件；开立支票存款账户，申请人应当预留其本人的签名式样和印鉴；开立支票存款账户和领用支票，应当有可靠的资信，并存入一定的资金。

2. 业务流程说明（见表7-61）

表7-61　购买支票业务步骤

操作步骤	角色	操作	内容
1	出纳	去银行购买支票	携带银行印鉴到银行购买支票
2	银行柜员	验证银行印鉴	验证银行印鉴
3	银行柜员	销售支票	在系统中销售支票
4	银行柜员	打印收费凭证	打印收费凭证
5	银行柜员	登记支票簿	登记支票簿上记录的支票号码
6	银行柜员	将支票及收费凭证交给出纳	将支票及收费凭证交给出纳

操作步骤	角色	操作	内容
7	财务会计	填制记账凭证—购买支票	1. 接收出纳交来的收费凭证 2. 编制记账凭证，将原始单据作为附件粘贴
8	财务部经理	审核记账凭证—购买支票	1. 审核财务会计编制的记账凭证 2. 签字
9	出纳	登记现金日记账	1. 根据记账凭证登记现金日记账 2. 将垫付的支票购买款支出 3. 登记支票登记簿 4. 将记账凭证交财务会计
10	财务会计	登记科目明细账	1. 接收出纳交来的经审核的记账凭证 2. 登记科目明细账

九、提取现金备用

1. 业务描述

企业需要现金的时候，签发现金支票，去银行提取现金。

2. 业务流程说明（见表 7-62）

表 7-62 提取备用现金步骤

操作步骤	角色	操作	内容
1	出纳	填写支出凭单	1. 根据现金需要量填写支出凭单 2. 将支出凭单提交财务部经理审核
2	财务部经理	审核支出凭单	审核支出凭单的准确性、合理性并签字
3	出纳	签发现金支票	1. 接收经审核的支出凭单 2. 签发现金支票
4	财务部经理	加盖印章	在现金支票上加盖印章
5	出纳	登记支票簿	1. 按签发的支票登记支票登记簿 2. 去银行提取现金
6	银行柜员	办理取现业务	1. 接收现金支票 2. 办理提取现金业务 3. 将现金交给取款人
7	出纳	现金入库	1. 取现回来及时将现金入库 2. 将支票存根交财务会计记账
8	财务会计	编制记账凭证	1. 根据支票存根编制记账凭证 2. 将记账凭证交财务部经理审核
9	财务部经理	审核记账凭证	审核财务会计编制的记账凭证的合理性
10	出纳	登记日记账	1. 根据经审核的记账凭证登记现金日记账和银行存款日记账 2. 将记账凭证交财务会计
11	财务会计	接收记账凭证	接收出纳交来的记账凭证

十、存款

1. 业务描述

企业每天营业终了，在满足自身需要的前提下将超额库存现金及时送存银行。

2. 业务流程说明（见表 7-63）

表 7-63　存款业务步骤

操作步骤	角色	操作	内容
1	出纳	填写进账单	1. 填写进账单（按提供的进账单，填写持票人信息，出票人信息不填写，并在下方空白处注明"现金进账"） 2. 将进账单与现金一同送存银行
2	银行柜员	办理现金存款业务	1. 接收出纳送存的现金及进账单 2. 清点现金数量与进账单金额无误后办理存款业务 3. 在进账单上盖"现金收讫"章并将进账单回单退还给出纳
3	财务会计	编制记账凭证	1. 接收出纳拿回的进单回单 2. 编制记账凭证
4	财务部经理	审核记账凭证	1. 接收财务会计交给的记账凭证，进行审核 2. 审核后，交出纳登记银行存款日记账及现金日记账
5	出纳	登记日记账	1. 接收财务部经理交给的审核后的记账凭证 2. 根据记账凭证登记银行存款日记账及现金日记账 3. 将记账凭证交财务会计
6	财务会计	接收记账凭证	接收出纳交来的记账凭证

十一、各营运部门借款

各部门借款区别是借款人不同，业务流程是一样的。

1. 业务描述

为方便公司各部门工作人员结算因公需要而发生的零星开支、业务营销、差旅费报销等款项。新团队接手部门经营后各部门需借一定金额的备用金，在 VBSE 实训中各部门备用金金额均为 500 元。

2. 业务流程说明（见表 7-64）

表 7-64　各营运部门借款业务步骤

操作步骤	角色	操作	内容
1	营销部经理、行政助理、生产计划部经理、人力资源部经理、仓储部经理、采购部经理	填写借款单	1. 去出纳处领取借款单 2. 填写借款单，借款 500 元作为部门备用金 3. 拿借款单找财务部经理审核 4. 拿借款单到出纳处领取现金

续表

操作步骤	角色	操作	内容
2	财务部经理	审核借款单	1. 审核借款单填写的准确性 2. 审核借款业务的真实性 3. 审核无误后签字
3	出纳	支付现金	1. 接收营销部经理交给的已审核过的借款单 2. 支付现金 500 元给借款人，在借款单上盖"现金付讫"印章 3. 将借款单交给财务会计做凭证
4	财务会计	填制记账凭证	1. 接收到出纳交给的盖付讫章的借款单 2. 填制记账凭证 3. 送财务部经理审核
5	财务部经理	审核记账凭证	1. 接收财务会计交给的记账凭证，进行审核 2. 审核后，交出纳登记现金日记账
6	出纳	登记现金日记账	1. 接收财务部经理交给的审核后的记账凭证 2. 根据记账凭证登记现金日记账 3. 将记账凭证交财务会计登记科目明细账
7	财务会计	登记科目明细账——营销部借款	1. 接收出纳交给的记账凭证 2. 根据记账凭证登记科目明细账

十二、查询工人信息

1. 业务描述

实训中人力资源部在进行五险一金申报、薪资核算等工作任务时，需要查看在职人员信息。

2. 业务流程说明（见表 7-65）

表 7-65 查询工人信息业务步骤

操作步骤	角色	操作	内容
1	人力资源助理	查询在职人员信息	点击查询工人信息任务，查看本企业所有在职人员信息

十三、公章、印鉴管理制度

1. 业务描述

现代企业管理制度是对企业管理活动的制度安排，包括公司经营目的和观念，公司目标与战略，公司的管理组织以及各业务职能领域活动的规定。

公章、印鉴管理制度一般是对企业内部章（包括公章、合同章、法人私章、发票章、财务章）、证（包括企业营业执照正副本、税务登记证正副本、银行开户许可证等）、资质（即为企业在从事某种行业经营中，应具有的资格以及与此资格相适应的质量等级标准，包括企业的人员素质、技术及管理水平、工程设备、资金及效益情况、承包经营能力和建设业绩等，例如，通信建设市场企业资质、造价工程师等）的制作、保管、更换、使用等方面的操作准则，是员工在各类章、证、资质的保管归属、使用审批权限、借用与归还操作流程等具体行为的规范，是企业进行内部控制的一个重要方面。

2. 业务流程说明（见表 7-66）

表 7-66　制定公章、印鉴管理制度步骤

操作步骤	角色	操作	内容
1	行政助理	草拟《公章、印鉴使用管理制度》	1. 满足企业内部控制的需要，制定对企业各类章证、资质证照使用、借用的具体管理细则、办法 2. 请总经理组织讨论
2	总经理	组织讨论	组织各部门经理参与讨论草拟的《公章、印鉴使用管理制度》的细则，并修改修订意见，并交行政助理修改
3	行政助理	修改《公章、印鉴使用管理制度》	依据讨论确定的修改修订意见进行修改，并再次校对，将校对完成的《公章、印鉴使用管理制度》交总经理审批
4	总经理	审核《公章、印鉴使用管理制度》	审核《公章、印鉴使用管理制度》是否已经完成修改，是否有条款仍需修订，最后确定无误后签字
5	行政助理	填写《公章、印鉴、资质证照使用申请表》	填写《公章、印鉴、资质证照使用申请表》，经总经理审批后，盖章，并颁布实施
6	行政助理	《公章、印鉴使用管理制度》公示	将纸质的《公章、印鉴、资质证照使用申请表》制度予以公示，可以贴在办公区显著位置，也可以通过邮件等方式通知至企业全员
7	行政助理	组织《公章、印鉴使用管理制度》学习	组织各部门学习《公章、印鉴使用管理制度》，学习完成后在制度原稿上签字、存档

十四、社会保险减员申报

1. 业务描述

社会保险一般指养老保险、失业保险、医疗保险、工伤保险和生育保险。

（1）养老保险是国家依法强制实施、专门面向劳动者并通过向企业、个人征收养老基金，用于解决劳动者退休后的生活保障问题的一项社会保险制度。其基本待遇是养老保险金的支付，它是各国社会保险制度中的主体项目，也是各国社会保障制度中的保障项目。

（2）失业保险是国家依法强制实施、专门面向劳动者并通过筹集失业保险基金，用于解决符合规定条件的失业者的生活保障问题的一项社会保险制度。其基本待遇是支付失业保险金及失业医疗救助等，它是市场经济条件下适应劳动力市场化发展需要，并缓和失业现象可能带来的严重社会问题不可或缺的稳定保障机制。

（3）医疗保险是国家依法强制实施、专门面向劳动者并通过向企业及个人征收医疗保险费形成的医疗保险基金，用于解决劳动者及其家属医疗保障问题的一项社会保险

制度。其基本待遇是提供医疗保障及医疗补助。

（4）工伤保险是国家依法强制实施、面向企业或用人单位筹集工商保险基金，用于补偿职工因工伤事故而导致的收入丧失和医疗保障待遇的一种社会保险制度，其实质是建立在民法基础上的一种用工单位对本单位职工工伤事故进行赔偿的制度。其基本待遇包括工伤期间的收入保障、工商抚恤、工商医疗保障等。

（5）生育保险是国家依法强制实施、面向用工单位及个人筹集生育保险基金，用于解决生育妇女孕产哺乳期间的收入和生活保障问题的一种社会保险制度。其基本待遇是提供生育医疗保障、产假及产假工资等。

当发生以上情况时需要做社会保险减员申报：企业员工离职、办理退休时；企业内部人员调整，本地职工调岗至外地工作时。

2. 业务流程说明（见表7-67）

表 7-67　社会保险减员申报业务步骤

操作步骤	角色	操作	内容
1	人力资源助理	填写北京市社会保险参保人员减少表	1. 汇总当月离职、退休、调岗至外地等可能导致减员的人员信息 2. 汇总整理当月需要社会保险减少的所有员工信息 3. 在北京市社会保险系统企业管理子系统录入减少人员信息，并将信息导出存盘（本步骤在 VBSE 实训中省略） 4. 填写（或打印）北京市社会保险参保人员减少表，一式两份
2	人力资源助理	填写公章、印鉴使用申请表	1. 去行政助理处领取《公章、印鉴使用申请表》并依照要求填写 2. 将填写完成的《公章、印鉴使用申请表》交给部门经理审批
3	人力资源部经理	公章、印鉴使用审批	1. 审核盖章申请事项是否必要，待盖章资料准备是否齐全 2. 审核完成后在《公章、印鉴使用申请表》上签字，并将签字完成后的申请表交还给人力资源助理
4	行政助理	盖章	1. 核对《公章、印鉴使用申请表》是否填写完整，是否经过审批签字 2. 核对需要盖章的资料与申请表上所列示的内容是否一致 3. 按照使用申请表上列示的章、证的类型及盖章位置等要求为其盖章 4. 将《公章、印鉴使用申请表》留存备查，盖章完成的资料交还给人力资源助理
5	人力资源助理	去社会保险中心办理减员业务	带齐资料去社会保险中心办理减员业务
6	社保局专管员	社保减员资料审核	1. 依照《北京市社会保险参保人员减少表》列示的减员原因核对经办业务所需的资料是否齐备，填写是否规范 2. 退还准备不齐、不规范的资料，并告知企业经办人员原因，方便其做后续的准备

续表

操作步骤	角色	操作	内容
7	社保局专管员	社保减员业务处理	1. 读取企业交来的社会保险减员录盘信息，核对录盘信息与交来的文件内容是否一致（本步骤在 VBSE 实习中省略） 2. 在社保中心系统内做企业人员减少 3. 在《北京市社会保险参保人员减少表》上加盖业务章，并将其中的一份交还企业经办人
8	人力资源助理	资料归档	将减员业务退还已盖章的《北京市社会保险参保人员减少表》归档，方便核算相关费用

十五、业务单据检查

1. 业务描述

会计师事务所按照会计政策以及企业会计准则的规定，定期指定注册会计师去企业检查业务单据，并指导企业正确编制会计凭证等会计记录。

2. 业务流程说明（见表 7-68）

表 7-68　业务单据检查步骤

操作步骤	角色	操作	内容
1	注册会计师	去企业检查业务单据	去企业检查业务单据是否按照企业会计准则的规定编制
2	注册会计师	登记检查情况汇总表	根据检查情况登记单据检查情况汇总表

十六、支付行政罚款

1. 业务描述

总经理收到行政罚款决定书后，指派出纳通过电汇转账方式，将行政罚款（及可能包括的滞纳金）转入决定书上指定的银行账户，然后完成制造企业的记账凭证制作和账簿记录工作。

2. 业务流程说明（见表 7-69）

表 7-69　支付行政罚款业务步骤

操作步骤	角色	操作	内容
1	总经理	将处罚决定书交给出纳	总经理将工商局送达的处罚决定书交给出纳办理付款业务
2	出纳	去银行缴纳罚款	出纳去银行，准备办理电汇业务，收款方账户信息参见处罚决定书
3	银行柜员	银行付款（电汇）	银行柜员在 VBSE 中进行电汇划转

续表

操作步骤	角色	操作	内容
4	银行柜员	打印回单	1. 银行柜员在 VBSE 中查询待打印的回单 2. 打印此笔电汇业务的回单，并交付给出纳 3. 出纳将银行回单和处罚决定书交给财务会计
5	财务会计	填制记账凭证	财务会计根据处罚决定书和银行回单，编制记账凭证
6	财务部经理	审核记账凭证	审核财务会计编制的记账凭证
7	出纳	登记银行存款日记账	根据记账凭证和银行回单，登记银行存款日记账
8	财务会计	登记科目明细账	财务会计登记三栏式明细账，行政罚款应记入营业外支出账户

十七、编制设备需求计划

1. 业务描述

每个季度的季初生产计划部经理应根据销售订单汇总表、库存报表、车间产能报表、主生产计划表，计算并填写生产计划部生产设备需求计划表。将填制完成后的生产设备需求计划表交财务部及总经理审核，然后传递给生产计划员。

2. 业务流程说明（见表 7-70）

表 7-70　编制设备需求计划步骤

操作步骤	角色	操作	内容
1	生产计划部经理	编制设备需求计划	参照年度销售预测和主生产计划编制设备需求计划
2	财务部经理	财务部审核	将设备需求计划表提交财务部审核
3	总经理	提交设备需求计划	将设备需求计划提交总经理审核，审核完成后传递给生产计划员

十八、购买设备

1. 业务描述

企业根据中长期生产计划及资金状况，确定购买新设备来扩大产能。生产计划部提起设备需求计划，生产计划员发起设备购买流程。

2. 业务流程说明（见表 7-71）

表 7-71　购买设备业务步骤

操作步骤	角色	操作	内容
1	生产计划员	拟定设备购买合同，填写合同会签单	用通用的购销合同拟定设备购买合同主体结构和主要内容，同时填写合同会签单，将合同和会签单送生产计划部经理进行审批

续表

操作步骤	角色	操作	内容
2	生产计划部经理	审批合同会签单	审核合同会签单并签字。将合同会签单交生产计划员，计划员送交财务部经理审核
3	财务部经理	审批合同会签单	审核合同会签单并签字。将合同会签单交生产计划员，计划员将设备购买合同以及合同会签单送交总经理审核
4	总经理	审批合同	审核合同内容，审核生产计划部经理和财务部经理是否已经在合同会签单上签字；审核完成后，总经理签字
5	行政助理	合同盖章	在设备购买合同上盖章
6	生产计划员	在VBSE系统中进行设备购买	在VBSE系统中记录设备购买信息
7	服务公司业务员	签订合同，开具发票	确认合同内容，签字；根据合同金额开具出售设备的发票，发票交生产计划员保管

十九、支付设备购买款

1. 业务描述

前期已经收到购买设备的发票，现在开支票付款给服务公司。

2. 业务流程说明（见表7-72）

表7-72 支付设备购买款业务步骤

操作步骤	角色	操作	内容
1	生产计划部经理	填写支出凭单	1. 生产计划部经理查看购买设备合同执行情况表，确认应付款情况 2. 填写支出凭单
2	财务部经理	审核支出凭单	1. 填写支出凭单（把对应的采购订单的单号和入库单的单号写上） 2. 将填写的支出凭单交给采购部经理审核 3. 将采购部经理审核后的支出凭单交给应付会计审核 4. 将支出凭单交给财务部经理审核 5. 拿支出凭单去财务部出纳处办理付款手续
3	出纳	签发支票并登记支票登记簿	1. 出纳根据审的支出凭单填写转账支票 2. 填写支票登记簿 3. 将支票交生产计划部经理 4. 将支出凭单及支票根交应付会计
4	生产计划部经理	用支票交换销货方发票	1. 接收出纳签发的支票 2. 将转账支票送给卖方以支付货款
5	应付会计	编制记账凭证	1. 接收到出纳交给的支票存根和支出凭单 2. 填制记账凭证 3. 送财务部经理审核
6	财务部经理	审核记账凭证	1. 接收应付会计交给的记账凭证 2. 审核记账凭证填写的准确性 3. 审核无误后签字，交出纳登记银行日记账

操作步骤	角色	操作	内容
7	出纳	登记日记账	1. 接收财务部经理交给的审核后的记账凭证 2. 根据记账凭证登记银行存款日记账 3. 将记账凭证交应付会计登记科目明细账
8	应付会计	登记明细账	1. 接收出纳交给的记账凭证 2. 根据记账凭证登记科目明细账

二十、设备验收建卡入账

1. 业务描述

设备采购到货后，资产会计要根据购买发票对设备进行固定资产建卡及登账业务。

2. 业务流程说明（见表 7-73）

表 7-73 设备验收建卡入账步骤

操作步骤	角色	操作	内容
1	生产计划员	将设备购置发票送交资产会计	采购的设备到货后，生产计划员进行设备验收，并将购置设备的增值税专用发票送交资产会计以便建卡及登账
2	资产会计	建立固定资产卡片	为新购买的设备建立固定资产卡片
3	资产会计	填写记账凭证	填写新增设备的记账凭证
4	资产会计	登记明细账	根据记账凭证登记科目明细账

二十一、出售设备

1. 业务描述

处置设备业务是指企业根据设备利用率情况或资金短缺状况而将部分生产设备进行出售。生产计划部经理进行生产设备的出售合同拟定。

2. 业务流程说明（见表 7-74）

表 7-74 出售设备业务步骤

操作步骤	角色	操作	内容
1	生产计划部经理	与服务公司签订设备处置合同	1. 使用通用的"购销合同"，线下找服务公司签署设备出售合同 2. 线下完成合同的盖章
2	税务会计	开具设备处置发票	1. 因为设备都是 2009 年以后购入，因此可开具增值税专用发票 2. 将发票交给生产计划部经理 3. 生产计划部经理将发票交给服务公司业务员

续表

操作步骤	角色	操作	内容
3	生产计划部经理	在 VBSE 系统中进行设备出售	1. 通过系统操作界面，实现物理设备的交付 2. 若该设备存在固定资产卡片，则对固定资产卡片进行注销
4	资产会计	填写记账凭证	1. 根据银行回单、发票记账联等，填写记账凭证 2. 线下让财务部经理审核记账凭证
5	资产会计	登记明细账	登记各相关科目的明细账

二十二、支付设备维护费

1. 业务描述

服务公司定期对出售的设备进行维护，企业按月支付设备维护费。

2. 业务流程说明（见表 7-75）

表 7-75　支付设备维护费用业务步骤

操作步骤	角色	操作	内容
1	生产计划部经理	填写支出凭单	1. 生产计划部经理按应付设备维修费金额填写支出凭单 2. 将填写的支出凭单交给财务部经理审核
2	财务部经理	审核支出凭单	1. 审核支出凭单填写的准确性 2. 审核资金使用的合理性 3. 审核无误后签字
3	出纳	签发转账支票	1. 出纳根据审核的支出凭单填写转账支票 2. 填写支票登记簿 3. 将支票交采购员 4. 将支出凭单及支票存根交给财务会计
4	生产计划部经理	接收支票并送交卖方	1. 接收出纳签发的支票 2. 将转账支票送给卖方以支付货款
5	财务会计	填制记账凭证	1. 接收到出纳交给的支票存根和支出凭单 2. 填制记账凭证 3. 送财务部经理审核
6	财务部经理	审核记账凭证	1. 接收财务会计交给的记账凭证 2. 审核记账凭证填写的准确性 3. 审核无误后签字，交给出纳登记银行存款日记账
7	出纳	登记银行存款日记账	1. 接收财务部经理交给的审核后的记账凭证 2. 根据记账凭证登记银行存款日记账 3. 将记账凭证交财务会计登记科目明细账
8	财务会计	登记明细账	1. 接收出纳交给的记账凭证 2. 根据记账凭证登记科目明细账

二十三、供应商评价

1. 业务描述

供应商评价是采购方从价格、品质、交期交量及服务等多方面来考核供应商的过程，通过供应商评价企业可开拓潜在的供应商并对现有的供应商进行激励。

2. 业务流程说明（见表7-76）

表7-76　评价供应商业务步骤

操作步骤	角色	操作	内容
1	采购部经理	编制供应商评价表并对供应商进行评价	查找供应商评价的相关指标，并据此对本企业的供应商表现进行量化评价

二十四、申请抵押贷款

1. 业务描述

抵押贷款是指借款者以一定的抵押品作为物品保证向银行取得的贷款。它是银行的一种放款形式，抵押品通常包括有价证券、国债券、各种股票、房地产以及货物的提单、栈单或其他各种证明物品所有权的单据。贷款到期，借款者必须如数归还，否则银行有权处理其抵押品，作为一种补偿。

表7-77　贷款利率表

筹资方式	融资手段	财务费用(%)	最高限额	还款时间	还款约定
银行信用贷款	长期贷款	8	上月所有者权益×2	按年，最长5年	每季付息，到期还本
	短期贷款	6	上月所有者权益×2	按月，最短3月，最长12月	到期一次还本付息

2. 业务流程说明（见表7-78）

表7-78　申请银行抵押贷款业务步骤

操作步骤	角色	操作	内容
1	财务经理	确定贷款额度	根据企业资金需要量确定贷款额度
2	财务经理	写贷款申请	财务经理向总经理提交贷款申请书
3	总经理	审批贷款	根据财务经理提出的申请额度与企业的资金需求计划审核贷款额度的合理性
4	银行柜员	发放贷款	1. 接收企业财务经理的贷款申请 2. 在系统中为企业发放贷款

续表

操作步骤	角色	操作	内容
5	银行柜员	打印借款回执	1. 打印借款回单 2. 将回单交财务经理
6	财务经理	编制记账凭证	根据借款回单编制记账凭证
7	总经理	审核记账凭证	审核财务经理编制的记账凭证
8	出纳	登记银行存款明细账	1. 接收总经理审核过的记账凭证 2. 登记银行存款明细账
9	财务会计	登记科目明细账	登记借款科目明细账

二十五、支付贷款利息

1. 业务描述

贷款利息是指贷款人因为发出货币资金而从借款人手中获得的报酬，也是借款人使用资金必须支付的代价。

贷款利息 = 贷款金额 × 贷款利率 × 贷款期限

2. 业务流程说明（见表 7-79）

表 7-79　支付贷款利息业务步骤

操作步骤	角色	操作	内容
1	银行柜员	计算贷款利息	根据企业贷款额度以及贷款利率计算企业应该归还的利息金额
2	银行柜员	划转利息	从企业贷款户头扣划应该归还的借款利息
3	银行柜员	打印回执	1. 打印借款利息扣划凭条 2. 在回执联盖"转讫"印章
4	出纳	拿回利息凭条	1. 去银行拿归还利息的凭条 2. 将利息凭条交财务会计
5	出纳	将利息凭条送交财务会计	将利息凭条送交财务会计做账务处理
6	财务会计	编制记账凭证	1. 根据利息凭条编制记账凭证 2. 将记账凭证交财务经理审核
7	财务部经理	审核记账凭证	审核财务会计的记账凭证
8	出纳	登记银行存款日记账	1. 接收财务经理审核过的记账凭证 2. 登记银行存款日记账
9	财务会计	登记科目明细账	登记财务费用科目明细账

二十六、支付设备回购款

1. 业务描述

制造企业为了融资的需要，将从服务公司购买的设备再卖给服务公司，解决资金问题，服务公司支付给制造企业设备回购款。

2. 业务流程说明（见表 7-80）

表 7-80　支付设备回购款业务步骤

操作步骤	角色	操作	内容
1	生产计划部经理	将增值税专用发票送至服务公司业务员	将发票送至服务公司换取支票
2	服务公司业务员	开具设备回购款支票	1. 根据发票金额开具转账支票 2. 将转账支票送交销货方生产计划部经理 3. 生产计划部经理将支票送交给出纳
3	出纳	将支票送存银行	携带服务公司转账支票去银行办理入账业务
4	银行柜员	在 VBSE 系统中将支票入账	通过系统操作界面，将款项从服务公司转到持票人的企业账户
5	银行柜员	打印回单	打印支票入账回单交出纳
6	出纳	登记日记账	根据回单进行日记账登记，登记完毕后将银行回单交财务会计
7	财务会计	填写记账凭证	根据银行回单填写记账凭证

二十七、购买办公用品

1. 业务描述

企业日常采购办公用品由行政助理携带少量现金购买即可。

2. 业务流程说明（见表 7-81）

表 7-81　购买办公用品业务步骤

操作步骤	角色	操作	内容
1	行政助理	填写办公用品采购需求申请表	根据需要采购的办公用品填写办公用品采购需求申请表
2	行政助理	填写借款单	1. 根据现金需要量填写借款单 2. 将借款单提交企管部经理审核
3	企管部经理	审核借款单	审核借款单的准确性、合理性并签字
4	出纳	支付现金	1. 接收经审核的借款单 2. 按借款单金额支付现金给行政助理 3. 在借款单上加盖"现金付讫"印章

续表

操作步骤	角色	操作	内容
5	费用会计	编制记账凭证	1. 根据经审核的借款单编制记账凭证 2. 将记账凭证交财务部经理审核
6	财务部经理	审核记账凭证	审核费用会计编制的记账凭证的合理性
7	出纳	登记日记账	1. 根据经审核的记账凭证登记现金日记账 2. 将记账凭证交费用会计
8	费用会计	登记科目明细账	登记科目明细账
9	行政助理	去服务中心采购	带好《办公用品采购需求汇总表》和现金去服务中心购买办公用品
10	服务公司业务员	结算费用并开具发票	1. 依照服务公司办公用品定价有关规则，计算费用，收取现金 2. 依照实际出售办公用品数量及单价开具办公用品发票
11	行政助理	填写支出凭单	1. 根据发票金额填写支出凭单 2. 将支出凭单提交财务部经理审核
12	费用会计	编制记账凭证	1. 根据支出凭单编制记账凭证 2. 将记账凭证交财务部经理审核
13	财务部经理	审核支出凭单	审核记账凭证的准确性、合理性并签字
14	费用会计	登记科目明细账	登记科目明细账

二十八、编制采购计划

1. 业务描述

编制采购计划是在合理利用供应环境机会并综合考虑运输成本、存货成本、每次订货成本等因素，将物料需求计划转变为采购计划，确定发出订单的时机和订购数量的过程。

2. 业务流程说明（见表7-82）

表7-82　编制采购计划业务步骤

操作步骤	角色	操作	内容
1	采购部经理	编制采购计划	1. 收到生产部的物料净需求计划表 2. 核对库存及在途信息编制采购计划 3. 初步填制采购计划表 4. 根据供应商的折扣等相关信息调整计划 5. 采购计划交采购员下发
2	采购员	分发采购计划	1. 采购计划表一式三份 2. 分发采购计划表（仓储部、生产计划部和采购部各一份）

二十九、编制采购合同草案

1. 业务描述

编写采购合同草案是根据采购物料的品类、供应市场状况，针对采购物品的规格、技术标准、质量保证、订购数量、包装要求、售后服务、价格、交货日期与地点、运输方式、付款条件等与供应商沟通后，按照采购合同的规定格式制定规范文本，为签订合同打下基础。

2. 业务流程说明（见表 7-83）

表 7-83　编制采购合同草案业务步骤

操作步骤	角色	操作	内容
1	采购部经理	编制采购合同草案工作部署并确定合同结构	1. 查看现有供应商的考评档案及原采购合同的到期日期 2. 采购部内部开会，启动采购合同草案的编写 3. 采购合同草案的编制由采购部经理主导，采购员协助完成 4. 制订工作计划，指定采购合同编写工作的分工 5. 确定采购合同的结构
2	采购员	确定合同条款	确定采购合同需要强化的条款：数量条款、价格条款、品质条款、支付条款、检验条款、包装条款、装运条款、保险条款、仲裁条款、不可抗力条款
3	采购部经理	确定合同样本	1. 接收采购员送来的采购合同条款，审核采购合同条款的合理性 2. 形成采购合同草案 3. 与采购员一起讨论，共同确定采购合同样本

三十、与供应商签订采购合同

1. 业务描述

签订采购合同是企业与选择的供应商针对商品的品种、规格、技术标准、质量保证、订购数量、包装要求、售后服务、价格、交货日期与地点、运输方式、付款条件等进行反复磋商，双方无异议后，为建立双方满意的购销关系而办理的法律手续。

2. 业务流程说明（见表 7-84）

表 7-84　与供应商签订采购合同业务步骤

操作步骤	角色	操作	内容
1	采购员	起草采购合同	1. 采购人员根据采购计划选择合适的供应商，沟通采购细节内容 2. 起草采购合同，一式两份

续表

操作步骤	角色	操作	内容
2	采购员	合同会签	1. 采购员填写合同会签单 2. 采购员将采购合同和合同会签单送交采购部经理审核
3	采购部经理	审批采购合同	1. 采购部经理接收采购员交给的采购合同及合同会签单 2. 采购部经理审核采购合同内容填写的准确性和合理性 3. 采购部经理在合同会签单上签字确认
4	财务部经理	审批采购合同	1. 财务部经理收到采购员交给的采购合同及合同会签单 2. 财务部经理审核采购合同的准确性和合理性 3. 财务部经理在合同会签单上签字
5	总经理	审批采购合同	1. 总经理接收采购员送来的采购合同及合同会签单 2. 总经理审核采购部经理和财务部经理是否审核签字 3. 总经理审核采购合同的准确性和合理性 4. 总经理在合同会签单上签字 5. 总经理在采购合同上签字 6. 总经理签完交给采购部经理
6	行政助理	合同盖章	1. 采购部经理把采购合同和合同会签单交给采购员去盖章 2. 采购员拿采购合同和合同会签单找行政助理盖章 3. 行政助理检查合同会签单是否签字 4. 行政助理给合同盖章 5. 行政助理将盖完章的采购合同交给采购员一份
7	行政助理	采购合同存档	1. 行政助理留存另一份采购合同 2. 行政助理更新合同管理表——采购合同 3. 行政助理登记完，把采购合同留存备案

三十一、录入材料采购订单

1. 业务描述

制造业与供应商经过磋商签订了采购合同后，制造业的采购员将采购订单的基本信息录入 VBSE 系统，系统将根据录入的信息执行未来的采购收货及付款等业务。

2. 业务流程说明（见表 7-85）

表 7-85　录入材料采购订单步骤

操作步骤	角色	操作	内容
1	采购员	在 VBSE 系统中录入采购订单	根据制造业与供应商签订好的采购合同，将采购订单信息录入 VBSE 系统

三十二、材料款支付

1. 业务描述

采购员查看采购合同执行情况表，确认应付款情况，找到相应的采购订单和采购入库单，并据此填写支出凭单，经财务部门审核通过，向供应商支付上期已到货材料款。

2. 业务流程说明（见表7-86）

表7-86　支付材料款业务步骤

操作步骤	角色	操作	内容
1	采购员	填写支出凭单	1. 填写支出凭单（把对应的采购订单的单号和入库单的单号写上） 2. 将填写的支出凭单交给采购部经理审核 3. 将采购部经理审核后的支出凭单交给应付会计审核 4. 将支出凭单交给财务部经理审核 5. 拿支出凭单去财务部出纳处办理付款手续
2	采购部经理	审核支出凭单	1. 接收采购员送来的支出凭单 2. 根据采购合同执行情况表及订单、入库单、发票等资料审核支出凭单内容填写的准确性和合理性 3. 审核无误后签字
3	应付会计	审核支出凭单	1. 审核支出凭单填写的准确性 2. 审核支出凭单附件的合法性和真实性 3. 审核无误后签字
4	财务部经理	审核支出凭单	1. 审核支出凭单填写的准确性 2. 审核支出凭单附件的合法性和真实性 3. 审核资金使用的合理性 4. 审核无误后签字
5	出纳	填写转账支票	1. 出纳根据审核的支出凭单填写转账支票 2. 将支出凭单及支票存根交应付会计
6	出纳	登记支票登记簿	1. 登记支票登记簿 2. 将支票交采购员
7	采购员	接收支票并送交卖方	1. 接收出纳签发的支票 2. 将转账支票送给卖方以支付货款
8	应付会计	填制记账凭证	1. 接收到出纳交给的支票存根和支出凭单 2. 填制记账凭证 3. 送财务部经理审核
9	财务部经理	审核记账凭证	1. 接收应付会计交给的记账凭证 2. 审核记账凭证填写的准确性 3. 审核无误后签字，交出纳登记银行存款日记账
10	出纳	登记银行存款日记账	1. 接收财务部经理交给的审核后的记账凭证 2. 根据记账凭证登记银行存款日记账 3. 将记账凭证交应付会计登记科目明细账
11	应付会计	登记科目明细账	1. 接收出纳交给的记账凭证 2. 根据记账凭证登记科目明细账

三十三、采购入库

1. 业务描述

采购入库是指供应商发出的货物抵达企业，同时开具了该张采购订单所对应的发票。采购员协助仓管员办理采购入库手续，仓管员填写入库单确认货物入库，仓储部经理登记库存台账，材料会计登记存货明细账，总账会计凭发票确认应付账款。

2. 业务流程说明（见表 7-87）

表 7-87　原材料采购入库业务步骤

操作步骤	角色	操作	内容
1	采购员	核对发货单、发票及实物	1. 采购员接收供应商发来的材料，附有发货单、发票和实物 2. 根据采购订单核对发货单和发票及实物 3. 协助仓管员进行原料验收
2	仓管员	物料验收	1. 根据发货单和检验标准进行质量、数量、包装检测 2. 根据检验结果填写物料检验单，并签字确认 3. 检验无误后，在发货单上签字
3	仓管员	填写原材料入库单	1. 根据物料检验单填写原材料入库单（一式三联） 2. 然后送交仓储部经理审核 3. 将审核后的入库单独留一份，另外两联交采购部和财务部
4	仓储部经理	在系统中处理采购到货	在 VBSE 系统中确定采购物料到货
5	仓储部经理	审核原材料入库单	审核原材料入库单的准确性和合理性，在入库单上签字
6	仓管员	填写物料卡	1. 仓管员将货物摆放到货位，根据入库单数量填写物料卡 2. 将入库单交仓储部经理登记台账
7	采购员	登记采购合同执行情况表	1. 采购员接收到仓库员送来的入库单 2. 采购员登记采购合同执行情况表 3. 采购员将发票（发票联和抵扣联）和对应的入库单的财务联送交财务
8	仓储部经理	登记库存台账	仓储部经理根据入库单登记库存台账
9	成本会计	填制记账凭证	1. 接收到采购员交给的发票和入库单 2. 填制记账凭证 3. 送财务部经理审核
10	财务部经理	审核记账凭证	1. 接收财务会计交给的记账凭证，进行审核 2. 审核后，交成本会计登记科目明细账
11	成本会计	登记明细账	1. 根据入库单登记存货明细账 2. 根据记账凭证登记科目明细账（应付账款）
12	财务会计	登记明细账	根据记账凭证登记科目明细账（应交税费）

三十四、与企业签订厂房、仓库租赁合同

1. 业务描述

因业务规模扩大，企业需要增加厂房、仓库数量、容量，此时企业可通过自建、租赁、购买等方式满足需求。实训中服务公司作为房产供应商为企业客户提供仓库、厂房的出租、出售信息，企业通过与服务公司洽谈、合作，获得相应资产的使用权或所有权。

2. 业务流程说明（见表7-88）

表7-88 服务公司与企业签订厂房、仓库租赁合同业务步骤

操作步骤	角色	操作	内容
1	财务部经理 客户业务主管 供应商业务主管	提出厂房、仓库租赁需求	1. 向生产部、仓储部了解企业厂房、仓库使用及缺口情况 2. 向服务公司了解厂房、仓库租赁价格 3. 向总经理汇报企业厂房、仓库使用及缺口情况，告知市场上厂房/仓库租赁价格，并给出租赁费用支出预算
2	总经理 客户总经理 供应商总经理	审批厂房、仓库租赁需求	根据财务部经理提供的情况进行审批决策，告知财务部经理是否需要进行厂房、仓库的租赁
3	服务公司业务员	厂房、仓库租赁谈判、签订合同	1. 与客户就厂房/仓库的位置、价格、用途、付款期限等进行谈判 2. 双方商谈无异议后，签订书面合同 3. 在合同对应位置加盖公章或合同章 4. 将盖章后的合同文件交客户方盖章
4	财务部经理 客户行政主管 供应商行政主管	合同会签单	1. 填写合同会签单 2. 将合同会签单与合同书一同交总经理审批 3. 将总经理审批过的合同会签单、合同文件交行政助理（主管）盖章 4. 审核无误后签字
5	总经理 客户总经理 供应商总经理	厂房、仓库租赁合同审批	1. 审核合同内容，明确权利与义务，衡量合同风险 2. 对合同内容无异议后在合同会签单上签字
6	行政助理 客户行政主管 供应商行政主管	厂房、仓库租赁合同盖章	1. 检查合同会签单是否填写完整、总经理是否签字审批 2. 在合同文件对应位置盖章 3. 将合同中的一份交还财务部经理，另一份自己进行保管
7	财务部经理 客户业务主管 供应商业务主管	厂房、仓库租赁合同文件送交服务公司	将盖章完成的合同文件送交服务公司业务员
8	服务公司业务员	在VBSE系统中出租厂房、仓库	登录VBSE系统，依照租赁合同标记已出租标的物

三十五、机加车间生产派工

1. 业务描述

生产计划部经理依据之前编制的生产加工计划查看车间产能状况，对机加车间进行派工。对各个工作岗位的生产任务进行具体安排，并检查各项生产准备工作，保证现场按生产作业计划进行生产。

2. 业务流程说明（见表 7-89）

表 7-89　机加车间生产派工业务步骤

操作步骤	角色	操作	内容
1	生产计划部经理	填写派工单	1. 根据主生产计划表编制车架派工单 2. 车架派工单一式两份 3. 下达车架派工单给车间管理员 4. 另一份车架派工单自己留存
2	车间管理员	机加车间生产派工	1. 接收派工单 2. 安排车架组装生产 3. 根据派工单登记车架组装的生产执行情况表
3	车间管理员	在 VBSE 系统中进行机加车间派工	选择有空余产能的组装流水线进行派工，派工成功后会占用资源产能，占用工人，直至完工入库时才能释放产能，释放人力

三十六、生产领料、车架开工

1. 业务描述

车间管理员根据生产计划部经理下达的半成品车架派工单，查看物料结构，填写领料单，进行生产领料。仓管员检查生产用料，办理材料出库，填写材料出库单和物料卡，生产工人开始这个月的车架生产。

2. 业务流程说明（见表 7-90）

表 7-90　生产领料、车架开工业务步骤

操作步骤	角色	操作	内容
1	车间管理员	填写车架领料单	1. 根据派工单和 BOM 填写一式三联领料单 2. 送生产计划部经理审核
2	生产计划部经理	审核车架领料单	1. 接收领料单 2. 根据派工单和 BOM 审核领料单填写的准确性 3. 审核无误后签字 4. 将审核完毕的领料单交车间管理员去仓库领料

操作步骤	角色	操作	内容
3	仓管员	检查车架生产用料	1. 仓库员接到领料单 2. 根据库存和 BOM 核对物料库存情况 3. 确认无误后在领料单上签字
4	仓管员	填写车架材料出库单	1. 根据领料单填写车架出库单 2. 将领料单附在出库单后送仓储部经理审核
5	仓储部经理	审核车架材料出库单	1. 接收仓管员送来的附有领料单的出库单 2. 审核出库单填写的准确性 3. 审核无误后签字
6	仓管员	办理车架材料出库并更新物料卡	1. 办理材料出库，车间管理员在材料出库单上签字确认 2. 材料出库单的生产计划部联交车间管理员随材料一起拿走 3. 更新物料卡 4. 材料出库单财务联交财务 5. 材料出库单仓储部联交仓储部经理登记库存台账
7	车间管理员	车架开工生产	车间管理员领取材料后回到生产线安排车架的生产开工，更新生产执行情况表
8	车间管理员	在 VBSE 系统中领料	根据领料单在 VBSE 系统中记录生产领料情况
9	仓储部经理	登记车架库存台账	1. 接收仓管员送来的车架材料出库单 2. 根据材料出库单登记库存台账 3. 登记完交仓管员留存备案
10	成本会计	登记车架存货明细账	1. 接收仓管员送来的车架材料出库单 2. 根据出库单登记存货明细账（注意：只填写数量，月末进行成本核算，出库单做月末成本计算依据）

三十七、组装车间生产派工

1. 业务数据——2011 年 10 月 28 日制造业童车生产派工（见表 7-91）

表 7-91 派工单

派工单

派工部门：生产计划部

单据编号：SC-PG-201110002

派工日期：2010 年 10 月 28 日

产品	工序	工序名称	工作中心	生产数量	计划进度	
					开始日期	完工日期
经济型童车	20	童车组装	组装生产线	5000	10 月 28 日	11 月 28 日

生产部门经理：叶润中　　　　　　　　　　车间管理人员：周群

2. 组装车间生产派工业务描述

生产派工是生产部接到计划部下达的生产加工计划，查看车间产能状况，对车间进行派工。对各个工作岗位的生产任务进行具体安排，并检查各项生产准备工作，保证现场按生产作业计划进行生产。

3. 业务流程说明（见表 7-92）

表 7-92　组装车间生产派工业务步骤

操作步骤	角色	操作	内容
1	生产计划部经理	填写派工单	1. 根据主生产计划表编制童车派工单 2. 童车派工单一式两份 3. 下达童车派工单给车间管理员 4. 另一份童车派工单自己留存
2	车间管理员	组装车间生产派工	1. 接收派工单 2. 安排童车组装生产 3. 根据派工单登记童车组装的生产执行情况表
3	车间管理员	在 VBSE 系统中进行组装车间派工	选择有空余产能的组装流水线进行派工，派工成功后会占用资源产能，占用工人，直至完工入库时才能释放产能、释放人力

三十八、生产领料、童车组装

1. 业务描述

生产员根据生产部经理下达的成品组装派工单，查看产品组装结构明细，填写领料单，仓管员检查整车组装所需的齐套料，办理出库手续，生产员领料生产，并进行整车组装。

2. 业务流程说明（见表 7-93）

表 7-93　生产领料、童车组装业务步骤

操作步骤	角色	操作	内容
1	车间管理员	填写整车领料单	1. 车间管理员根据派工单和 BOM 填写一式三联的领料单 2. 送生产计划部经理审批
2	生产计划部经理	审核整车领料单	1. 接收车间管理员送来的童车领料单 2. 根据派工单和 BOM 审核童车领料单填写的准确性 3. 审核无误后签字
3	仓管员	齐套检查	1. 接收车间管理员送来的童车领料单 2. 根据库存和 BOM 核对童车领料单上物料的库存情况
4	仓管员	填写材料出库单	1. 核对完没有问题，根据领料单填写材料出库单（一式三联） 2. 填完送仓储部经理审核

操作步骤	角色	操作	内容
5	仓储部经理	审核材料出库单	1. 接收仓管员送来的附有领料单的材料出库单 2. 审核材料出库单填写的准确性 3. 审核无误后签字
6	仓管员	填写物料卡	1. 办理材料出库，出完料让车间管理员在材料出库单上签字确认 2. 材料出库单的生产计划部联交车间管理员随材料一起拿走 3. 材料出库单财务联交财务 4. 更新各种材料物料卡 5. 材料出库单仓储联交仓储部经理登记库存台账
7	车间管理员	填写生产执行情况表	车间管理员领取材料后回到生产线安排整车组装开工更新生产执行情况表
8	车间管理员	在 VBSE 系统中进行生产领料	在 VBSE 系统中记录生产领料情况
9	仓储部经理	登记整车材料库存台账	1. 接收仓管员送来的童车材料出库单 2. 根据入库单的仓库联材料出库单登记库存台账 3. 登记完交仓管员留存备案
10	成本会计	登记整车材料存货明细账	1. 接收仓管员送来的童车材料出库单 2. 根据材料出库单登记存货明细账（注意：只填写数量，月末加权平均计算材料成本，出库单做月末成本计算依据）

三十九、考勤汇总查询

1. 业务描述

实训中开始新一天的任务后，学生需要进行上班签到，虚拟经营一个月任务完成之后人力资源助理进行考勤统计，制作考勤统计表，以便于计算工资。

2. 业务流程说明（见表 7-94）

表 7-94　考勤汇总查询业务步骤

操作步骤	角色	操作	内容
1	人力资源助理	考勤信息查询	1. 点击考勤统计查询，获取公司员工考勤明细信息 2. 依照明细信息制作考勤统计表 3. 将制作完成的考勤统计表交人力资源部经理计算工资用

四十、办公费用报销

1. 业务描述

实习开始企管部统一购买各部门办公用品，含企业资质、证照、表单等，价值 500 元。VBSE 实习中办公用品由各部门申请，企业管理部集中采购，相关费用由行政助理负责报销。

2. 业务流程说明（见表 7–95）

表 7–95　办公费用报销业务步骤

操作步骤	角色	操作	内容
1	行政助理	领取办公用品发票	1. 实习开始企管部统一购买各部门办公用品，含企业资质、证照、表单等 2. 带上现金到综合服务中心结清欠款，取得发票
2	行政助理	填写办公费支出凭单	1. 填写支出凭单，并将办公费发票粘在后面 2. 将支出凭单送交总经理、财务会计、财务部经理审核 3. 交财务会计办理抵冲借款
3	总经理	审核办公费支出凭单	1. 审核支出单填写的准确性 2. 审核办公费支出业务的真实性 3. 签字
4	财务部经理	审核办公费支出凭单	1. 审核支出单填写的准确性 2. 审核办公费支出业务的真实性 3. 签字
5	出纳	支付现金	1. 接到财务部经理审核后的记账凭证 2. 支付现金
6	财务会计	填制记账凭证——办公费报销	1. 接收到财务部经理签字后的支出凭单 2. 填制记账凭证 3. 送财务部经理审核
7	财务部经理	审核记账凭证——办公费报销	1. 接收财务会计交给的记账凭证，进行审核 2. 审核后，交出纳登记现金日记账
8	出纳	登记现金日记账——办公费报销	1. 接收财务部经理交给的审核后的记账凭证 2. 根据记账凭证登记现金日记账 3. 将记账凭证交财务会计登记科目明细账
9	财务会计	登记科目明细账——办公费报销	1. 接收出纳交给的记账凭证 2. 根据记账凭证登记科目明细账

四十一、车架完工入库

1. 业务描述

车架完工入库业务是指生产管理员对上月开工生产的半成品车架进行生产更新处

理，产品完工后填写车架完工单。仓管员办理车架入库手续并填写物料卡，仓储部经理登记库存台账，成本会计对入库车架进行登记明细账的处理。

2. 业务流程说明（见表7-96）

表7-96　车架完工入库业务步骤

操作步骤	角色	操作	内容
1	车间管理员	填写车架完工单	1. 机加工车间车架生产完工，车间管理员根据派工单填写车架完工单 2. 将派工单及填写的车架完工单交给生产计划部经理审核
2	生产计划部经理	审核车架完工单	1. 接收车间管理员送来的派工单和填写的车架完工单 2. 根据派工单审核完工单填写的产品是否已经完工 3. 审核无误后签字 4. 将完工单第一联留存车间管理员，并由车间管理员将车架完工单第二联和车架交给仓管员
3	车间管理员	填写生产执行情况表	1. 根据车架完工单登记生产计划部生产执行情况表 2. 将生产执行情况表交生产计划部经理审核
4	生产计划部经理	审核生产执行情况表	审核生产执行情况表是否填写完整
5	生产计划部经理	在VBSE系统中处理完工入库	选择已完工的生产订单，确定生产完工情况已被系统记录
6	仓管员	填写半成品入库单	1. 仓管员接收车间管理员送来的车架和车架完工单 2. 核对车架的单据和实物是否相符 3. 填写半成品入库单，然后送仓储部经理审核 4. 仓管员把审核完的半成品入库单独留一联，另外两联交给财务部和生产部
7	仓储部经理	审核半成品入库单	1. 仓储部经理接收仓管员交给的半成品入库单 2. 仓储部经理审核半成品入库单的准确性和合理性，在半成品入库单上签字
8	仓管员	填写车架物料卡	1. 仓管员将货物摆放到货位，根据半成品入库单更新物料卡 2. 将半成品入库单送仓储部经理登记台账
9	仓储部经理	登记车架库存台账	仓储部经理根据入库单登记库存台账
10	成本会计	登记车架明细账	1. 成本会计接到仓管员交给的入库单 2. 成本会计根据入库单登记科目明细账

四十二、童车完工入库

1. 业务描述

整车组装、完工质检入库是指车间管理员对上月开始组装的产品进行完工处理，填写产成品完工单。质检员对成品进行质检，到仓储部办理入库手续，填写入库单和物料单。仓管经理登记存货台账，成本会计登记存货明细账。

2. 业务流程说明（见表 7-97）

表 7-97 童车完工入库业务步骤

操作步骤	角色	操作	内容
1	车间管理员	填写完工单	车间管理员根据派工单填写完工单
2	生产计划部经理	审核完工单并签字	1. 生产部经理收到整车完工单 2. 生产部经理审核整车完工单，在完工单上签字
3	生产计划部经理	在 VBSE 系统中处理完工入库	根据完工单在系统中选择相应订单，并确认
4	车间管理员	填写完工送检单	1. 车间管理员填写完工送检单（一式两联） 2. 车间管理员送生产计划员处进行检验
5	生产计划员（兼质检员）	完工质检	1. 计划员接到车间管理员送来的童车和完工送检单 2. 计划员进行检验 3. 将检验结果填入完工送检单
6	车间管理员	填写生产执行情况表	1. 根据完工单和完工送检单填写生产执行情况表 2. 登记完后带产品、完工单第二联及送检单去仓库入库 3. 将完工单第一联自行留存
7	仓管员	填写成品入库单	1. 仓管员核对完工单和完工送检单及成车 2. 填写一式三联的成品入库单 3. 车间管理员在成品入库单上签字确认 4. 仓管员送仓库部经理审核成品入库单 5. 仓管员把审核完的成品入库单的财务联给财务部，生产部联给生产部，仓库联自留
8	仓储部经理	审核成品入库单	1. 仓储部经理收到成品入库单 2. 仓储部经理审核成品入库单的准确性和合理性，在成品入库单上签字
9	仓管员	填写物料卡	1. 仓管员将货物摆放到货位，根据成品入库单更新物料卡 2. 将成品入库单送仓储部经理登记台账
10	仓储部经理	登记库存台账	仓储部经理根据成品入库单登记库存台账
11	成本会计	登记存货明细账	1. 成本会计接到仓管员交给的成品入库单 2. 成本会计根据成品入库单登记科目明细账

四十三、签订广告合同

1. 业务描述

广告合同是指广告客户与经营者之间、广告经营者与广告经营者之间确立、变更、终止广告承办或代理关系的协议。签订广告合同是双方订立协议的过程。

2. 业务流程说明（见表 7-98）

表 7-98　签订广告合同业务步骤

操作步骤	角色	操作	内容
1	客户业务主管	起草广告合同	确定广告合同的主题结构及主要内容，送交总经理审核
2	客户总经理	审核广告合同	审核广告合同的合理性并签字确认
3	服务公司业务员	签订合同	对广告合同内容确认无误后在合同上签字
4	服务公司业务员	在 VBSE 系统中录入广告费用	将合同中的广告金额记录进 VBSE 系统
5	服务公司业务员	开具广告费发票	依据合同上确定的广告费金额开具发票并送交客户总经理
6	客户行政主管	开具广告费支票	根据发票开具广告费支票并送交服务公司业务员

四十四、支付广告费

1. 业务描述

客户业务主根据广告费发票金额填写支出凭单并提请客户总经理审批，然后让客户行政主管签发转账支票支付广告费，客户总经理根据支票存根做账务处理。

2. 业务流程说明（见表 7-99）

表 7-99　支付广告费用业务步骤

操作步骤	角色	操作	内容
1	市场专员	填写支出凭单	1. 根据广告费发票金额填写支出凭单 2. 将发票粘贴在支出凭单后面
2	营销部经理	审核支出凭单	1. 审核支出凭单填写的准确性 2. 审核资金使用的合理性 3. 审核无误后签字
3	财务会计	审核支出凭单	1. 审核支出凭单填写的准确性 2. 审核资金使用的合理性 3. 审核无误后签字
4	财务部经理	审核支出凭单	1. 审核支出凭单填写的准确性 2. 审核资金使用的合理性 3. 审核无误后签字
5	出纳	签发转账支票	出纳根据审核的支出凭单填写转账支票
6	出纳	登记支票登记簿	1. 填写支票登记簿 2. 将支票正联交给市场专员 3. 将支票粘贴在支出凭单后面
7	市场专员	接收支票并送交收款方	1. 在支票登记簿上签收 2. 将转账支票交给服务公司

续表

操作步骤	角色	操作	内容
8	财务会计	填制记账凭证	1. 接收到出纳交给的支票存根和支出凭单 2. 填制记账凭证 3. 送财务部经理审核
9	财务部经理	审核记账凭证	1. 审核财务会计记账凭证填写的准确性 2. 审核无误后签字或加盖印章
10	出纳	登记银行存款日记账	1. 接收财务部经理交给的审核后的记账凭证 2. 根据记账凭证登记银行存款日记账，在记账凭证上签字或盖章 3. 将记账凭证交财务会计登账
11	财务会计	登记科目明细账	根据记账凭证登记"销售费用——广告费用"科目明细账

四十五、客户谈判

1. 业务描述

制造企业的销售专员，收集客户的需求，并与客户就合同主要条款（品名规格、数量、价格、交货期等）进行磋商。

2. 业务流程说明（见表7-100）

表7-100　与客户谈判业务步骤

操作步骤	角色	操作	内容
1	销售专员	确定客户并谈判	1. 走访客户或以其他方式与客户保持联系，获得潜在客户的采购信息 2. 与客户进行沟通，落实意向客户 3. 与意向客户就供货时间、数量、价格、结算条件、运输方式等进行磋商，为签订购销合同做准备

四十六、与客户签订合同

1. 业务描述

签订购销合同是企业与客户针对商品的品种、规格、技术标准、质量保证、订购数量、包装要求、售后服务、价格、交货日期与地点、运输方式、付款条件等进行反复磋商，双方无异议后，为建立双方满意的购销关系而办理的法律手续。

2. 业务流程说明（见表7-101）

表7-101　与客户签订合同业务步骤

操作步骤	角色	操作	内容
1	销售专员	拟定购销合同	1. 销售专员根据销售计划与客户沟通销售合同细节内容 2. 起草购销合同，一式两份
2	销售专员	填写合同会签单	1. 填写合同会签单 2. 将购销合同和合同会签单送交营销部经理审核
3	营销部经理	审核购销合同	1. 接收销售专员交给的购销合同及合同会签单 2. 审核购销合同内容填写的准确性和合理性 3. 在合同会签单上签字确认
4	总经理	审批购销合同	1. 接收销售专员送来的购销合同及合同会签单 2. 审核营销部经理是否审核签字 3. 审核购销合同的准确性和合理性 4. 在合同会签单上签字 5. 在购销合同上签字 6. 总经理签完交给营销部经理
5	行政助理	合同盖章	1. 营销部经理把购销合同和合同会签单交给销售专员去盖章 2. 销售专员拿购销合同和合同会签单找行政助理盖章 3. 行政助理检查合同会签单是否签字 4. 行政助理给合同盖章 5. 行政助理将盖完章的购销合同交销售专员
6	销售专员	登记销售订单明细表	销售专员根据购销合同内容将销售订单信息登记在销售订单明细表中
7	营销部经理	汇总销售订单	营销部经理将订单信息的主要内容登记在"汇总销售订单"中，并将其中一联交生产部经理，以便生产部安排生产
8	行政助理	购销合同存档	1. 行政助理收到购销合同 2. 行政助理更新合同管理表——购销合同 3. 行政助理登记完，把购销合同留存备案

四十七、录入童车销售订单

1. 业务描述

制造业与客户经过磋商签订了销售合同后，制造业的销售专员将销售订单的基本信息录入VBSE系统，系统将根据录入的信息执行未来的销售发货及收款等业务。

2. 业务流程说明（见表7-102）

表7-102　录入童车销售订单业务步骤

操作步骤	角色	操作	内容
1	销售专员	在VBSE系统中录入销售订单	根据制造业与客户签订好的销售合同，将销售订单信息录入VBSE系统

四十八、销售发货计划

1. 业务描述

编制销售发货计划是营销部根据客户订单的交货期、企业库存及车间产能情况制定的未来一段时间的发货清单。销售发货计划由销售专员编制，营销部经理进行审核，并将销售发货计划送交一份至仓储部以便及时发货。

2. 业务流程说明（见表 7-103）

表 7-103　编制销售发货计划业务步骤

操作步骤	角色	操作	内容
1	销售专员	编写销售发货计划	根据客户订单、企业现有库存及车间产能制定销售发货计划
2	营销部经理	审核销售发货计划	审核销售发货计划的发货订单时间及数量
3	销售专员	将销售发货计划送交一份至仓储部	送交一份发货计划至仓储部以便安排及时发货

四十九、童车发货

1. 业务描述

销售发货是指销售员依据销售订单交货日期填写产品发货单，仓管员填写出库单由销售员发货给客户，财务部根据发货出库单开具销售发票，当客户收货确认后销售员需登记销售发货明细。

2. 业务流程说明（见表 7-104）

表 7-104　童车发货业务步骤

操作步骤	角色	操作	内容
1	销售专员	填制发货单	1. 根据销售订单明细表和发货计划填制发货单 2. 报部门经理和财务部经理审核
2	营销部经理	营销部经理审核发货单	1. 根据销售订单明细表审核发货单，确认客户名称、产品名称、型号等重要项的填写 2. 发货单签字
3	仓管员	填制产成品出库单	1. 根据发货单填制产成品出库单 2. 请销售专员签字 3. 提交至部门经理审批
4	仓储部经理	审核产成品出库单	1. 仓储部经理审核产成品出库单 2. 办理出库手续

操作步骤	角色	操作	内容
5	税务会计	开具销售发票	1. 从销售专员处获取卖给该客户的销售价格 2. 根据销售出库单结合销售价格开具销售发票
6	应收会计	填制收入记账凭证	1. 根据开具的收入发票填制记账凭证 2. 将记账凭证交给财务经理审核
7	仓管员	填写物料卡	1. 办理出库手续，更新物料卡 2. 把出库单给销售专员一联 3. 把仓库联送给仓储部经理登记台账 4. 把出库单送成本会计一联
8	财务部经理	审核记账凭证	1. 接收财务会计交给的记账凭证，进行审核 2. 审核后，交成本会计登记科目明细账
9	仓储部经理	登记库存台账	根据出库单填写库存台账，登记完交仓管员留存备案
10	销售专员	在系统中处理销售发货	在VBSE系统中选择发货的订单，并确认
11	销售专员	登记销售发货明细表	1. 根据发货单进行销售发运 2. 登记销售发货明细表
12	成本会计	登记存货明细账	1. 根据出库单填写存货明细账 2. 只填写数量，月末计算成本

五十、货款回收

1. 业务描述

销售实现之后，销售员需要按照销售合同的约定期限跟踪催促货款的收回。客户通过转账支票的方式进行付款，企业出纳员前往银行取回单，财务部做记账处理。

2. 业务流程说明（见表7-105）

表 7-105　货款回收业务步骤

操作步骤	角色	操作	内容
1	销售专员	接收客户签发的支票	接收客户采购员工交付的转账支票
2	出纳	填写进账单	填写银行进账单
3	银行柜员	银行转账（支票）	1. 银行柜员接收进账单和转账支票 2. 银行柜员在VBSE系统中进行转账操作 3. 银行柜员在进账单上盖开户行的印章
4	出纳	把进账单交应付会计	将银行进账单回单交应付会计做记账凭证
5	应付会计	填制记账凭证	1. 接收出纳送来的银行进账单回单 2. 填制记账凭证 3. 将附件粘贴到记账凭证后面 4. 将记账凭证交财务部经理审核
6	财务部经理	审核记账凭证	1. 接收应付会计送来的记账凭证 2. 审核记账凭证的附件是否齐全、正确 3. 审核记账凭证的编制是否正确 4. 审核完毕，交出纳登记银行存款日记账

操作步骤	角色	操作	内容
7	出纳	登记银行日记账	1. 根据审核后的记账凭证登记银行日记账 2. 登记完毕后，交应付会计登记明细账
8	应付会计	登记明细账	1. 接收出纳送来的记账凭证 2. 核对财务部经理是否已审核 3. 根据审核后的记账凭证登记科目明细账 4. 通知销售专员，货款已回收
9	销售专员	更新销售订单明细表	接到应付会计的通知后，更新销售订单明细表中回款项目

五十一、发货给客户

1. 业务描述

销售发货是指销售员依据销售订单交货日期填写产品发货单，仓管员填写出库单由销售员发货给客户，财务部根据发货出库单开具销售发票，当客户收货确认后销售员需登记销售发货明细。

2. 业务流程说明（见表 7-106）

表 7-106　发货给客户业务步骤

操作步骤	角色	操作	内容
1	销售专员	填制发货单	1. 根据销售订单明细表和发货计划填制发货单 2. 报部门经理和财务部经理审核
2	营销部经理	营销部经理审核发货单	1. 根据销售订单明细表审核发货单，确认客户名称、产品名称、型号等重要项的填写 2. 发货单签字
3	仓管员	填制产成品出库单	1. 根据发货单填制产成品出库单 2. 请销售专员签字 3. 提交至部门经理审批
4	仓储部经理	审核产成品出库单	1. 仓储部经理审核产成品出库单 2. 办理出库手续
5	税务会计	开具销售发票	1. 从销售专员处获取卖给该客户的销售价格 2. 根据销售出库单，结合销售价格，开具销售发票
6	应收会计	填制收入记账凭证	1. 根据开具的收入发票填制记账凭证 2. 将记账凭证交给财务经理审核
7	仓管员	填写物料卡	1. 办理出库手续，更新物料卡 2. 把出库单给销售专员一联 3. 把仓库联送给仓储部经理登记台账 4. 把出库单送成本会计一联
8	财务部经理	审核记账凭证	1. 接收财务会计交给的记账凭证，进行审核 2. 审核后，交成本会计登记科目明细账
9	仓储部经理	登记库存台账	根据出库单填写库存台账，登记完交仓管员留存备案

操作步骤	角色	操作	内容
10	销售专员	在系统中处理销售发货	在 VBSE 系统中选择发货的订单，并确认
11	销售专员	登记销售发货明细表	1. 根据发货单进行销售发货 2. 登记销售发货明细表
12	成本会计	登记存货明细账	1. 根据出库单填写存货明细账 2. 只填写数量，月末计算成本

五十二、发货给虚拟企业

1. 业务描述

制造企业参加商品交易会后获得虚拟企业订单，制造企业完成订单的生产后，在规定的交货期内办理发货事宜。

2. 业务流程说明（见表 7-107）

表 7-107　发货给虚拟企业业务步骤

操作步骤	角色	操作	内容
1	销售专员	填制发货单	1. 根据销售订单填制发货单 2. 将发货单的财务联送交财务部的应收会计 3. 将发货单的客户联自留，携带发货单的仓储联前往仓储部办理发货
2	仓管员	填制销售出库单	仓管员根据发货单填写销售出库单
3	仓管员	办理出库并更新物料卡	仓管员根据销售出库单更新物料卡状态
4	销售专员	在系统中处理销售发货	在 VBSE 系统中处理销售发货
5	销售专员	登记销售发货明细表	在销售发货明细表中记录发货的详细信息
6	仓储部经理	登记库存台账	根据出库单填写库存台账，登记完交仓管员留存备案
7	应收会计	填写记账凭证	根据发货单填制记账凭证
8	成本会计	登记存货明细账	在数量金额明细账中登记存货变化情况

五十三、收取虚拟企业货款

1. 业务描述

销售实现之后，销售专员需要根据销售合同的约定期限跟踪催促货款的回收，在 VBSE 系统里销售货物给虚拟企业，只要根据销售订单执行货款回收即可。

2. 业务流程说明（见表 7-108）

表 7-108   收取虚拟企业货款业务步骤

操作步骤	角色	操作	内容
1	销售专员	查询销售订单	1. 在系统里查询交易信息，确定销售实现后应收账款金额 2. 告知税务会计开具增值税专用发票
2	税务会计	开具增值税专用发票	税务会计根据销售专员提供的信息开具增值税专用发票
3	出纳	销售回款	1. 根据税务会计开具的发票金额在系统里做"销售回款" 2. 将发票记账联交给财务会计并告知货款已回收
4	财务会计	填制记账凭证	1. 根据销售发票和销售回款结果，填制记账凭证 2. 将附件粘贴到记账凭证后面 3. 将记账凭证交财务部经理审核
5	财务部经理	审核记账凭证	1. 接收财务会计送来的记账凭证 2. 审核记账凭证的附件是否齐全、正确 3. 审核记账凭证的编制是否正确 4. 审核完毕，交出纳登记银行存款日记账
6	出纳	登记银行存款日记账	1. 根据审核后的记账凭证登记银行存款日记账 2. 登记完毕后，交税务会计登记明细账
7	税务会计	登记应交税费科目明细账	1. 接收出纳送来的记账凭证 2. 核对财务部经理是否已审核 3. 根据审核后的记账凭证登记应交税费科目明细账
8	财务会计	登记主营业务收入科目明细账	1. 接收税务会计送来的记账凭证 2. 核对财务部经理是否已审核 3. 根据审核后的记账凭证登记主营业务收入科目明细账 4. 通知销售专员，货款已回收
9	销售专员	更新销售订单明细表	接到财务会计的通知后，更新销售订单明细表中回款项目

五十四、企业文化建设

1. 业务描述

企业内刊是企业文化承载的载体，是企业文化的外化表现形式，也是企业信息上通下达的沟通渠道和舆论宣传阵地，现在很多企业都出版自己的内刊。

企业内刊，顾名思义，就是一个企业的内部刊物，不具有正式刊号的内部交流刊物，或为报纸，或为杂志，或为周报，或为月刊、半月刊、双月刊等不一而足。有的企业内刊重于对外宣传，有的则重于对内教化，但始终一点是明确的，那就是为企业文化服务。

企业电子报刊制作流程描述从报刊创刊框架设计至第一期刊物发刊各岗位具体工作任务及操作步骤。

2. 业务流程说明（见表 7-109）

表 7-109　企业电子报刊建设业务步骤

操作步骤	角色	操作	内容
1	总经理	企业电子报刊方案构思	1. 构思本企业文化读物名称、版面、内容 2. 告知行政助理拟定会议通知，准备召开企业文化刊物方案讨论会
2	行政助理	确定会议时间、通知开会	1. 与总经理商议讨论会召开时间、地点，填写会议通知 2. 通知各部门经理参加讨论会，并取得所有与会人员参会回执 3. 组织会议并做好会议记录，认真填写《会议纪要》
3	各部门经理	准备参会	1. 明确能否准时参加会议，不能参会的请转告行政助理，方便其做会议议程调整 2. 明确会议主题，准备有关企业电子报刊方案的材料
4	总经理	企业文化设计方案讨论	1. 整体介绍企业刊物设计方案 2. 组织各部门经理讨论企业文化刊物方案是否可行，并进行方案调整 3. 编制企业刊物制作计划，明确工作量、负责人及提交工作成果时间节点
5	总经理	明确各部门职责分工	确定各部门在电子报刊制作过程中的分工、协作关系
6	行政助理	编写、发布会议纪要	1. 会议中详细记录各项主要决议、工作计划及工作部署安排 2. 整理会议记录内容，整理成会议纪要，并将会议纪要发给与会人员
7	各部门经理	企业电子报刊素材提供	依照会议中的工作部署与分工情况准备电子报刊所需素材，并将素材交给行政助理
8	行政助理	企业电子报刊素材收集	收集各部门的素材，对材料进行整合，对不符合制作要求的素材退还给提供人，并说明再次提供时的具体要求
9	行政助理	企业电子报刊组稿、版面设计	1. 将素材依照报刊设计主题进行编排、组稿 2. 电子报刊最后以 PDF、JPG 等格式定版
10	行政助理	企业电子报刊发刊	1. 将制作完成的电子报刊在企业内部共享 2. 收集员工对报刊的改进意见，并在第二次发刊时进行调整
11	各部门经理	企业电子报刊改善意见反馈	将报刊的内容、样式等各方面的改善意见反馈给行政助理

五十五、社会保险缴纳

1. 业务描述

同城特约委托收款是指收款人按照合同约定，在特定期间内委托开户行向同城的付款人收取特定款项，付款人开户行根据付款人的授权，直接从付款人账户支付款项。

实训中银行、企业与社会保险中心签订同城特约委托收款协议，由银行在指定日期内为社会保险中心收取社保费。实训中不提供纸质《各企业社会保险缴费表》，学生依据教学资源中相关表样制作后填写。

2. 业务流程说明（见表 7-110）

表 7-110　社会保险缴纳业务步骤

操作步骤	角色	操作	内容
1	社保局专管员	核定企业社会保险费用	1. 告知企业将当月应缴纳的社会保险费计算汇总，并送至社会保险中心 2. 结合该企业过往社会保险信息及当月变动数据核定该企业当月应缴费金额
2	社保局专管员	社会保险缴费金额告知	1. 制作辖区内各企事业单位月度社会保险缴费表 2. 告知银行应缴费的企业名称、缴费金额、付款账号及社保中心收款账号
3	银行柜员	划转社会保险	依据社保局专管员提供的数据将社会保险费用由企业账户划转至社会保险中心账户
4	银行柜员	打印凭证	在系统内填写社会保险同城特约委托收款凭证
5	银行柜员	单据分拣	1. 打印同城特约委托收款凭证，并在第 1 联、第 2 联加盖银行业务章 2. 将第 1 联放在企业回单箱，第 2 联放在社会保险中心回单箱内，银行留存第 3 联

五十六、查询企业银行存款余额

1. 业务描述

当企业有人要求或者银行有业务需求时银行柜员需要查询企业银行存款余额。

2. 业务流程说明（见表 7-111）

表 7-111　查询企业银行存款余额业务步骤

操作步骤	角色	操作	内容
1	银行柜员	查询企业银行存款余额	1. 企业有人要求或者银行业务需求时查询企业银行存款余额 2. 查询企业银行存款余额信息

五十七、经营秩序监督与行政处罚

1. 业务描述

对于供应商和客户从计算机系统（外部虚拟商业社会环境）中抢单造成竞争对手无法正常获得订单的行为，工商行政管理局有权进行查证，查证后可以进行行政处罚。

2. 业务流程说明（见表 7-112）

表 7-112 经营秩序监督与行政处罚业务步骤

操作步骤	角色	操作	内容
1	工商局专管员	查询逾期未发货订单	1. 从 VBSE 界面中，选择被监管对象（可以是供应商或客户，也可以是制造企业） 2. 查询有无恶意压价销售、抢夺计算机（外部虚拟商业社会环境）销售订单的情况，从而造成销售订单逾期无法发货的结果
2	工商局专管员	查询逾期未付款订单	1. 从 VBSE 界面中，选择被监管对象（可以是供应商或客户，也可以是制造企业） 2. 查询有无恶意抢夺计算机（外部虚拟商业社会环境）采购订单的情况，从而造成采购订单逾期无法支付的结果
3	工商局专管员	开具处罚决定书并送达当事人	1. 前两个步骤发现的行为，都会扰乱正常的经营市场秩序。工商局专管员根据当事人及违法原因，开具《北京市工商行政管理局行政处罚决定书》并标明处罚原因 2. 对于已经获得收益的违法行为，可以处罚没收全部非法所得；对于尚未获得收益的违法行为则不适用"没收非法所得"处罚 3. 视违法行为的严重程度或后果，另外处以 5000~200000 元的罚款 4. 在处罚决定书上加盖工商局公章后，送达当事人（企业总经理）

五十八、填写工作日志

1. 业务描述

为使整个学习过程有的放矢，增强学习效果，VBSE 实习中要求填写《岗位工作日志》《任务流程学习表》，此类表格属自制表格，没有固定格式。《岗位工作日志》用于记录工作内容、落实工作过程中遇到的问题、解决及优化建议；《任务流程学习表》用于强化学员对任务流程、资料与数据传递过程的理解。

2. 业务流程说明（见表 7-113）

表 7-113 填写工作日志业务步骤

操作步骤	角色	操作	内容
1	全体岗位	了解岗位工作日志要求	学习"岗位工作日志"课件
2	全体岗位	撰写岗位工作日志	
3	全体岗位	提交岗位工作日志	将岗位工作日志提交给实习指导教师

第三节　自主经营——月初工作

一、预算审核与签发

1. 业务描述

预算经财务经理初审确认后，交总经理审核并签发，各部门遵照执行。

2. 业务流程说明（见表 7-114）

表 7-114　预算审核与签发业务步骤

操作步骤	角色	操作	内容
1	财务部经理	初审并签字	1. 审核各部门上交预算表相互之间的勾稽关系及数量金额的准确性、合理性 2. 确认无误后签字
2	总经理	审核并签字	1. 审核财务经理上交的各部门预算表 2. 确认无误后签字

二、市场营销策划

1. 业务描述

营销策划是在对企业内部环境予以准确地分析，并有效运用经营资源的基础上，对一定时间内企业营销活动的行为方针、目标、战略以及实施方案与具体措施进行设计和计划。企业通过对市场、社会环境、法律环境等各种因素的分析，形成一套针对本企业的营销策划方案来指导销售工作，以实现利润的最大化。

2. 业务流程说明（见表 7-115）

表 7-115　市场营销策划报告编制业务步骤

操作步骤	角色	操作	内容
1	市场专员	编制如何制定市场营销的报告	自行查找营销方案的编写案例，制定本企业的市场营销报告

三、住房公积金汇缴

1. 业务描述

根据 1999 年颁布、2002 年修订的《住房公积金管理条例》，住房公积金是指国家机关、国有企业、城镇集体企业、外商投资企业、城镇私营企业及其他城镇企业、事业单位及其在职职工缴存的长期住房储金。

单位进行住房公积金汇缴有以下几种方式：直接交存转账支票、现金（须填制《现金送款簿》）方式；通过银行汇款方式；委托银行收款方式；支取住房基金方式。实训中住房公积金汇缴采用委托银行收款方式。

下列情形需要填写汇缴变更清册：企业新进人员时；企业有员工离职时；企业有人员调往外地，且调入为以后常驻地。

2. 业务流程说明（见表 7-116）

表 7-116 住房公积金汇缴业务步骤

操作步骤	角色	操作	内容
1	人力资源助理	填写申报表	1. 汇总当月新参加住房公积金、转入本单位人员信息 2. 收集需要办理住房公积金员工的身份证复印件（本步骤实训中省略） 3. 在北京市住房公积金系统企业管理子系统录入新增人员信息，并将信息导出存盘（本步骤在 VBSE 实训中省略） 4. 单位有人员变动时，即有新增、转入、离职、退休、封存时填写《住房公积金变更汇缴清册》，报表一式两份
2	人力资源助理	填写公章、印鉴使用申请表	1. 去行政助理处领取《公章、印鉴使用申请表》并依照要求填写 2. 将填写完成的《公章、印鉴使用申请表》交给部门经理审批
3	人力资源部经理	公章、印鉴使用审批	1. 审核盖章申请事项是否必要，待盖章资料准备是否齐全 2. 审核完成后在《公章、印鉴使用申请表》上签字，并将签字完成后的申请表交还给人力资源助理
4	行政助理	盖章	1. 核对《公章、印鉴使用申请表》是否填写完整，是否经过审批签字 2. 核对需要盖章的资料与申请表上所列示的内容是否一致 3. 按照使用申请表上列示的章、证的类型及盖章位置等要求为其盖章 4. 将《公章、印鉴使用申请表》留存备查，盖章完成的资料交还给人力资源助理
5	人力资源助理	去住房公积金管理中心办理缴存	带齐资料去住房公积金管理中心办理社会保险增员业务
6	住房公积金专管员	住房公积金缴存资料审核	1. 依照《住房公积金变更汇缴清册》列示的人员变动信息核对经办业务所需的资料是否齐备，填写是否规范 2. 退还准备不齐、不规范的资料，并告知企业经办人员原因，方便其做后续的准备

续表

操作步骤	角色	操作	内容
7	住房公积金专管员	住房公积金缴存业务处理	1. 读取企业交来的社会保险增员录盘信息，核对录盘信息与交来的文件内容是否一致（本步骤在 VBSE 实习中省略） 2. 在住房公积金中心系统内做企业人员信息变更 3. 在《住房公积金变更汇缴清册》上加盖业务章，并将其中的一份交还企业经办人
8	人力资源助理	资料归档	将增员业务退还已盖章的《住房公积金变更汇缴清册》归档，方便核算相关费用

四、社会保险增员申报

1. 业务描述

根据《社会保险法》相关规定，社会保险征收范围包括：职工应当参加基本养老保险、失业保险、工伤保险、生育保险、医疗保险，其中养老保险、失业保险和医疗保险由用人单位和职工共同缴纳，工伤保险和生育保险由用人单位依照法定比例为员工缴纳。

用人单位应当自用工之日起 30 日内为职工向社会保险经办机构办理社会保险申请，办理社会保险登记，当发生以下情况时需要做社会保险增员申报：企业招聘员工且有新员工入职时；企业内部人员调整，外地职工调岗至本市工作时。

2. 业务流程说明（见表 7-117）

表 7-117　社会保险增员申报业务步骤

操作步骤	角色	操作	内容
1	人力资源助理	填写北京市社会保险参保人员增加表	1. 向员工了解是否曾经参加过社会保险 2. 向员工了解是否曾经在本市参加过社会保险 3. 根据询问得到的信息判断员工属于新参保、跨区转入还是异地转入，并依照社保经办机构对不同类型参保人员提交相应资料的要求向员工索要证件 4. 汇总整理当月需要社会保险增员的所有员工信息 5. 在北京市社会保险系统企业管理子系统录入新增人员信息，并将信息导出存盘（本步骤在 VBSE 实训中省略） 6. 填写（或打印）北京市社会保险参保人员增加表，一式两份
2	人力资源助理	填写公章、印鉴使用申请表	1. 去行政助理处领取《公章、印鉴使用申请表》并依照要求填写 2. 将填写完成的《公章、印鉴使用申请表》交给部门经理审批
3	人力资源部经理	公章、印鉴使用审批	1. 审核盖章申请事项是否必要，待盖章资料准备是否齐全 2. 审核完成后在《公章、印鉴使用申请表》上签字，并将签字完成后的申请表交还给人力资源助理

操作步骤	角色	操作	内容
4	行政助理	盖章	1. 核对《公章、印鉴使用申请表》是否填写完整，是否经过审批签字 2. 核对需要盖章的资料与申请表上所列示的内容是否一致 3. 按照使用申请表上列示的章、证的类型及盖章位置等要求为其盖章 4. 将《公章、印鉴使用申请表》留存备查，盖章完成的资料交还给人力资源助理
5	人力资源助理	去社会保险中心办理增员	带齐资料去社会保险中心办理社会保险增员业务
6	社保局专管员	社保增员资料审核	1. 依照《北京市社会保险参保人员增加表》列示的增员原因核对经办业务所需的资料是否齐备，填写是否规范 2. 退还准备不齐、不规范的资料，并告知企业经办人员原因，方便其做后续的准备
7	社保局专管员	社保增员业务处理	1. 读取企业交来的社会保险增员录盘信息，核对录盘信息与交来的文件内容是否一致（本步骤在 VBSE 实习中省略） 2. 在社保中心系统内做企业人员增加 3. 在《北京市社会保险参保人员增加表》上加盖业务章，并将其中的一份交还企业经办人
8	人力资源助理	资料归档	将增员业务退还已盖章的《北京市社会保险参保人员增加表》归档，方便核算相关费用

五、增值税计算

1. 业务描述

增值税是以生产和流通各环节的增值额（也称附加值）为征税对象征收的一种税。从实际操作上看，是采用间接计算办法，即从事货物销售以及提供应税劳务的纳税人，要根据货物或应税劳务的销售额和适用税率计算税款，然后从中扣除上一环节已纳增值税款，其余额为纳税人本环节应纳增值税税款。

2. 业务流程说明（见表 7-118）

表 7-118　增值税计算业务步骤

操作步骤	角色	操作	内容
1	税务会计	计算填写纳税申报表	1. 根据科目余额表填写增值税纳税申报表，应纳增值税=销项税额–进项税额 2. 带纳税申报表送财务部经理审核
2	财务部经理	审核纳税申报表	1. 接收税务会计送来的纳税申报表 2. 审核纳税申报表，审查数据计算及填写的正确性 3. 审核无误后签字
3	总经理	审批纳税申报表	1. 接收税务会计送来的增值税纳税申报表 2. 在审核无误后的增值税纳税申报表上签字

六、编制营销策划方案

1. 业务描述

市场分析的主要目的是研究商品的潜在销售量，开拓潜在市场，安排好商品地区之间的合理分配以及企业经营商品的地区市场占有率。通过市场分析，可以更好地认识市场的商品供应和需求的比例关系，采取正确的经营战略，满足市场需要，提高企业经营活动的经济效益。

2. 业务流程说明（见表 7-119）

表 7-119　编制营销策划方案业务步骤

操作步骤	角色	操作	内容
1	营销部经理	营销策划方案工作部署	1. 营销部内部开会，启动营销策划方案的编写 2. 营销策划方案由营销部经理主导，市场专员和销售专员协助完成 3. 制定工作计划，指定市场专员和销售专员具体负责哪些信息的收集和整理
2	市场专员	竞争对手分析	1. 收集竞争对手信息，从产品情况、营销策略、技术信息进行重点分析，以一家企业为主要目标分析 2. 形成行业信息分析报告，报告层次要明晰，重点突出 3. 提交行业信息分析报告，交营销部经理
3	市场专员	企业自身分析（SWOT 分析）	1. 进行优势分析 2. 进行劣势分析 3. 进行机会分析 4. 进行威胁分析 5. 形成 SWOT 分析报告，交营销部经理
4	营销部经理	确定营销目标	1. 根据 SWOT 分析、行业信息分析报告和上一期销售情况，确定销售总目标和利润目标 2. 确定市场占有率、销售目标和利润目标等
5	营销部经理	制定营销策略	1. 制定营销总体策略 2. 制定产品策略 3. 制定价格策略 4. 制定渠道策略 5. 制定促销策略
6	营销部经理	制定营销计划	1. 制定工作计划，将营销目标和策略落实到人 2. 工作计划以 Excel 表格制作，包括工作、开始时间、结束时间、负责人 3. 将工作计划发给部门内部所有员工，并召开部门内部会议，落实工作
7	总经理	审核营销方案	1. 对营销策划方案进行审核 2. 营销策划方案审核时需把握：①方案是否符合企业实际情况；②方案中的营销策略是否重点突出，至少要有一个重点营销策划；③方案中对行业信息和 SWOT 分析是否到位 3. 在营销策划方案上签字确认，交由营销部经理

七、薪酬发放

1. 业务描述

薪酬是指员工向其所在单位提供所需要的劳动而获得的各种形式的补偿，薪酬包括经济性薪酬和非经济性薪酬两大类，经济性薪酬分为直接经济性薪酬和间接经济性薪酬。

直接经济性薪酬是单位按照一定的标准以货币形式向员工支付的薪酬。

间接经济性薪酬不直接以货币形式发放给员工，但通常可以给员工带来生活上的便利、减少员工额外开支或者免除员工后顾之忧。

非经济性薪酬是指无法用货币等手段来衡量，但会给员工带来心理愉悦效用的一些因素。

薪酬发放是单位向员工支付直接性经济薪酬的途径、操作流程，企业中一般由人力资源部门和财务部门协同配合完成的一项基础性工作。

2. 业务流程说明（见表7-120）

表 7-120 薪酬发放业务步骤

操作步骤	角色	操作	内容
1	人力资源部经理	薪资录盘	1. 制作职工薪酬发放表 2. 根据职工薪酬发放表将薪资详细信息录入磁盘
2	出纳	填写借款单	1. 依据《职工薪酬发放表》数据填写借款单 2. 将填好的《借款单》《职工薪酬发放表》交财务部经理审核签字
3	财务部经理	审核借款	1. 借款人是否是该借款部门的职工 2. 借款日期是否正确 3. 借款用途及金额是否符合规定 4. 金额大小写是否正确 5. 借款方式是否正确 6. 审核完成后在借款单上签字
4	出纳	开具支票	1. 依据借款单信息填写支票金额 2. 将开具完成的支票交给财务部经理审核、盖章
5	财务部经理	审核支票、盖章	1. 核对支票及相关业务单据，判断是否为真实业务所需而签发的支票 2. 核查支票是否填写规范、有无涂改 3. 在职工薪酬发放表上加盖财务章、法人章
6	出纳	登记支票登记簿	登记《支票使用登记簿》
7	出纳	办理薪资发放	带齐薪资发放资料（职工薪酬发放表、转账支票、薪资录盘）去银行办理薪资发放

操作步骤	角色	操作	内容
8	银行柜员	代发工资	1. 向客户问好，询问客户需要办理什么业务 2. 收到企业交来的职工薪酬发放表、转账支票、薪资录盘，将薪资录盘信息导入银行系统，并将 U 盘交还给企业经办人 3. 将薪资录盘信息与职工薪酬发放表的信息进行核对，核对无误后进行划款 4. 核对客户递交材料是否齐全 5. 核对支票所在信息与税收缴款书内容是否一致 6. 验定支票的真伪 7. 支票是否仍在提示付款期限内 8. 核对支票所记载的事项是否齐全，出票金额、日期、收款名称是否有更改 9. 核对出票人签章是否符合规定 10. 支票大小写金额是否一致 11. 审核无误后将支票上列示内容录入银行业务系统
9	出纳	传递原始凭证	薪资发放完成后告知会计进行后续账务处理
10	人力资源部经理	制作、发放工资条	1. 依据职工薪酬统计表数据，制作工资条 2. 将对应的工资条交给员工
11	薪资会计	填制记账凭证	1. 填制记账凭证，将原始单据作为附件粘贴 2. 送财务部经理审核
12	财务部经理	审核记账凭证	1. 接收薪资会计交给的记账凭证 2. 审核凭证附件的准确性、记账凭证填制的准确性 3. 在纸质凭证上签字审核
13	出纳	登记银行存款日记账	依照审核签字的记账凭证登记银行存款日记账
14	薪资会计	登记明细账	依照审核签字的记账凭证登记明细账

八、如何编制年度预算

1. 年度预算概述

年度预算是企业对于未来年度内企业经营、资本、财务等各方面的收入、支出、现金流的总体计划。它将各种经济活动用货币的形式表现出来。每一个责任中心都有一个预算，它是为执行本中心的任务和完成财务目标所需各种资财的财务计划。

一个预算就是一种定量计划，用来帮助协调和控制给定时期内资源的获得、配置和使用。编制预算可以看成是将构成组织机构的各种利益整合成一个所有各方都同意的计划，并在试图达到目标的过程中，说明计划是可行的。

预算特征如下：预算必须与企业的战略或目标保持一致；预算作为一种数量化的详细计划，它是对未来活动的细致、周密安排，是未来经营活动的依据，数量化和可执行性是预算最主要的特征，因此，预算是一种可以据以执行和控制经济活动的、最为具体的计划，是对目标的具体化，是将企业活动导向预定目标的有力工具。

各部门结合本部门年度工作目标、任务，本着精打细算、勤俭节约的原则，对本部门的预算支出做出合理安排。

2. 各部门预算种类（见表7-121）

表7-121　各部门预算种类

序号	编制部门	预算种类
1	采购部	采购计划表
2	财务部	预算汇总表
3	各部门	支出预算表
4	财务部	预算执行表
5	营销部	收入预算表
6	财务部	贷款申请—资金计划
7	财务部	支出预算汇总表
8	人力资源部	培训计划表
9	人力资源部	人员需求汇总表
10	人力资源部	人员需求表
11	人力资源部	招聘计划表
12	各部门	资产需求计划表
13	生产计划部	产品开发计划
14	营销部	市场开发计划

九、编制各部门财务预算

1. 业务描述

预算是关于企业未来一定预算期内，全部经济活动各项目标的行动计划相应措施的预期数值说明，其实质是一套以货币及其他数量形式反映的预计财务报表和其他附表，主要用来规划预算期内企业的全部经济活动及其成果。

财务预算是一系列专门反映企业未来一定期限内预计财务状况和经营成果以及现金收支等价值指标的各种预算的总称。

财务预算是反映某一方面财务活动的预算，如反映现金收支活动的现金预算；反映销售收入的销售预算；反映成本、费用支出的生产费用预算（又包括直接材料预算、直接人工预算、制造费用预算）、期间费用预算；反映资本支出活动的资本预算等。

2. 业务流程说明（见表7-122）

表7-122　各部门财务预算编制业务步骤

操作步骤	角色	操作	内容
1	财务部经理	下发收入/支出预算表	1. 绘制收入/支出预算表模板 2. 向各部门下发收入/支出预算表
2	总经理	填写支出预算表	1. 收到财务部下发的支出预算表，根据需要填写表格中相关的内容 2. 将填写好的支出预算表交给财务部经理
3	财务部经理	填写支出预算表	根据需要填写表格中相关的内容
4	营销部经理	填写支出预算表	将填写好的支出预算表交给财务部经理
5	采购部经理	填写支出预算表	1. 收到财务部下发的支出预算表，根据需要填写表格中相关的内容 2. 将填写好的支出预算表交给财务部经理
6	生产计划部经理	填写支出预算表	1. 收到财务部下发的支出预算表，根据需要填写表格中相关的内容 2. 将填写好的支出预算表交给财务部经理
7	仓储部经理	填写支出预算表	1. 收到财务部下发的支出预算表，根据需要填写表格中相关的内容 2. 将填写好的支出预算表交给财务部经理
8	人力资源部经理	填写支出预算表	1. 收到财务部下发的支出预算表，根据需要填写表格中相关的内容 2. 将填写好的支出预算表交给财务部经理
9	营销部经理	填写收入预算表	1. 收到财务部下发的收入预算表，根据需要填写表格中相关的内容 2. 将填写好的收入预算表交给财务部经理
10	财务部经理	收集收入/支出预算表	收集各部门交回的收入/支出预算表
11	财务部经理	编制支出预算汇总表	根据各部门交回的支出预算表编制支出预算汇总表
12	财务部经理	编制资金计划表	编制资金计划表
13	营销部经理	编制市场开发计划	编制市场开发计划
14	生产计划部经理	编制产品开发计划	编制产品开发计划
15	生产计划部经理	编制资产需求计划	编制资产需求计划

十、编制各部门人力资源预算

1. 业务描述

人力资源预算是人力资源部门根据企业的发展战略以及企业前一年度的人员及成本费用统计情况，对下一年度人员需求及成本费用的预测情况，并使之成为下一年度企业人力资源管理活动的指南。人力资源预算完成后并不是静态不变的，根据企业的实际情况可以变更、修改和完善，使之具有现实可行性，因此一般采用滚动预算方式以适应企业发展的需要。

本任务由人力资源部主导相关需求和费用的统计和预估，包含招聘需求、培训需求、招聘费用、培训费用、人员薪酬等。

2. 业务流程说明（见表7-123）

表 7-123　各部门人力资源预算编制业务步骤

操作步骤	角色	操作	内容
1	人力资源部经理	下发岗位空缺申请表	1. 绘制岗位空缺申请表模板 2. 将岗位空缺申请表下发给各个部门
2	总经理、财务部经理、营销部经理、采购部经理、生产计划部经理、仓储部经理、人力资源部经理	填写岗位空缺申请表	1. 填写人力资源部下发的岗位空缺申请表 2. 将填写好的岗位空缺申请表上交给人力资源部
3	人力资源部经理	收集岗位空缺申请表	收到并留存各个部门上交的岗位空缺申请表
4	人力资源部经理	编制人员需求汇总表	根据各部门填写的岗位空缺申请表编制人员需求汇总表
5	人力资源部经理	编制招聘计划	根据人员需求汇总表编制招聘计划
6	人力资源部经理	编制培训计划	根据招聘计划编制培训计划
7	人力资源部经理	预估人力资源费用	根据培训计划、招聘计划预估招聘、培训及人员薪酬费用

十一、编制年度经营计划

1. 业务描述

经营计划是企业围绕市场，为实现自身经营目标而进行的具体规划、安排和组织实施的一系列管理活动。企业经营计划是企业经营活动的先导，并始终贯穿于企业经营活动的全过程。

本任务要求各企业编制一年的经营计划，明确企业经营目标、市场策略、销售策略、组织人员策略、生产策略及财务资源策略及具体工作安排。

2. 业务流程说明（见表7-124）

表 7-124　年度经营计划编制业务步骤

操作步骤	角色	操作	内容
1	服务公司业务员	召集各企业总经理编制年度经营计划	1. 召集各企业总经理开始编写年度经营计划 2. 告知其编写时间 3. 告知其汇报时间 4. 待场地确认后告知其汇报地点

续表

操作步骤	角色	操作	内容
2	总经理	制订企业年度经营计划	编制自己企业的年度经营计划报告
3	客户总经理	制订企业年度经营计划	编制自己企业的年度经营计划报告
4	供应商总经理	制订企业年度经营计划	编制自己企业的年度经营计划报告
5	服务公司业务员	协调汇报场地	协调年度经营计划汇报场地并再次告知各企业总经理汇报时间、汇报地点
6	服务公司业务员	组织各企业汇报	组织各企业总经理参会，做好签到

第四节　自主经营——月中工作

一、支付水电费

1. 业务描述

费用会计根据水电费发票，每月一次提请出纳开具转账支票，支付水电费并做账务处理。

2. 业务流程说明（见表7-125）

表 7-125　支付水电费用业务步骤

操作步骤	角色	操作	内容
1	费用会计	填写支出凭单	1. 填写支出凭单，并将水电费发票粘在后面 2. 将支出凭单送交财务部经理审核
2	财务部经理	审核支出凭单	1. 审核支出凭单填写的准确性 2. 审核水电费支出业务的真实性 3. 签批签字
3	出纳	办理支付手续	1. 接到财务经理签批后的费用支出凭单 2. 签发转账支票并盖章
4	出纳	登记支票登记簿	根据支票内容登记支票登记簿
5	费用会计	填制记账凭证	1. 接收出纳传递来的支票存根及支出凭单 2. 填制记账凭证 3. 送财务部经理审核
6	财务部经理	审核记账凭证	1. 接收费用会计交给的记账凭证，进行审核 2. 审核后，交出纳登记银行存款日记账

续表

操作步骤	角色	操作	内容
7	出纳	登记日记账	1. 接收财务部经理交给的审核后的记账凭证 2. 根据记账凭证登记银行存款日记账 3. 将记账凭证交费用会计登记科目明细账
8	费用会计	登记科目明细账	1. 接收出纳交给的记账凭证 2. 根据记账凭证登记费用科目明细账

二、增值税申报

1. 业务描述

增值税是以商品（含应税劳务）在流转过程中产生的增值额作为计税依据而征收的一种流转税。从计税原理上说，增值税是对商品生产、流通、劳务服务中多个环节的新增价值或商品的附加值征收的一种流转税。实行价外税，也就是由消费者负担，有增值才征税，没增值不征税。缴纳税款是指纳税人依照国家法律、行政法规的规定，将实现的税款依法通过不同的方式缴纳入库的过程。纳税人应按照税法规定的期限及时足额缴纳应纳税款，以完全彻底地履行应尽的纳税义务。

2. 业务流程说明（见表7-126）

表7-126 增值税申报业务步骤

操作步骤	角色	操作	内容
1	税务会计	填写《公章、印鉴使用申请表》	1. 去行政助理处领取《公章、印鉴使用申请表》 2. 填写《公章、印鉴使用申请表》 3. 带《公章、印鉴使用申请表》、增值税纳税申报表送总经理审批 4. 带审核并签字完毕的《公章、印鉴使用申请表》、增值税纳税申报表去行政助理处盖章
2	财务部经理	纳税申报表审核	1. 接收财务会计送来的《公章、印鉴使用申请表》、增值税纳税申报表 2. 根据增值税纳税申报表、审核《公章、印鉴使用申请表》 3. 审核无误后签字
3	总经理	纳税申报表审批	1. 接收财务会计送来的《公章、印鉴使用申请表》、增值税纳税申报表 2. 审核财务部经理是否审核签字 3. 审核无误后签字
4	行政助理	纳税申报表盖章	1. 收到财务会计送来的《公章、印鉴使用申请表》 2. 核对相关领导是否已审核签字 3. 核对无误后，在增值税纳税申报表上加盖公章 4. 盖章完毕，《公章、印鉴使用申请表》留存，其他表单税务会计带走

操作步骤	角色	操作	内容
5	行政助理	登记公章印鉴使用登记表	登记公章印鉴使用登记表
6	税务会计	纳税申报	1. 去税务局进行纳税申报 2. 领取税务申报完成后税务人员签字盖章的"税收缴款书" 3. 将"税收缴款书"送交出纳
7	国税局专管员	审核纳税申报表	1. 接收财务会计交来的缴税申报表并审核 2. 签发税收通用缴款书
8	出纳	缴纳税款	1. 接收税务会计送来的"税收缴款书" 2. 持税务局开具的"税收缴款书"到银行缴纳税款 3. 领取银行划款完毕盖章后的"税收缴款书" 4. 将"税收缴款书"完税证明送交税务会计
9	银行柜员	税款入国库	1. 接收税款缴款书，办理税款转入国库手续 2. 在税款缴款书回单上盖"转讫"章，并退还给出纳
10	银行柜员	打印回单	在系统里打印
11	税务会计	填制记账凭证	1. 接收出纳送来的"税收缴款书" 2. 编制记账凭证，将"税收缴款书"作为附件粘贴在记账凭证后面 3. 将记账凭证送交财务部经理审核
12	财务部经理	审核记账凭证	1. 接收财务会计送来的记账凭证 2. 审核记账凭证附件的合法性、准确性 3. 审核记账凭证填制的准确性 4. 审核无误后交出纳
13	出纳	登记银行日记账	1. 接收财务部经理交给的审核后的记账凭证 2. 根据记账凭证登记银行存款日记账 3. 将记账凭证交税务会计登记科目明细账
14	税务会计	登记科目明细账	1. 接收出纳交给的记账凭证 2. 根据记账凭证登记科目明细账

第五节　自主经营——月末工作

一、库存统计与分析

1. 业务描述

库存统计与分析是通过多种库存管理状况指标来衡量一个企业的库存绩效的过程。分析时应考虑有关的货物销售量和库存周转量等因素。

2. 业务流程说明（见表 7–127）

表 7–127　库存统计与分析业务步骤

操作步骤	角色	操作	内容
1	仓储部经理	编制库存统计与分析表，并对当前库存进行分析	查找库存统计，分析相关资料，制定库存统计分析表

二、整理会计资料

会计资料即会计档案，是指会计凭证、会计账簿、财务会计报告等会计核算专业资料。它是记录和反映经济业务的重要史料和证据。会计档案是国家档案的重要组成部分，也是各单位的重要档案，它是对一个单位经济活动的记录和反映。通过会计档案，可以了解每项经济业务的来龙去脉；可以检查一个单位是否遵守财经纪律，在会计资料中有无弄虚作假、违法乱纪等行为；会计档案还可以为国家、单位提供详尽的经济资料，为国家制定宏观经济政策及单位制定经营决策提供参考。

会计档案的重要程度不同，其保管期限也有所不同。会计档案的保管期限，根据其特点，分为永久、定期两类。永久档案即长期保管，不可以销毁的档案；定期档案根据保管期限分为 3 年、5 年、10 年、15 年、25 年 5 种。会计档案的保管期限，从会计年度终了后的第一天算起。

会计档案的整理原则上要按照其自然形成规律和档案自身特点进行，保持会计资料间的历史联系，区别不同的保存价值和类型，便于保管和利用。会计档案的整理包括分类、立卷、排列、编号、质量检查与调整。

本实训中，商贸公司会计资料有日记账、记账凭证、报表等，按照业务发生时间将记账凭证归整，日记账因只有现金和银行存款两种，也可附在记账凭证后归整在一起，各类报表附在最后装订成册归档。

三、制造费用分配

1. 业务描述

制造费用包括产品生产成本中除直接材料和直接工资以外的其余一切生产成本，主要包括企业各个生产单位（车间、分厂）为组织和管理生产所发生的一切费用。制造费用一般是间接计入成本，当制造费用发生时一般无法直接判定它所归属的成本计算对象，因而不能直接计入所生产的产品成本中去，而需按费用发生的地点先行归集，月终时再采用一定的方法在各成本计算对象间进行分配，计入各成本计算对象的成本中。

成本会计首先结出制造费用明细账余额，其次编制制造费用分配表，最后编制制造费用分配凭证，经财务经理审核后登记科目明细账。

2. 业务流程说明（见表 7-128）

表 7-128　制造费用分配业务步骤

操作步骤	角色	操作	内容
1	成本会计	制造费用计算	1. 找到制造费用明细账，结出余额 2. 根据制造费用明细账的余额，编制制造费用分配表 3. 编制记账凭证
2	财务部经理	审核记账凭证	1. 接收财务会计交给的记账凭证，进行审核 2. 审核后，交成本会计登记科目明细账
3	成本会计	登记科目明细账	1. 接收财务部经理审核完的记账凭证 2. 根据记账凭证登记科目明细账

四、车架成本核算

1. 业务概述

成本会计根据车架生产成本明细账统计生产车架领用原材料、直接人工和制造费用，编制车架的产品成本计算表。成本计算完成后编制记账凭证，经财务经理审核后登记科目明细账。

2. 业务流程说明（见表 7-129）

表 7-129　车架成本核算业务步骤

操作步骤	角色	操作	内容
1	成本会计	车架成本计算	1. 根据车架生产成本明细账——直接材料统计生产车架领用原材料 2. 根据车架生产成本明细账——直接人工统计生产车架所用人工成本 3. 根据车架生产成本明细账——制造费用统计生产车架所用制造费用 4. 编制车架的产品成本计算表 5. 编制记账凭证
2	财务部经理	审核记账凭证	1. 接收成本会计交给的记账凭证，进行审核 2. 审核后，交成本会计登记科目明细账
3	成本会计	登记科目明细账	1. 接收财务部经理审核完的记账凭证 2. 根据记账凭证登记科目明细账

五、童车成本核算

1. 业务描述

成本会计首先根据出库单统计组装童车领用车架的数量及根据自制半成品明细账按照全月平均法计算车架出库成本；根据出库单统计组装童车领用原材料的数量及根据原材料明细账按照全月平均法计算材料出库成本，并填制记账凭证，待财务经理审核后登记科目明细账。

然后编制童车的成本计算表。成本计算完成后编制记账凭证，经财务经理审核后登记科目明细账。

2. 业务流程说明（见表 7-130）

表 7-130 童车成本核算业务步骤

操作步骤	角色	操作	内容
1	成本会计	童车直接材料核算	1. 根据出库单统计组装童车领用车架的数量及根据自制半成品明细账，按照全月平均法计算车架出库成本 2. 根据出库单统计组装童车领用原材料的数量及根据原材料明细账，按照全月平均法计算材料出库成本 3. 填制记账凭证
2	财务部经理	审核记账凭证	1. 接收财务会计交给的记账凭证，进行审核 2. 审核后，交成本会计登记科目明细账
3	成本会计	登记科目明细账	1. 接收财务部经理审核完的记账凭证 2. 根据记账凭证登记科目明细账
4	成本会计	童车成本计算	1. 编制童车的产品成本计算表 2. 编制记账凭证
5	财务部经理	审核记账凭证	1. 接收财务会计交给的记账凭证，进行审核 2. 审核后，交成本会计登记科目明细账
6	成本会计	登记科目明细账	1. 接收财务部经理审核完的记账凭证 2. 根据记账凭证登记科目明细账

六、期末结转销售成本

1. 业务描述

销售成本是指已销售产品的生产成本或已提供劳务的劳务成本以及其他销售的业务成本。月末，按照销售商品的名称及数量，分别根据库存商品中结出的其平均成本价，算出总成本进行主营业务成本的计算结转，其计算公式：

主营业务成本 = 产品销售数量或提供劳务数量 × 产品单位生产成本或单位劳务成本

就销售产品而言，产品销售数量可直接在"库存商品明细账"上取得；产品单位生产成本可采用多种方法进行计算确定，如先进先出法、移动加权平均法、全月一次加权平均法等，但企业一经选定某一种方法后，不得随意变动，这是会计核算一贯性原则的要求。

2. 业务流程说明（见表7-131）

表7-131　期末销售成本结转业务步骤

操作步骤	角色	操作	内容	相关表单
1	成本会计	汇总产成品出库数量	根据产成品出库单汇总出库数量	产成品出库单、生产成本结转表
2	成本会计	编制销售成本结转表	根据出库数量和库存商品成本金额计算平均单价，编制销售成本结转表	销售成本结转表
3	成本会计	填制记账凭证	1. 根据原始凭证及产成品出库单和生产成本结转表、销售成本结转表反映的业务内容，编制记账凭证 2. 在记账凭证"制单"处签字或加盖名单	记账凭证
4	财务经理	审核记账凭证	1. 审核记账凭证的附件、记账科目、金额、手续是否正确与齐全 2. 审计无误的记账凭证，财务经理在"复核"和"财务主管"处签字或盖章	
5	成本会计	登记明细账	1. 根据记账凭证登记科目明细账 2. 每一笔分录登记后，在凭证的该科目过账符号画"√"，表示已登过	

七、期末结账

1. 业务描述

期末结账包括科目汇总、期末结转和确认本期财务成果几项工作。

（1）科目汇总。出纳、财务会计和成本会计分别根据科目明细账进行科目汇总。

（2）期末结转。财务会计将本期发生的"收入"和"费用"类科目结转；计算并结转所得税。成本会计结转产成品及主营业务成本。

（3）结账。为了正确反映一定时期内在账簿中记录的经济业务，总结有关经济业务活动和财务状况，各单位必须在每一个会计期末结账。结账是在将本期内所发生的经济业务全部登记入账并对账无误的基础上，按照规定的方法对该期内的账簿记录进行小结，结算出本期发生额合计数和余额，并将其余额结转下期或者转入新账。

（4）编制财务报告。财务经理编制企业资产负债表和利润表并对外发布。

2. 业务流程说明（见表 7-132）

表 7-132 期末结账业务步骤

操作步骤	角色	操作	内容
1	财务部经理	科目汇总	根据出纳所记科目明细账进行科目汇总
	财务部经理	科目汇总	根据财务会计所记科目明细账进行科目汇总
	财务部经理	科目汇总	根据成本会计所记科目明细账进行科目汇总
2	财务会计	期末结转	1. 结转收入 2. 结转主营业务税金及附加 3. 结转管理费用、销售费用、财务费用 4. 结转所得税
	财务会计	期末结转	1. 结转产成品 2. 结转主营业务成本
3	财务部经理	报表出具	1. 根据科目汇总表出具资产负债表 2. 根据科目汇总表出具利润表

八、"五险一金"计算

1. 业务描述

五险一金是指养老保险、失业保险、工伤保险、生育保险、医疗保险、住房公积金。北京市现行制度中各项缴费比例如表 7-133 所示。

表 7-133 五险一金缴费比例

		养老保险（%）	失业保险（%）	工伤保险（%）	生育保险（%）	基本医疗保险	
						基本医疗（%）	大额互助
本市城镇职工	单位	20	1	核定比例（0.2~2）	0.8	9	1%
	个人	8	0.2	0	0	2	3元
外埠城镇职工	单位	20	1	核定比例（0.2~2）	0.8	9	1%
	个人	8	0.2	0	0	2	3元
本市农村劳动力	单位	20	1	核定比例（0.2~2）	0.8	9	1%
	个人	8	0	0	0	2	3元
外埠农村劳动力	单位	20	1	核定比例（0.2~2）	0.8	9	1%
	个人	8	0	0	0	2	3元

公积金缴费比例：根据企业的实际情况，选择住房公积金缴费比例。北京市现行制度中住房公积金单位、个人缴费比例均为12%。

实训五险一金缴费比例请参见相关的设计规则。

2. 业务流程说明（见表7-134）

表7-134　"五险一金"计算业务步骤

操作步骤	角色	操作	内容
1	人力资源助理	五险一金缴纳信息核对	依据五险一金办理时社保中心、住房公积金中心退还的盖章表单，银行委托收缴凭证核对企业员工五险一金缴费人数、缴费基数、参保项目
2	人力资源助理	五险一金计算	依照各项目核定的缴费基数、缴费比例计算单位、个人应承担的缴费金额
3	人力资源助理	五险一金缴费统计表制作	设计五险一金缴费表样式、制作缴费表，并将缴费数据逐一填至表中
4	人力资源部经理	审核五险一金计算	1. 审核人力资源助理五险一金缴费计算是否正确 2. 确定无误后在对应栏内签字，并将签字完成的表格交还给人力资源助理
5	人力资源助理	五险一金资料归档	将各种资料妥善保管，以备查用

九、"五险一金"财务记账

1. 业务描述

每月，出纳去银行领取社会保险、住房公积金委托扣款凭证即付款通知单，并交财务会计记账处理，同时告知人力资源助理本月社会保险、住房公积金扣款金额。

2. 业务流程说明（见表7-135）

表7-135　"五险一金"财务记账业务步骤

操作步骤	角色	操作	内容
1	出纳	领取银行五险一金扣款回执	1. 去银行领取社会保险、住房公积金委托扣款凭证——付款通知单 2. 告知人力资源助理本月社会保险、住房公积金扣款金额 3. 将去银行领取的社会保险、住房公积金委托扣款凭证——付款通知单交给财务会计填制记账凭证
2	财务会计	填制缴纳五险一金记账凭证	1. 接收出纳送来的社会保险、住房公积金委托扣款凭证——付款通知单 2. 填制记账凭证，并将附件粘贴在记账凭证后 3. 将记账凭证交给财务部经理审核

操作步骤	角色	操作	内容
3	财务部经理	审核记账凭证	1. 接收财务会计送来的记账凭证 2. 审核记账凭证 3. 审核无误后，将记账凭证交给出纳登记明细账
4	出纳	登记银行日记账	1. 接收财务部经理交给的审核后的记账凭证 2. 根据记账凭证登记银行存款日记账 3. 将记账凭证交财务会计登记科目明细账
5	财务会计	登记科目明细账	1. 接收出纳交给的记账凭证 2. 根据记账凭证登记科目明细账

十、薪酬核算

1. 业务描述

薪酬是指员工向其所在单位提供所需要的劳动而获得的各种形式的补偿，薪酬包括经济性薪酬和非经济性薪酬两大类，经济性薪酬分为直接经济性薪酬和间接经济性薪酬。

直接经济性薪酬是单位按照一定的标准以货币形式向员工支付的薪酬。

间接经济性薪酬不直接以货币形式发放给员工，但通常可以给员工带来生活上的便利、减少员工额外开支或者免除员工后顾之忧。

非经济性薪酬是指无法用货币等手段来衡量，但会给员工带来心理愉悦效用的一些因素。

薪酬核算主要是对员工货币性薪酬的计算，现行制度中货币性薪酬包括基本薪酬、奖励薪酬（奖金）、附加薪酬（津贴）、补贴薪酬、红利、酬金和福利等。

实训中薪酬由基本工资、绩效工资、辞退福利、五险一金构成。因实训不提供薪酬核算的纸质表格，故需要学生在进入本工作任务后下载电子表格，并保存。

2. 业务流程说明（见表 7-136）

表 7-136 薪酬核算业务步骤

操作步骤	角色	操作	内容
1	人力资源助理	收集薪资数据	1. 依据期初数据查找当月入职人员记录收集整理新增数据 2. 依据期初数据查找当月离职人员，记录、收集、整理减少数据 3. 依据期初数据查找当月晋升、调动及薪资调整记录，收集、整理变更数据 4. 依据期初数据查找当月考勤信息，整理汇总当月考勤数据 5. 依据期初数据查找当期绩效考核评价评分资料，整理汇总绩效考核结果 6. 依据期初数据查找当月奖励、处罚记录，并做汇总整理 7. 依据期初数据查找当月五险一金增减、缴费数据，计算五险一金

续表

操作步骤	角色	操作	内容
2	人力资源助理	计算薪资	1. 下载企业员工花名册信息 2. 依照薪酬规则，参照发放的期初各类有关职工薪酬的各种表格，制作职工薪酬计算的各种表格，包含《职工薪酬统计表》、《职工薪酬统计表——部门汇总》、《五险一金缴费统计表》 3. 按照薪酬体系中每个项目的计算规则进行薪资核算 4. 调整、打印职工薪酬统计表、职工薪酬发放表 5. 将打印出来的表格送交财务部经理审核
3	人力资源部经理	薪资计算审核	1. 根据薪酬规则审核工资构成是否正确 2. 根据企业人员花名册、考勤数据核对工资表中列示的人员考勤是否准确 3. 通过审阅、复核工资结算表和工资结算汇总表，逐级审查工资计算及汇总的正确性 4. 根据薪酬规则审核代扣代缴款项的正确性 5. 应付工资和实发工资正确性的审查 6. 审核完成后在表单对应位置签字，并将表格交还给人力资源助理，由其交财务部经理审核
4	财务部经理	审核薪资	1. 查阅花名册、考勤表资料，查明在册员工总数的真实性 2. 根据薪酬规则审核工资总额各组成项目的真实性 3. 通过审阅、复核工资结算表和工资结算汇总表，逐级审查工资计算及汇总的正确性 4. 根据薪酬规则审核奖金、津贴和补贴 5. 根据薪酬规则审核奖金、津贴和补贴的发放范围和标准 6. 根据薪酬规则审核代扣代缴款项的正确性 7. 应付工资和实发工资正确性的审查 8. 根据财务部资金状况审核资金的充足性，查阅能够足额、准时进行工资发放 9. 审核完成后在表单对应位置签字 10. 将签字完成后的表单交还人力资源助理，由其送交总经理审批
5	总经理	审批薪资	1. 审核工资结算总金额，了解总人工成本及波动幅度，并就变动的合理性进行核查 2. 审核工资结算的部门分配方式及比例，并就分配的合理性做出判断 3. 审核完成后在表单对应位置签字 4. 将签字完成的表单交还人力资源助理
6	人力资源助理	原始凭证传递	将所有职工薪酬部门汇总、《职工薪酬统计表》《五险一金缴费统计表》交给薪资会计
7	薪资会计	填制记账凭证	依照《职工薪酬统计表》、职工薪酬部门汇总、《五险一金缴费统计表》数据信息登记记账凭证
8	财务部经理	审核记账凭证	1. 依照原始凭证列示内容审核记账凭证 2. 审核完成后在记账凭证对应栏目内签字 3. 将签字完成的记账凭证交还给薪资会计
9	薪资会计	登记明细账	依照记账凭证登记明细账

十一、计提折旧

1. 业务描述

总账会计和成本会计在每个会计期末按照会计制度中确定的固定资产折旧方法计提折旧，并登记科目明细账。生产和计划部门的折旧计入生产成本，其他部门的折旧计入期间费用。

2. 业务流程说明（见表 7-137）

表 7-137　计提折旧业务步骤

操作步骤	角色	操作	内容
1	财务会计	计提折旧	1. 根据固定资产政策及固定资产明细账计提折旧 2. 填写管理部门固定资产折旧计算表、生产部门固定资产折旧计算表
2	财务会计	填写记账凭证	1. 根据管理部门固定资产折旧计算表填写管理部门折旧记账凭证 2. 将生产部门固定资产折旧计算表交成本会计填制记账凭证 3. 交财务部经理审核记账凭证
3	成本会计	填写记账凭证	1. 接收财务会计提供的生产部门固定资产折旧计算表，并据以填写生产部门折旧记账凭证 2. 交财务部经理审核记账凭证
4	财务部经理	审核记账凭证	1. 接收财务会计、成本会计交给的记账凭证，进行审核 2. 审核后，将记账凭证分别返还财务会计和成本会计登记科目明细账
5	成本会计	登记成本明细账	1. 接收财务部经理交给的记账凭证 2. 核对记账凭证是否已审核 3. 核对无误后，登记制造费用明细账 4. 登记完明细账后，将记账凭证交财务会计登记累计折旧明细账
6	财务会计	登记明细账	1. 接收财务部经理、成本会计交给的记账凭证 2. 核对记账凭证是否已审核 3. 核对无误后，根据财务部经理交给的管理部门折旧记账凭证登记管理费用明细账 4. 根据管理部门折旧记账凭证和生产部门折旧记账凭证登记累计折旧明细账 5. 登记完明细账后，与其他记账凭证放一起

十 二、库 存 盘 点

1. 业务描述

企业存货因为数量较多、收发频繁、计量误差、自然损耗等原因，可能导致库存数量与账面数量不符。为了避免账物不符的现象发生，需要定期进行库存盘点，查明原因并调整账面数，使账物相符。每个季度末，仓储部库管员需要进行实物盘点，确保与仓储部经理记录的存货出入库台账相符，并对盘盈盘亏情况进行处理。仓储部的存货台账还要和成本会计记录的存货明细账进行账账核对，确保账实相符。

2. 业务流程说明（见表 7-138）

表 7-138 库存盘点业务步骤

操作步骤	角色	操作	内容
1	成本会计	盘点通知	1. 制定盘点通知 2. 通知仓库及其他相关部门
2	仓管员	进行盘点	1. 收到成本会计的盘点通知 2. 进行实际盘点工作
3	仓储部经理	审核盘点表	1. 收到仓管员交的盘点表 2. 抽盘审核盘点表
4	成本会计	财务抽查、复核	1. 收到仓管员交的盘点表 2. 抽盘复核盘点表
5	仓管员	填写盘点报告	1. 根据账存数和实存数，写盘点报告 2. 针对盘点报告中账实不符进行查明并分析盘点报告
6	仓管员	分析盘点报告	针对盘点报告中账实不符进行查明并分析盘点报告
7	仓储部经理	审批盘点报告	1. 收到盘点报告 2. 审批盘点报告
8	财务部经理	审批盘点报告	1. 收到盘点报告 2. 审批盘点报告
9	总经理	审判盘点报告	1. 收到盘点报告 2. 审批盘点报告
10	仓储部经理	更新库存台账	1. 收到盘点报告 2. 更新库存台账
11	财务会计	盘盈盘亏处理，填制记账凭证	1. 收到盘点报告 2. 制作记账凭证
12	财务部经理	审核记账凭证	1. 接收财务会计交给的记账凭证，进行审核 2. 审核后，交成本会计登记科目明细账
13	成本会计	登记存货明细账	1. 接收财务部经理审核完的记账凭证 2. 根据记账凭证登记科目明细账

十三、领取与上交作业

1. 业务描述

学生收到"领取作业"任务后，需将系统中预置的作业文档下载到本地，线下完成后提交至系统中，以备指导教师阅读与批改。

作业内容及完成要求文档不是所有学生都能下载，其中担任制造业各部门经理岗位、商贸企业总经理岗位、银行柜员岗位、工商局专管员岗位、服务公司业务员岗位的学生均有下载权限。

　　作业也并非只由作业领取人单独完成，需要组织内其他成员共同协作，例如，制造业中营销部经理领取作业须由营销部经理、市场专员、销售专员协同完成；商贸公司总经理的任务需要与行政主管、业务主管共同完成；社会资源服务的各个岗位的学生则需要自己完成任务。

　　2. 业务流程说明

　　第一步：点击"领取作业>>领取作业"进入 VBSE 系统任务操作界面，如图 7-36 所示。

图 7-36　领取作业任务界面

　　第二步：选择相应的家庭作业模板点击"下载家庭作业模板"按钮，将作业文档下载到本地，作业下载完成后点击"领取作业"，随后点击"完成任务"。依照作业要求，与本部门或本企业等人员共同完成作业，如图 7-37 所示。

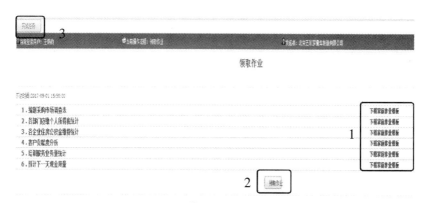

图 7-37　下载、领取作业操作步骤

　　第三步：领取完作业，主界面变为如图 7-38 所示，点击"领取作业>>上交作业"
任务，进入 VBSE 系统任务操作界面，如图 7-38 所示。

图 7-38　上交作业任务界面

　　第四步：点击"浏览"按钮，将已完成的作业文档上传至 VBSE 系统中，上传完成
后依次点击"提交"按钮和"完成任务"按钮，如图 7-39 所示。

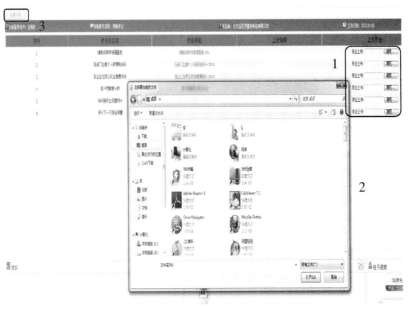

图 7-39　完成任务界面

‖第八章‖
供应商

第一节　经营前准备工作

一、供应商组织内部会议

1. 业务描述

新公司刚刚组建，由来自不同专业的同学组成新公司的管理团队，总经理是团队建设的领航人，必须引领公司成员以出色的表现完成所有工作内容。总经理必须时刻关注团队建设，以更好地完成组织目标。

2. 业务流程说明（见表8-1）

表8-1　供应商总经理经营前工作步骤

操作步骤	角色	操作	内容
1	供应商总经理	组织开展企业内部会议	1. 欢迎各位成员的加入 2. 阐述企业经营口号 3. 提出实训期间的员工成长目标、工作期望 4. 总经理要求团队中的每个人做1~2分钟的自我介绍 5. 在成员做好自我介绍后，再次欢迎各位成员的加入

二、领取并发放办公用品

1. 业务描述

实训开始各个单位需要领取必要的办公用品以满足实训的需要。本任务中每个单位派一名代表领取所有办公用品，带回后分发给单位内各个部门及人员。

2. 业务流程说明（见表 8-2）

表 8-2　供应商工作人员经营前工作步骤

操作步骤	角色	操作	内容
1	银行柜员	领取办公用品	1. 领取办公用品 2. 发放办公用品
2	人力资源助理	领取办公用品	1. 领取办公用品 2. 发放办公用品
3	税务局专管员	领取办公用品	1. 领取办公用品 2. 发放办公用品
4	服务公司业务员	领取办公用品	1. 领取办公用品 2. 发放办公用品
5	客户总经理	领取办公用品	1. 领取办公用品 2. 发放办公用品
6	供应商总经理	领取办公用品	1. 领取办公用品 2. 发放办公用品

三、了解新公司注册流程

1. 业务描述

准备创立新公司时需要进行工商注册，工商注册包含确定企业的法律形式、企业名称预先登记、领取开业登记注册申请、银行入资、工商注册审批、领取营业执照、刻章等环节。

2. 新成立企业工商注册流程（见图 8-1）

四、供应商行政主管期初建账

1. 业务描述

仓储期初建账业务是指仓管员将本企业的期初库存数据填写到库存台账上，在后期业务数据发生时，在期初库存台账上进行更新。商贸公司行政主管还要负责出纳的期初建账。

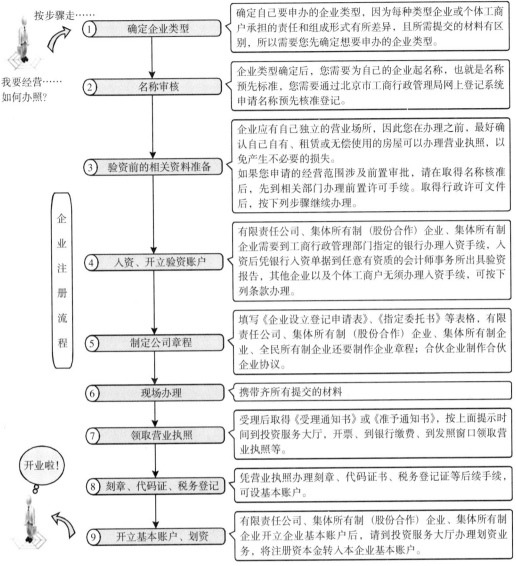

图 8-1　企业注册流程图

2. 业务流程说明（见表 8-3）

表 8-3　供应商行政主管期初建账步骤

操作步骤	角色	操作	内容
1	供应商行政主管	仓储、出纳期初建账	根据仓储部的期初数据，分别为料品建立期初的库存台账，根据现金、银行存款期初数额建立现金及银行存款日记账

五、供应商总经理期初建账

1. 业务描述

商贸公司期初建账直接填制科目余额表即可，不用记账簿。

2. 业务流程说明（见表 8-4）

表 8-4　供应商总经理期初建账步骤

操作步骤	角色	操作	内容
1	供应商总经理	财务期初建账	1. 查询业务数据 2. 根据业务数据填制科目余额表即可

六、争先创优评比——招聘工作总结

1. 业务描述

招聘工作总结是对过去某段时间或某个招聘项目的招聘准备、实施及招聘效果等工作的概括和提炼，反思错误与不足，总结成果与经验，进而提升招聘工作水平的过程。

本实习开始时就要进行公司的组建工作，人力资源部经理需要负责公司除总经理、人力资源部经理两个岗位外的其他岗位的招聘配置工作。本任务的招聘工作总结即以这次招聘工作过程为背景，各个虚拟企业的人力资源经理应该参与进行同行（不同公司的人力资源经理间的业务交流）。

2. 业务流程说明（见表 8-5）

表 8-5　供应商工作人员期初建账步骤

操作步骤	角色	操作	内容
1	服务公司业务员	通知开展争先创优评比	1. 通知各企业人力资源工作人员开展争先创优评比，告知时间、地点 2. 告知各企业人力资源工作人员招聘工作总结汇报要求 3. 发放招聘工作总结争先创优评分表
2	人力资源部经理、客户行政主管、供应商行政主管	招聘工总结汇报	1. 回忆、思考本单位招聘的流程、测评方法的选择、面试实施、招聘的效果分析及这一时期招聘工作经验与不足等 2. 了解招聘工作总结操作手册中的总结撰写要求 3. 按照招聘工作总结报告的写作要求撰写招聘工作总结报告 4. 准备参加招聘工作总结同行交流会 5. 各企业人力资源部经理集合，商议总结汇报会召开的时间、地点，并确定会议组织者 6. 汇报自己公司的招聘工作情况，并给其他汇报单位评分
3	服务公司业务员	收集招聘工作总结评分表	1. 敦促各企业人力资源工作人员进行评分 2. 收集招聘工作总结评分表 3. 统计各项目得分 4. 将最终得分交指导教师

第二节 日常任务

一、供应商培训费报销

1. 业务描述

本实习中费用报销主要是日常费用报销，人力资源部报销项目主要有办公费、招聘费、培训费。

费用报销的一般流程：报销人整理报销单据并填写对应费用报销单→部门经理审核签字→财务部门复核→总经理审批→到出纳处报销。

日常费用主要包括差旅费、电话费、交通费、办公费、低值易耗品及备品备件、业务招待费、会务费、培训费、资料费等。

2. 业务流程说明（见表 8-6）

表 8-6 供应商工作人员费用报销步骤

操作步骤	角色	操作	内容
1	供应商业务主管	填写支出凭单	供应商业务主管填写支出凭单，将原始凭证作为附件粘在支出凭单后面
2	供应商总经理	审核支出凭单	供应商总经理审核支出凭单，确认是否在预算项目及金额内
3	供应商行政主管	报销	支付现金抵冲借款单；在支付凭证上盖"现金付讫"章
4	供应商总经理	填制记账凭证	根据行政主管交来的支付凭证编制记账凭证

二、支付水电费（供应商）

1. 业务描述

供应商总经理根据水电费耗用情况，每月一次提请供应行政主管开具转账支票，支付水电费并做账务处理。

2. 业务流程说明（见表 8-7）

表 8-7 供应商支付水电费步骤

操作步骤	角色	操作	内容
1	供应商总经理	填写支出凭单	填写支出凭单
2	供应商行政主管	办理支付手续	1. 接收供应商总经理交来的支出凭单 2. 签发转账支票并盖章

续表

操作步骤	角色	操作	内容
3	服务公司业务员	开具发票	1. 接收供应商总经理送来的转账支票 2. 开具水电费发票 3. 将发票交给供应商总经理
4	供应商总经理	填制记账凭证	接收服务公司业务员交给的发票 填制记账凭证

三、购买增值税发票（供应商）

1. 业务描述

发票是指一切单位和个人在购销商品、提供劳务或接受劳务、服务以及从事其他经营活动时所提供给对方的收付款的书面证明，是财务收支的法定凭证，是会计核算的原始依据，也是审计机关、税务机关执法检查的重要依据。

2. 业务流程说明（见表 8-8）

表 8-8　供应商购买增值税发票步骤

操作步骤	角色	操作	内容
1	供应商总经理	去税务局购买发票	到税务局购买发票
2	国税局专管员	销售发票	在系统中做"销售增值税专用发票"业务
3	国税局专管员	开具收费凭证	开具收费凭证
4	供应商总经理	填制记账凭证	填制记账凭证

四、购买支票（供应商）

1. 业务描述

申办条件：开立支票存款账户，申请人必须使用其本名，并提交证明其身份的合法证件；开立支票存款账户，申请人应当预留其本人的签名式样和印鉴；开立支票存款账户和领用支票，应当有可靠的资信，并存入一定的资金。

2. 业务流程说明（见表 8-9）

表 8-9　供应商购买支票步骤

操作步骤	角色	操作	内容
1	供应商总经理	到银行购买支票	携带银行印鉴到银行购买支票
2	银行柜员	销售支票	在系统中销售支票
3	银行柜员	开具收费凭证	开具收费凭证
4	供应商总经理	填制记账凭证	编制记账凭证，将原始单据作为附件粘贴

五、采购入库（供应商）

1. 业务描述

采购入库是指供应商发出的货物抵达企业，同时开具了该张采购订单所对应的发票。仓储部负责填写入库单确认货物入库，登记库存台账，财务部负责登记记账凭证。

2. 业务流程说明（见表 8-10）

表 8-10　供应商采购入库步骤

操作步骤	角色	操作	内容
1	供应商行政主管	物料验收	1. 根据发货单和检验标准进行质量、数量、包装检测 2. 根据检验结果填写物料检验单，并签字确认 3. 检验无误后，在发货单上签字
2	供应商行政主管	填写入库单	1. 根据物料检验单填写入库单（一式三联） 2. 将入库单自留一联，另外两联交业务主管及总经理
3	供应商行政主管	在系统中处理采购到货	在 VBSE 系统中确定采购物料到货
4	供应商行政主管	填写物料卡	将货物摆放到货位，根据入库单数量填写物料卡
5	供应商业务主管	登记采购执行情况表	1. 接收到仓库员送来的入库单 2. 登记采购执行情况表 3. 将发票（发票联和抵扣联）和对应的入库单的财务联送交总经理
6	供应商行政主管	登记库存台账	根据入库单登记库存台账
7	供应商总经理	填制记账凭证	1. 接收到发票和入库单 2. 填制记账凭证

六、支付货款（供应商）

1. 业务描述

供应商业务主管查看采购订单、确认应付款金额，由供应商总经理去国税局申请代销货方开具增值税专用发票，然后由供应商行政主管支付应付账款。

2. 业务流程说明（见表 8-11）

表 8-11　供应商支付货款步骤

操作步骤	角色	操作	内容
1	供应商业务主管	交易信息查询	在系统中查询采购订单，确定需要支付的款项和销货方
2	供应商总经理	去国税局申请代开发票	因为销货方是外部虚拟商业社会环境，供应商为了能够抵扣进项税，需要去国税局申请代销货方开具增值税专用发票

续表

操作步骤	角色	操作	内容
3	国税局专管员	查询申请单位交易信息	1. 国税局专管员要查询供应商的详细采购订单 2. 确定为哪张采购订单代开发票
4	国税局专管员	根据采购订单开具发票	1. 填写增值税专用发票 2. 在"销货单位：（章）"处，盖国税局章 3. 将发票交给供应商总经理
5	供应商行政主管	支付材料款	1. 在线查询采购订单 2. 在线付款
6	供应商总经理	填写记账凭证	根据增值税专用发票，填写记账凭证

七、供应商销售发货

1. 业务描述

销售发货是指销售员依据销售订单交货日期填写产品发货单，仓管员填写出库单由销售员发货给客户，财务部根据发货出库单开具销售发票，当客户收货确认后销售员需登记销售发货明细。

2. 业务流程说明（见表 8-12）

表 8-12   供应商销售发货步骤

操作步骤	角色	操作	内容
1	供应商业务主管	填制发货单	1. 根据销售订单明细表和发货计划填制发货单 2. 审核发货单并签字
2	供应商总经理	审核发货单	1. 审核该企业的应收账款额度是否高。如高，则限制发货 2. 审核发货单，确认数量和金额 3. 发货单签字 4. 将签字后的发货单交给客户行政主管
3	供应商行政主管	填制出库单	1. 根据发货单填制出库单 2. 请业务主管签字 3. 本部门进行审批
4	供应商行政主管	填写物料卡	1. 办理出库手续，更新物料卡 2. 把出库单给业务主管一联 3. 把出库单送总经理一联
5	供应商总经理	开具销售发票	1. 从业务主管处获取卖给该客户的销售价格 2. 根据销售出库单，结合销售价格，开具销售发票
6	供应商总经理	填制收入记账凭证	根据开具的收入发票填制记账凭证
7	供应商行政主管	登记库存台账	根据出库单填写库存台账
8	供应商业务主管	在系统中处理销售发货	在 VBSE 系统中选择发货的订单，并确认
9	供应商业务主管	登记销售发货明细表	1. 根据发货单进行销售发运 2. 登记销售发货明细表

八、核心制造业与供应商签订采购合同

1. 业务描述

签订采购合同是企业与选择的供应商针对商品的品种、规格、技术标准、质量保证、订购数量、包装要求、售后服务、价格、交货日期与地点、运输方式、付款条件等进行反复磋商，双方无异议后，为建立双方满意的购销关系而办理的法律手续。

2. 业务流程说明（见表 8-13）

表 8-13 核心制造业与供应商签订采购合同步骤

操作步骤	角色	操作	内容
1	采购员	起草采购合同	1. 采购人员根据采购计划选择合适的供应商，沟通采购细节内容 2. 起草采购合同，一式两份
2	采购员	合同会签	1. 采购员填写合同会签单 2. 采购员将采购合同和合同会签单送交采购部经理审核
3	采购部经理	审批采购合同	1. 采购部经理接收采购员交给的采购合同及合同会签单 2. 采购部经理审核采购合同内容填写的准确性和合理性 3. 采购部经理在合同会签单上签字确认
4	财务部经理	审批采购合同	1. 财务部经理收到采购员交给的采购合同及合同会签单 2. 财务部经理审核采购合同的准确性和合理性 3. 财务部经理在合同会签单上签字
5	总经理	审批采购合同	1. 总经理接收采购员送来的采购合同及合同会签单 2. 总经理审核采购部经理和财务部经理是否审核签字 3. 总经理审核采购合同的准备确性和合理性 4. 总经理在合同会签单上签字 5. 总经理在采购合同上签字 6. 总经理签完交给采购部经理
6	行政助理	合同盖章	1. 采购部经理把采购合同和合同会签单交给采购员去盖章 2. 采购员拿采购合同和合同会签单找行政助理盖章 3. 行政助理检查合同会签单是否签字 4. 行政助理给合同盖章 5. 行政助理将盖完章的采购合同交回
7	行政助理	采购合同存档	1. 行政助理接收采购合同 2. 行政助理更新合同管理表——采购合同 3. 行政助理登记完，把采购合同留存备案

九、核心制造业录入材料采购订单

1. 业务描述

制造业与供应商经过磋商签订了采购合同后，制造业的采购员将采购订单的基本信息录入系统，系统将根据录入的信息执行未来的采购收货及付款等业务。

2. 业务流程说明（见表 8-14）

表 8-14　制造企业采购员录入材料采购订单步骤

操作步骤	角色	操作	内容
1	采购员	在系统中录入采购订单	根据制造业与供应商签订好的采购合同，将采购订单信息录入系统

十、供应商确认制造企业采购订单

1. 业务描述

制造业采购员根据制造业与供应商签订的采购合同录入采购订单后，供应商在系统中对录入的订单进行确认操作。

2. 业务流程说明（见表 8-15）

表 8-15　供应商业务主管确认采购订单步骤

操作步骤	角色	操作	内容
1	供应商业务主管	在系统中进行订单确认	供应商业务主管根据双方之前签订的采购合同审核采购订单的内容，无误后确认订单

十一、供应商货款回收

1. 业务描述

销售实现之后，销售员需要按照销售合同的约定期限跟踪催促货款的收回。客户通过支票方式进行付款，企业出纳员前往银行取回电汇单，财务部做记账处理。

2. 业务流程说明（见表 8-16）

表 8-16　供应商货款回收步骤

操作步骤	角色	操作	内容
1	供应商业务主管	接受制造企业签发的支票	1. 接收制造企业签发的转账支票 2. 将转账支票提交给行政主管

操作步骤	角色	操作	内容
2	供应商行政主管	填写进账单	1. 接收供应商业务主管提交的转账支票 2. 按照支票上填写的金额填写进账单 3. 去银行送存转账支票
3	银行柜员	办理支票进账业务	1. 接收转账支票 2. 在系统中办理"付款业务（支票）" 3. 在进账单上盖"转讫"章 4. 将进账单回单退还给供应商行政主管
4	供应商行政主管	回单交供应商总经理	将经银行盖章后的进账单回单交总经理
5	供应商总经理	编制记账凭证	1. 接收供应商行政主管送来的进账单回单 2. 编制记账凭证

十二、提现（供应商）

1. 业务描述

企业需要现金的时候，签发现金支票，去银行提取现金。

2. 业务流程说明（见表 8-17）

表 8-17　供应商提取现金步骤

操作步骤	角色	操作	内容
1	供应商行政主管	填写支出凭单	1. 根据现金需要量填写支出凭单 2. 将支出凭单提交总经理审核
2	供应商总经理	审核支出凭单	审核支出凭单的准确性、合理性，并签字
3	供应商行政主管	签发现金支票	1. 接收经审核的支出凭单 2. 签发现金支票
4	供应商总经理	加盖印章	在现金支票上加盖印章
5	供应商行政主管	登记支票簿	1. 按签发的支票登记支票登记簿 2. 去银行提取现金
6	银行柜员	办理取现业务	1. 接收银行支票 2. 办理提取现金业务 3. 将现金交给取款人
7	供应商行政主管	现金入库	取现回来及时将现金入库
8	供应商总经理	编制记账凭证	根据支票根编制记账凭证

十三、存款（供应商）

1. 业务描述

企业每天营业终了，在满足自身需要的前提下将超额库存现金及时送存银行。

2. 业务流程说明（见表8-18）

表8-18 供应商现金送存银行步骤

操作步骤	角色	操作	内容
1	供应商行政主管	填写进账单	1. 填写进账单（按提供的进账单，填写持票人信息，出票人信息不填写，并在下方空白处注明"现金进账"） 2. 将进账单与现金一并送存银行
2	银行柜员	办理存款业务	1. 接收现金及进账单 2. 清点现金数量与进账单一致 3. 在系统中办理"存款业务" 4. 在进账单回执联加盖"现金收讫"章后退还给供应商行政主管
3	供应商总经理	编制记账凭证	1. 接收供应商行政主管拿回的进账单回执 2. 编制记账凭证

十四、市场调研（供应商）

1. 业务描述

市场调研，是指为了提高产品的销售决策质量、解决存在于产品销售中的问题或寻找机会等而系统地、客观地识别、收集、分析和传播营销信息的工作。

2. 业务流程说明（见表8-19）

表8-19 供应商市场调研步骤

操作步骤	角色	操作	内容
1	供应商业务主管	收集市场信息	供应商业务主管了解制造商的原材料需求，包括价格及数量
2	供应商业务主管	在系统中查看市场预测信息	在系统中查看原材料的市场预测信息
3	供应商业务主管	编制市场分析报告	根据收集的市场信息及市场预测信息编制本企业的市场分析报告，该报告可作为企业制定采购需求的依据

十五、购买办公用品（供应商）

1. 业务描述

企业日常采购办公用品由供应商行政主管携带少量现金购买即可。

2. 业务流程说明（见表 8-20）

表 8-20　供应商购买办公用品步骤

操作步骤	角色	操作	内容
1	供应商行政主管	填写办公用品采购需求申请表	根据需要采购的办公用品填写办公用品采购需求申请表
2	供应商行政主管	填写借款单	1. 根据现金需要量填写借款单 2. 将借款单提交供应商总经理审核
3	供应商总经理	审核借款单并编制记账凭证	1. 审核借款单的准确性、合理性并签字 2. 根据经审核的借款单编制记账凭证
4	出纳	登记现金日记账	根据记账凭证登记现金日记账
5	供应商行政主管	带现金去服务中心采购	带好《办公用品采购需求汇总表》、现金去服务中心购买办公用品
6	服务公司业务员	结算费用并开具发票	1. 依照服务公司办公用品定价有关规则计算费用、收取现金 2. 依照实际出售办公用品数量及单价开具办公用品发票
7	供应商行政主管	填写支出凭单	根据发票金额填写支出凭单
8	供应商总经理	编制记账凭证	根据支出凭单编制记账凭证

十六、社会保险减员申报

1. 业务描述

社会保险一般指养老保险、失业保险、医疗保险、工伤保险和生育保险。

养老保险是国家依法强制实施、专门面向劳动者并通过向企业、个人征收养老基金，用以解决劳动者退休后的生活保障问题的一项社会保险制度。其基本待遇是养老保险金的支付，它是各国社会保险制度中的主体项目，也是各国社会保障制度中的保障项目。

失业保险是国家依法强制实施、专门面向劳动者并通过筹集失业保险基金，用以解决符合规定条件的失业者生活保障问题的一项社会保险制度。其基本待遇是支付失业保险金及失业医疗救助等，它是市场经济条件下适应劳动力市场化发展需要，并缓和失业现象可能带来的严重社会问题，是不可或缺的维护稳定和保障机制。

医疗保险是国家依法强制实施、专门面向劳动者并通过向企业及个人征收医疗保险费形成医疗保险基金，用以解决劳动者及其家属医疗保障问题的一项社会保险制度。其基本待遇是提供医疗保障及医疗补助。

工伤保险是国家依法强制实施、面向企业或用人单位筹集工商保险基金，用以补偿职工因工伤事故而导致收入丧失和医疗保障待遇的一种社会保险制度，其实质是建立在民法基础上的一种用工单位对本单位职工工伤事故进行赔偿的制度。其基本待遇包括工伤期间的收入保障、工商抚恤、工商医疗保障等。

　　生育保险是国家依法强制实施、面向用工单位及个人筹集生育保险基金，用以解决生育妇女孕产哺乳期间的收入和生活保障问题的一种社会保险制度。其基本待遇是提供生育医疗保障、产假及产假工资等。

　　当发生以下情况时需要做社会保险减员申报：企业员工离职、办理退休时；企业内部人员调整，本地职工调岗至外地工作时。

　　2. 业务流程说明（见表 8-21）

表 8-21　供应商社会保险减员申报步骤

操作步骤	角色	操作	内容
1	人力资源助理	填写北京市社会保险参保人员减少表	1. 汇总当月离职、退休、调岗至外地等可能导致减员的人员信息 2. 汇总整理当月需要社会保险减少的所有员工信息 3. 在北京市社会保险系统企业管理子系统录入减少人员信息，并将信息导出存盘（本步骤在 VBSE 实训中省略）
2	人力资源助理	填写公章、印鉴使用申请表	1. 去行政助理处领取《公章、印鉴使用申请表》并依照要求填写 2. 将填写完成的《公章、印鉴使用申请表》交给部门经理审批
3	人力资源部经理	公章、印鉴使用审批	1. 审核盖章申请事项是否必要，待盖章资料准备是否齐全 2. 审核完成后在《公章、印鉴使用申请表》上签字，并将签字完成后的申请表交还给人力资源助理
4	行政助理	盖章	1. 核对《公章、印鉴使用申请表》是否填写完整，是否经过审批签字 2. 核对需要盖章的资料与申请表上所列示的内容是否一致 3. 按照使用申请表上列示的章、证的类型及盖章位置等要求为其盖章 4. 将《公章、印鉴使用申请表》留存备查，盖章完成的资料交还给人力资源助理
5	人力资源助理	去社会保险中心办理减员业务	带齐资料去社会保险中心办理社会保险减员业务
6	社保局专管员	社保减员资料审核	1. 依照《北京市社会保险参保人员减少表》列示的减员原因核对经办业务所需的资料是否齐备，填写是否规范 2. 退还准备不齐、不规范的资料，并告知企业经办人员原因，方便其做后续的准备
7	社保局专管员	社保减员业务处理	1. 读取企业交来的社会保险减员录盘信息，核对录盘信息与交来的文件内容是否一致（本步骤在 VBSE 实习中省略） 2. 在社保中心系统内做"企业人员减少"操作 3. 在《北京市社会保险参保人员减少表》上加盖业务章，并将其中的一份交还企业经办人
8	人力资源助理	资料归档	将减员业务退还已盖章的《北京市社会保险参保人员减少表》归档，方便核算相关费用

十七、供应商公积金开户

1. 业务描述

住房公积金是单位及其在职职工缴存的长期住房储金，是住房分配货币化、社会化和法制化的主要形式。住房公积金制度是国家法律规定的重要的住房社会保障制度，具有强制性、互助性、保障性。单位和职工个人必须依法履行缴存住房公积金的义务。这里的单位包括国家机关、国有企业、城镇集体企业、外商投资企业、城镇私营企业及其他城镇企业、事业单位、民办非企业单位、社会团体。

2. 业务流程说明（见表 8-22）

表 8-22　供应商公积金开户步骤

操作步骤	角色	操作	内容
1	供应商行政主管	去办理住房公积金开户	1. 填写单位经办人授权委托书并加盖公章 2. 携带营业执照、法人代表身份证、组织机构代码证原件及复印件、经办人身份证原件、单位公章去办理住房公积金开户
2	公积金专管员	住房公积金登记	1. 审核《单位经办人授权委托书》、确认经办人身份 2. 要求经办人填写《住房公积金单位信息登记表》 3. 核查《住房公积金单位信息登记表》是否填写完整，办理单位信息登记，并在单位信息登记表上加盖业务章，为开户单位生成单位登记号
3	供应商行政主管	归档	将住房公积金信息、资料归档

十八、供应商住房公积金汇缴

1. 业务描述

根据 1999 年颁布、2002 年修订的《住房公积金管理条例》，住房公积金是指国家机关、国有企业、城镇集体企业、外商投资企业、城镇私营企业及其他城镇企业、事业单位及其在职职工缴存的长期住房储金。

单位进行住房公积金汇缴有以下几种方式：直接交存转账支票、现金（须填制《现金送款簿》）方式；通过银行汇款方式；委托银行收款方式；支取住房基金方式。实训中住房公积金汇缴采用委托银行收款方式。

下列情形需要填写汇缴变更清册：企业新进人员时；企业有员工离职时；企业有人员调往外地，且调入为以后常驻地。

2. 业务流程说明（见表8-23）

表8-23　供应商住房公积金汇缴步骤

操作步骤	角色	操作	内容
1	供应商行政主管	填写申报表	1. 汇总当月新参加住房公积金、转入本单位人员信息 2. 收集需要办理住房公积金员工的身份证复印件（本步骤实训中省略） 3. 在北京市住房公积金系统企业管理子系统录入新增人员信息，并将信息导出存盘（本步骤在 VBSE 实训中省略） 4. 单位有人员变动时，即有新增、转入、离职、退休、封存时填写《住房公积金变更汇缴清册》，报表一式两份 5. 在表单指定位置加盖公章
2	住房公积金专管员	住房公积金缴存资料审核	1. 依照《住房公积金变更汇缴清册》列示的人员变动信息核对办理业务所需的资料是否齐备，填写是否规范 2. 退还准备不齐、不规范的资料，并告知企业经办人员原因，方便其做后续的准备
3	住房公积金专管员	住房公积金缴存业务处理	1. 读取企业交来的社会保险增员录盘信息，核对录盘信息与交来的文件内容是否一致（本步骤在 VBSE 实习中省略） 2. 在住房公积金中心系统内做企业人员信息变更 3. 在《住房公积金变更汇缴清册》上加盖业务章，将其中的一份交还企业经办人
4	供应商行政主管	资料归档	将增员业务退还已盖章的《住房公积金变更汇缴清册》归档，方便核算相关费用

十九、同城特约委托收款

1. 业务描述

同城特约委托收款是指收款人按照合同约定，在特定期间内委托开户行向同城的付款人收取特定款项，付款人开户行根据付款人的授权，直接从付款人账户支付款项。

实训中银行、企业与住房公积金管理中心签订同城特约委托收款协议，由银行在指定日期内为住房公积金管理中心收取住房公积金费用。实训中不提供纸质《各企业社会保险缴费表》，学生依据教学资源中相关表样式制作后填写。

2. 业务流程说明（见表8-24）

表8-24　同城特约委托收款步骤

操作步骤	角色	操作	内容
1	住房公积金专管员	核定企业住房公积金费用	1. 告知企业将当月应缴纳的社会保险费计算汇总，并送至社会保险中心 2. 结合该企业过往住房公积金信息及当月变动数据核定该企业当月应缴费金额
2	住房公积金专管员	住房公积金缴费金额告知	1. 制作辖区内各企事业单位月度住房公积金缴费表 2. 告知银行应缴费的企业名称、缴费金额、付款账号及住房公积金管理中心收款账号

续表

操作步骤	角色	操作	内容
3	银行柜员	划转住房公积金	依据住房公积金专管员提供的数据将社会保险费用由企业账户划转至社会保险中心账户
4	银行柜员	打印凭证	1. 在系统内填写住房公积金同城特约委托收款凭证 2. 打印同城特约委托收款凭证，并在第1联、第2联加盖银行业务章 3. 将第1联放在企业回单箱，第2联放在社会保险中心回单箱内，银行留存第3联
5	银行柜员	单据分拣	1. 打印同城特约委托收款凭证，并在第1联、第2联加盖银行业务章 2. 将第1联放在企业回单箱，第2联放在社会保险中心回单箱内，银行留存第3联

二十、查询企业银行存款余额

1. 业务描述
当企业有人要求或者银行有业务需求时银行柜员需要查询企业银行存款余额。

2. 业务流程说明（见表8-25）

表8-25　查询企业银行存款余额步骤

操作步骤	角色	操作	内容
1	银行柜员	查询企业银行存款余额	1. 企业有人要求或者银行有业务需求时查询企业银行存款余额 2. 查询企业银行存款余额信息

二十一、经营秩序监管与行政处罚

1. 业务描述
对于供应商和客户从计算机系统（外部虚拟商业社会环境）中抢单造成竞争对手无法正常获得订单的行为，工商行政管理局有权进行查证，查证后可以进行行政处罚。当供应商为了挤垮竞争对手，而恶意压价与制造企业签署销售合同时，工商行政管理局有权进行查证，查实后进行行政处罚。

2. 业务流程说明（见表8-26）

表8-26　经营秩序监管与行政处罚步骤

操作步骤	角色	操作	内容
1	工商局专管员	查询逾期未发货订单	1. 从VBSE界面中，选择被监管对象（可以是供应商或客户，也可以是制造企业） 2. 查询有无恶意压价销售、抢夺计算机（外部虚拟商业社会环境）销售订单的情况，从而造成销售订单逾期无法发货的结果

续表

操作步骤	角色	操作	内容
2	工商局专管员	查询逾期未付款订单	1. 从 VBSE 界面中，选择被监管对象（可以是供应商或客户，也可以是制造企业） 2. 查询有无恶意抢夺计算机（外部虚拟商业社会环境）采购订单的情况，从而造成采购订单逾期无法支付的结果
3	工商局专管员	开具处罚决定书并送达当事人	1. 前两个步骤发现的行为，都会扰乱正常的经营市场秩序。工商局专管员根据当事人及违法原因，开具《北京市工商行政管理局行政处罚决定书》并标明处罚原因 2. 对于已经获得收益的违法行为，可以处罚没收全部非法所得；对于尚未获得收益的违法行为则不适用"没收非法所得"处罚 3. 视违法行为的严重程度或后果，另外处以 5000~200000 元的罚款 4. 在处罚决定书上加盖工商局公章后送达当事人（企业总经理）

二十二、支付行政罚款（供应商）

1. 业务描述

供应商总经理收到行政罚款决定书后，指派供应商行政主管通过电汇转账方式，将行政罚款（及可能包括的滞纳金）转入决定书上指定的银行账户，然后完成本企业的记账凭证制作和账簿记录工作。

2. 业务流程说明（见表 8-27）

表 8-27　供应商支付行政罚款步骤

操作步骤	角色	操作	内容
1	供应商总经理	将处罚决定书交给客户行政主管	供应商总经理将工商局送达的处罚决定书交给供应商行政主管，并指派后者办理付款业务
2	供应商行政主管	去银行缴纳罚款	供应商行政主管去银行，准备办理电汇业务，收款方账户信息参见处罚决定书
3	银行柜员	银行付款（电汇）	银行柜员在 VBSE 中进行电汇划转
4	银行柜员	打印回单	1. 银行柜员在 VBSE 中查询待打印的回单 2. 打印此笔电汇业务的回单，并交付给供应商行政主管 3. 客户行政主管将银行回单和处罚决定书交给供应商总经理
5	供应商总经理	填制记账凭证	供应商总经理根据处罚决定书和银行回单，编制记账凭证
6	供应商行政主管	登记银行存款日记账	根据记账凭证和银行回单，登记银行存款日记账

第三节　自主经营——月初工作

一、薪酬发放（供应商）

1. 业务描述

薪酬是指员工向其所在单位提供所需要的劳动而获得的各种形式的补偿，薪酬包括经济性薪酬和非经济性薪酬两大类，经济性薪酬分为直接经济性薪酬和间接经济性薪酬。

直接经济性薪酬是单位按照一定的标准以货币形式向员工支付的薪酬。

间接经济性薪酬不直接以货币形式发放给员工，但通常可以给员工带来生活上的便利、减少员工额外开支或者免除员工后顾之忧。

非经济性薪酬是指无法用货币等手段来衡量，但会给员工带来心理愉悦效用的一些因素。

薪酬发放是单位向员工支付直接性经济薪酬的途径、操作流程，企业中一般由人力资源部门和财务部门协同配合完成的一项基础性工作。

2. 业务流程说明（见表8-28）

表8-28　供应商薪酬发放步骤

操作步骤	角色	操作	内容
1	行政主管	填写借款单	1. 去行政主管处领取借款单 2. 依据签字完成的《职工薪酬发放表》数据填写借款单 3. 制作《职工薪酬发放表》 4. 将填好的《借款单》交总经理审核签字
2	供应商总经理	审核借款	1. 借款人是否是该借款部门的职工 2. 借款日期是否正确 3. 借款用途及金额是否符合规定 4. 金额大小写是否正确 5. 借款方式是否正确 6. 审核完成后在借款单上签字
3	行政主管	开具支票	1. 依据借款单信息填写支票金额 2. 询问借款人、支票收款人单位名称，完成支票相关内容的填写 3. 将开具完成的支票交给供应商总经理审核、盖章

续表

操作步骤	角色	操作	内容
4	供应商总经理	审核支票、盖章	1. 核对支票及相关业务单据，判断是否为真实业务所需而签发的支票 2. 核查支票是否填写规范、有无涂改 3. 现金支票、转账支票业务范围是否合理，现金支票一般用于支付差旅费、劳务费等 4. 支票经审核无误后，用红色印泥在其正面加盖财务章和法人印鉴，印记须清晰可见 5. 在职工薪酬发放表上加盖财务章、法人章
5	行政主管	登记支票使用登记簿	登记《支票使用登记簿》
6	行政主管	办理薪资发放	带齐薪资发放资料，去银行办理薪资发放
7	银行柜员	代发工资	1. 向客户问好，询问客户需要办理什么业务 2. 收到企业交来的职工薪酬发放表、转账支票、薪资录盘、银行进账单后，将薪资录盘信息导入银行系统，并将 U 盘交还给企业业务员经办人 3. 将薪资录盘信息与职工薪酬发放表的信息进行核对，核对无误后进行划款 4. 核对客户递交材料是否齐全 5. 核对支票所在信息与税收缴款书内容是否一致 6. 核对支票真伪 7. 支票是否仍在提示付款期限内 8. 核对支票所记载的事项是否齐全，出票金额、日期、收款名称是否有更改 9. 核对出票人签章是否符合规定 10. 支票大小写金额是否一致 11. 审核无误后将支票上列示内容录入银行业务系统 12. 在支票上盖"转讫"章，并将银行进账单第一联、第三联交还给企业经办人 13. 划款完成后在银行进账单上签字、盖章，并将第一联、第三联交给企业 14. 制作《入账清单》并在上面加盖业务章，将盖章后的《入账清单》交给客户
8	行政主管	传递原始凭证	薪资发放完成后告知会计进行后续账务处理
9	供应商总经理	填制记账凭证	1. 填制记账凭证，将原始单据作为附件粘贴 2. 送供应商总经理审核
10	行政主管	登记银行存款日记账	依照审核签字的记账凭证登记银行存款日记账

二、增值税计算（供应商）

1. 业务描述

增值税是以生产和流通各环节的增值额（也称附加值）为征税对象征收的一种税。从实际操作上看，是采用间接计算办法，即从事货物销售以及提供应税劳务的纳税人，要根据货物或应税劳务的销售额和适用税率计算税款，然后从中扣除上一环节已纳增值税款，其余额为纳税人本环节应纳增值税税款。

2. 业务流程说明（见表8-29）

表8-29　供应商计算增值税步骤

操作步骤	角色	操作	内容
1	供应商总经理	计算增值税	根据资产负债表上的销项进项之差额，计算应交增值税

第四节　自主经营——月中工作

一、增值税申报

1. 业务描述

增值税是以生产和流通各环节的增值额（也称附加值）为征税对象征收的一种税。从实际操作上看，是采用间接计算办法，即从事货物销售以及提供应税劳务的纳税人，要根据货物或应税劳务的销售额和适用税率计算税款，然后从中扣除上一环节已纳增值税款，其余额为纳税人本环节应纳增值税税款。

2. 业务流程说明（见表8-30）

表8-30　供应商增值税申报步骤

操作步骤	角色	操作	内容
1	供应商总经理	去国税局申报纳税	供应商总经理去国税局申报纳税
2	国税局专管员	签发税收缴款书	1. 审核纳税申报表 2. 签发税收缴款书 3. 将税收缴款书交供应商总经理
3	供应商行政主管	去银行缴纳税款	1. 接收供应商总经理交来的税收缴款书 2. 去银行缴纳税款
4	银行柜员	税款入国库	1. 将税款缴纳入国库 2. 将税收缴款书回单退回给供应商行政主管
5	供应商总经理	填制记账凭证	1. 接收行政主管交来的税收缴款书 2. 编制记账凭证

二、签订劳动合同（供应商）

1. 业务描述

劳动合同书是劳动者与用人单位确立劳动关系时所使用的，用以明确双方权利与义务的书面协议。

劳动合同书中包含签订劳动合同双方基本信息、劳动合同类型与期限、工作内容与职责、劳动保护与条件、劳动报酬、保险福利待遇、劳动培训与教育、劳动纪律、劳动合同变更、终止、解除等。

劳动合同应当在用人单位与劳动者建立劳动关系同时签订，或自用工之日起一个月内签订书面劳动合同。否则用人单位向劳动者支付两倍工资。

2. 业务流程说明（见表8-31）

表8-31 供应商签订劳动合同步骤

操作步骤	角色	操作	内容
1	供应商行政主管	准备劳动合同文本	拟定劳动合同范本，准备两份劳动合同
2	供应商行政主管	劳动合同签署	人力资源部代表企业与新员工签订劳动合同，双方在劳动合同的对应项目内亲笔签名
3	供应商总经理	劳动合同盖章	1. 核对公章、印鉴、资质证照使用申请表是否填写完整，审批人是否签字 2. 核对申请盖章文件与申请表中所列示的文件是否一致 3. 确认无误后按照申请人的要求给文件盖章
4	供应商行政主管	劳动合同发放、存档	将盖章完成的劳动合同的一个副本交给新员工保管，一份自己留存

第五节　自主经营——月末工作

一、销售统计查询（供应商）

1. 业务描述

销售统计查询业务是为了方便公司业务主管查看以往交易信息而设置的，通过交易信息查询，业务主管可以分别查看本公司曾经发出的采购订单及销售订单的历史信息，这些信息可以作为签订新订单的参考。

2. 业务流程说明（见表8-32）

表8-32　供应商销售统计查询步骤

操作步骤	角色	操作	内容
1	供应商业务主管	在系统中查询销售统计信息	通过系统查询本公司的交易信息，包括以往的采购订单信息和以往的销售订单信息

二、库存盘点（供应商）

1. 业务描述

企业存货因为数量较多、收发频繁、计量误差、自然损耗等原因，可能导致库存数量与账面数量不符。为了避免账物不符现象的发生，需要定期进行库存盘点，查明原因并调整账面数，使账物相符。每个季度末，仓储部库管员需要进行实物盘点，确保与仓储部经理记录的存货出入库台账相符，并对盘盈盘亏情况进行处理。仓储部的存货台账还要和成本会计记录的存货明细账进行账账核对，确保账实相符。

2. 业务流程说明（见表8-33）

表8-33　供应商库存盘点步骤

操作步骤	角色	操作	内容
1	供应商总经理	盘点通知	1. 制定盘点通知 2. 通知仓库及其他相关部门
2	供应商行政主管	填写盘点表	1. 收到盘点通知 2. 进行实际盘点工作，并填写盘点表
3	供应商总经理	填写盘点报告	1. 收到盘点表 2. 抽盘审核盘点表 3. 填写盘点报告
4	供应商行政主管	审核盘点报告	1. 收到盘点报告 2. 审批盘点报告
5	供应商总经理	盘盈盘亏处理，填制记账凭证	1. 根据盘点报告 2. 制作记账凭证
6	供应商总经理	登记存货明细账	根据记账凭证登记科目明细账
7	供应商行政主管	更新库存台账	1. 收到盘点报告 2. 更新库存台账

三、现金盘点（供应商）

1. 业务描述

现金盘点制度是企业货币资金管理的核心制度。出纳每月均要进行现金盘点。现金盘点是指将现金的账存数与出纳手上实际的现钞进行核对，如果现金实存数大于账存数，就是现金溢余；如果现金实存数小于现金账存数，就是现金短缺。

2. 业务流程说明（见表 8-34）

表 8-34 供应商现金盘点步骤

操作步骤	角色	操作	内容
1	供应商行政主管	定期清点现金	1. 查询现金日记账账面余额 2. 确定现金盘点时点，通知供应商总经理 3. 清点现金，填写现金盘点表 4. 供应商行政主管在现金盘点表上签字确认 5. 编制现金盘点报告
2	供应商总经理	监盘	1. 现金盘点时，供应商总经理在场监督盘点 2. 供应商总经理在现金盘点报告上签字确认

四、五险一金财务记账（供应商）

1. 业务描述

每月，出纳去银行领取社会保险、住房公积金委托扣款凭证即付款通知单，并交财务会计记账处理。同时告知人力资源助理本月社会保险、住房公积金扣款金额。

2. 业务流程说明（见表 8-35）

表 8-35 供应商五险一金财务记账步骤

操作步骤	角色	操作	内容
1	供应商行政主管	领取银行五险一金扣款回执	1. 去银行领取社会保险、住房公积金委托扣款凭证——付款通知单 2. 告知人力资源助理本月社会保险、住房公积金扣款金额 3. 将去银行领取的社会保险、住房公积金委托扣款凭证——付款通知单交给供应商总经理
	供应商总经理	填制缴纳五险一金记账凭证	1. 接收供应商行政主管送来的社会保险、住房公积金委托扣款凭证——付款通知单 2. 填制记账凭证，并将附件粘贴在记账凭证后

五、五险—金计算（供应商）

1. 业务描述

五险一金是指养老保险、失业保险、工伤保险、生育保险、医疗保险、住房公积金。北京市现行制度中各项缴费比例如表 8-36 所示。

表 8-36　五险一金缴费表

		养老保险（%）	失业保险（%）	工伤保险（%）	生育保险（%）	基本医疗保险	
						基本医疗（%）	大额互助
本市城镇职工	单位	20	1	核定比例（0.2~2）	0.8	9	1%
	个人	8	0.2	0	0	2	3元
外埠城镇职工	单位	20	1	核定比例（0.2~2）	0.8	9	1%
	个人	8	0.2	0	0	2	3元
本市农村劳动力	单位	20	1	核定比例（0.2~2）	0.8	9	1%
	个人	8	0	0	0	2	3元
外埠农村劳动力	单位	20	1	核定比例（0.2~2）	0.8	9	1%
	个人	8	0	0	0	2	3元

公积金缴费比例：根据企业的实际情况，选择住房公积金缴费比例。北京市现行制度中住房公积金单位、个人缴费比例均为 12%。

实训五险一金缴费比例请参见相关的设计规则。

2. 业务流程说明（见表 8-37）

表 8-37　供应商五险一金计算步骤

操作步骤	角色	操作	内容
1	供应商行政主管	五险一金缴纳信息核对	依据五险一金办理时社保中心、住房公积金中心退还的盖章表单，银行托收凭证核对企业员工五险一金缴费人数、缴费基数、参保项目
2	供应商行政主管	五险一金计算	依照各项核定的缴费基数、缴费比例计算单位、个人应承担的缴费金额
3	供应商行政主管	五险一金缴费统计表制作	设计五险一金缴费表样式、制作缴费表，并将缴费数据填入表中

续表

操作步骤	角色	操作	内容
4	供应商总经理	审核五险一金计算	1. 审核供应商行政主管五险一金缴费计算是否正确 2. 确定无误后在对应栏内签字，并将签字完成的表格交还给供应商行政主管
5	供应商行政主管	五险一金资料归档	将各种资料妥善保管，以备查用

六、薪酬核算（供应商）

1. 业务描述

薪酬核算主要是对员工货币性薪酬的计算，现行制度中货币性薪酬包括基本薪酬、奖励薪酬（奖金）、附加薪酬（津贴）、补贴薪酬、红利、酬金和福利等。

实训中薪酬由基本工资、绩效工资、辞退福利、五险一金构成。因实训不提供薪酬核算的纸质表格，故需要学生在进入本工作任务后下载电子表格，并保存。

2. 业务流程说明（见表 8-38）

表 8-38　供应商薪酬核算步骤

操作步骤	角色	操作	内容
1	供应商行政主管	收集薪资数据	1. 依据期初数据查找当月入职人员，记录、收集、整理新增数据 2. 依据期初数据查找当月离职人员，记录、收集、整理减少数据 3. 依据期初数据查找当月晋升、调动及薪资调整记录，收集整理变更数据 4. 依据期初数据查找当月考勤信息，整理、汇总当月考勤数据 5. 依据期初数据查找当期绩效考核评价评分资料，整理、汇总绩效考核结果 6. 依据期初数据查找当月奖励、处罚记录，并作汇总整理 7. 依据期初数据查找当月五险一金增减、缴费数据，计算五险一金
2	供应商行政主管	计算薪资	1. 下载企业员工花名册信息 2. 依照薪酬规则，参照发放的期初各类有关职工薪酬的各种表格，制作职工薪酬计算的各种表格，包含《职工薪酬统计表》《五险一金缴费统计表》 3. 按照薪酬体系中每个项目的计算规则进行薪资核算 4. 调整、打印《职工薪酬统计表》、《职工薪酬发放表》 5. 将打印出来的表格送交供应商总经理审核
3	供应商总经理	薪资审核	1. 审核工资结算总金额，了解总人工成本及波动幅度，并就变动的合理性进行核查 2. 审核工资结算的部门分配方式及比例，并就分配的合理性做出判断 3. 审核完成后在表单对应位置签字 4. 将签字完成的表单交还供应商行政主管
4	供应商行政主管	制作薪资发放表	1. 供应商总经理审核签字之后，依据职工薪酬统计表信息制作职工薪酬发放表 2. 将职工薪酬发放表电子文件存储至 U 盘中

操作步骤	角色	操作	内容
5	供应商总经理	填制记账凭证	依照职工薪酬统计表、职工薪酬部门汇总、五险一金缴费统计表数据信息登记记账凭证
6	供应商总经理	登记明细账	依照记账凭证登记明细账

七、计提折旧（供应商）

1. 业务描述

在每个会计期末按照会计制度中确定的固定资产折旧方法计提折旧，并登记账簿。

2. 业务流程说明（见表 8-39）

表 8-39　供应商计提折旧步骤

操作步骤	角色	操作	内容
1	供应商总经理	计提折旧	直接读取业务数据里的固定资产折旧计算表
2	供应商总经理	填写记账凭证	编制固定资产折旧记账凭证

八、结转销售成本（供应商）

1. 业务描述

销售成本是指已销售产品的生产成本或已提供劳务的劳务成本以及其他销售的业务成本。月末，按照销售商品的名称及数量，分别根据库存商品中结出的其平均成本价，算出总成本，进行主营业务成本的计算结转，其计算公式：

主营业务成本 = 产品销售数量或提供劳务数量 × 产品单位生产成本或单位劳务成本

就销售产品而言，产品销售数量可直接在"库存商品明细账"上取得；产品单位生产成本可采用多种方法进行计算确定，如先进先出法、移动加权平均法、全月一次加权平均法等，但企业一经选定某一种方法后，不得随意变动，这是会计核算一贯性原则的要求。

2. 业务流程说明（见表 8-40）

表 8-40　供应商结转销售成本步骤

操作步骤	角色	操作	内容	相关表单
1	供应商总经理	汇总产成品出库数量	根据产成品出库单汇总出库数量	产成品出库单、生产成本结转表

续表

操作步骤	角色	操作	内容	相关表单
2	供应商总经理	编制销售成本结转表	根据出库数量和库存商品成本金额计算平均单价，编制销售成本结转表	销售成本结转表
3	供应商总经理	填制记账凭证	1. 根据原始凭证及产成品出库单和生产成本结转表、销售成本结转表反映的业务内容，编制记账凭证 2. 在记账凭证"制单"处签字或加盖名单	记账凭证

九、期末结账（供应商）

1. 业务描述

期末结账包括期末结转、科目汇总和确认本期财务成果几项工作。

（1）科目汇总。供应商总经理根据日记账及记账凭证编制科目汇总表。

（2）期末结转。供应商总经理将本期发生的收入、成本、费用、税金等科目结转至本年利润科目。

2. 业务流程说明（见表 8-41）

表 8-41　供应商期末结账步骤

操作步骤	角色	操作	内容
1	供应商总经理	科目汇总	根据日记账及记账凭证编制科目汇总表
2	供应商总经理	结转损益	将科目汇总表里的损益类科目本期发生额结转至本年利润科目

十、编制报表（供应商）

1. 业务描述

为了正确反映一定时期内在账簿中记录的经济业务，总结有关经济业务活动和财务状况，各单位必须在每一个会计期末结账并编制财务报表。

现在企业每期要编制的财务报表有资产负债表和利润表以及所有者权益变动表。

2. 业务流程说明（见表 8-42）

表 8-42　供应商编制报表步骤

操作步骤	角色	操作	内容
1	供应商总经理	报表出具	1. 根据科目汇总表出具资产负债表 2. 根据科目汇总表出具利润表

‖第九章‖
客 户

第一节　经营前准备工作

一、客户组织内部会议

1. 业务描述

新公司刚刚组建，由来自不同专业的同学组成新公司的管理团队，总经理是团队建设的领航人，必须引领公司成员以出色的表现完成所有工作内容。总经理必须时刻关注团队建设，以更好地完成组织目标。

2. 业务流程说明（见表 9-1）

表 9-1　客户总经理组织内部会议步骤

操作步骤	角色	操作	内容
1	客户总经理	组织开展企业内部会议	1. 欢迎各位成员的加入 2. 阐述企业经营口号 3. 提出实训期间的员工成长目标、工作期望 4. 总经理要求团队中的每个人做 1~2 分钟的自我介绍 5. 在成员做好自我介绍后，再次欢迎各位成员的加入

二、领取并发放办公用品

1. 业务描述

实训开始各个单位需要领取必要的办公用品以满足实训的需要。本任务中每个单位派一名代表领取所有办公用品，带回后分发给单位内各个部门及人员。

2. 业务流程说明（见表 9-2）

表 9-2　各单位办公用品领取表

操作步骤	角色	操作	内容
1	银行柜员	领取办公用品	1. 领取办公用品 2. 发放办公用品
2	人力资源助理	领取办公用品	1. 领取办公用品 2. 发放办公用品
3	税务局专管员	领取办公用品	1. 领取办公用品 2. 发放办公用品
4	服务公司业务员	领取办公用品	1. 领取办公用品 2. 发放办公用品
5	客户总经理	领取办公用品	1. 领取办公用品 2. 发放办公用品
6	供应商总经理	领取办公用品	1. 领取办公用品 2. 发放办公用品

三、公司注册知识讲解

1. 业务描述

通过公司注册知识讲解，可以了解真实公司注册流程，从而提高公司注册效率，增强创办企业的信心。

2. 业务流程说明（见表 9-3）

表 9-3　公司注册知识学习步骤

操作步骤	角色	操作	内容
1	工商局专管员	组织学习公司注册知识	通知并组织各企业学习公司注册知识
2	供应商总经理、客户总经理、工商局专管员、地方税务局专管员、银行专员	学习公司注册知识	接到任务，学习公司注册知识

四、工商注册

1. 业务描述

现在注册公司根据《中华人民共和国公司法》规定：2 人或 2 人以上有限公司注册资金最低要为 3 万元；1 人有限公司注册资金最低为 10 万元，此规定基本适用绝大多数公司。

工商注册需准备以下几个方面的事宜：提供投资人的身份证原件及复印件、出资比例、公司名称、经营范围；选择银行开立公司验资账户；所有证件办理完毕后选择就近银行办理基本账户和纳税账户。

2. 业务流程说明（见表9-4）

表9-4　工商局工商注册步骤

操作步骤	角色	操作	内容
1	工商局专管员	告知企业名称审核通过	1. 告知企业名称审核通过，要求企业提供需要的资料 2. 企业提供的资料包括 (1)《企业设立登记申请书》（内含《企业设立登记申请表》《单位投资者（单位股东、发起人）名录》《自然人股东（发起人）、个人独资企业投资人、合伙企业合伙人名录》《投资者注册资本（注册资金、出资额）缴付情况》《法定代表人登记表》《董事会成员、经理、监事任职证明》《企业住所证明》等表格） (2) 公司章程（提交打印件一份，请全体股东亲笔签字；有法人股东的，要加盖该法人单位公章） (3) 法定验资机构出具的验资报告 (4)《企业名称预先核准通知书》 (5) 股东资格证明 (6)《指定（委托）书》 (7)《企业秘书（联系人）登记表》 (8) 经营范围涉及前置许可项目的，应提交有关审批部门的批准文件
2	工商局专管员	办理工商注册	1. 审核企业提交的相关资料 2. 在系统中登记 3. 给企业颁发营业执照 4. 告知企业5日内到服务中心领取公章等
3	工商局专管员	签发营业执照	依照企业工商注册信息签发企业营业执照

五、客户行政主管期初建账

1. 业务描述

仓储期初建账业务是指仓管员将本企业的期初库存数据填写到库存台账上，在后期业务数据发生时，在期初库存台账上进行更新。商贸公司行政主管还要负责出纳的期初建账。

2. 业务流程说明（见表9-5）

表9-5　客户行政主管期初建账步骤

操作步骤	角色	操作	内容
1	客户行政主管	仓储、出纳期初建账	根据仓储部的期初数据，分别为料品建立期初的库存台账；根据现金、银行存款期初数额建立现金及银行存款日记账

六、客户总经理期初建账

1. 业务描述

商贸公司期初建账直接填制科目余额表即可，不用记账簿。

2. 业务流程说明（见表9-6）

表9-6 客户总经理期初建账步骤

操作步骤	角色	操作	内容
1	客户总经理	财务期初建账	1. 查询业务数据 2. 根据业务数据填制科目余额表即可

七、争先创优评比——招聘工作总结

1. 业务描述

招聘工作总结是对过去某段时间或某个招聘项目的招聘准备、实施及招聘效果等工作的概括和提炼，反思错误与不足，总结成果与经验，进而提升招聘工作水平的过程。

本实习开始时就要进行公司的组建工作，人力资源部经理需要负责公司除总经理、人力资源部经理两个岗位外的其他岗位的招聘配置工作。本任务的招聘工作总结即以这次招聘工作过程为背景，各个企业的人力资源经理参与进行同行间的业务交流。

2. 业务流程说明（见表9-7）

表9-7 招聘工作总结步骤

操作步骤	角色	操作	内容
1	服务公司业务员	通知开展争先创优评比	1. 通知各企业人力资源工作人员开展争先创优评比，告知时间、地点 2. 告知各企业人力资源工作人员招聘工作总结汇报要求 3. 发放招聘工作总结争先创优评分表
2	人力资源部经理、客户行政主管、供应商行政主管	招聘工总结汇报	1. 回忆、思考本单位招聘的流程、测评方法的选择、面试实施、招聘的效果分析及这一时期招聘工作经验与不足等 2. 了解招聘工作总结操作手册中的总结撰写要求 3. 按照招聘工作总结报告的写作要求撰写招聘工作总结报告 4. 准备参加招聘工作总结同行交流会 5. 各企业人力资源部经理集合，商议总结汇报会召开的时间、地点并确定会议组织者 6. 汇报自己公司的招聘工作情况，并给其他汇报单位评分
3	服务公司业务员	收集招聘工作总结评分表	1. 敦促各企业人力资源工作人员进行评分 2. 收集招聘工作总结评分表 3. 统计各项目得分 4. 将最终得分交指导教师

第二节 日常任务

一、服务公司组织在职人员培训

1. 业务描述

组织培训，是指组织为了提高劳动生产率和个人对职业的满足程度，直接有效地为组织生产经营服务，从而采取各种方法，对组织各类人员进行的教育培训活动。

在职人员培训分为一线生产工人的技术培训和管理人员的能力提升培训。管理人员的培训由人力资源部委托外部专业培训机构提供；培训完成后财务部根据培训费发票向专业培训机构支付培训费。一线生产工人的技术培训由企业内部组织。

2. 业务流程说明（见表9-8）

表9-8　服务公司组织在职人员培训步骤

操作步骤	角色	操作	内容
1	服务公司业务员	发布培训通知	1. 依据培训计划表安排，确认讲师、培训内容、培训时间安排 2. 确定培训场地，并做好培训场地布置工作 3. 服务公司业务员自拟培训通知至受训人，告知其培训时间、地点、培训内容等
2	服务公司业务员	组织培训	1. 清点受训人员，查看是否全部到齐，组织受训人员在《培训签到表》上签字 2. 联系未到人员，对没有参加培训人员做好登记 3. 维护培训现场秩序，做好讲师与受训者之间的互动沟通工作
3	服务公司业务员	培训满意度调查	1. 培训完成后，组织受训者填写《培训满意度调查问卷》 2. 回收《培训满意度调查问卷》，清点份数，督办未提交人员立即填写后交回
4	服务公司业务员	总结培训结果	1. 以培训签到表、培训满意度调查问卷及培训进行效果为依据进行培训分析 2. 撰写总结报告并存档 3. 依据培训计划表总结培训执行情况 4. 对培训总结报告内容加以了解和备份 5. 为再次培训计划制订做积累
5	服务公司业务员	开具发票、收取费用	1. 根据培训具体内容与参训人数确定培训费用，并开具发票，要求学员交给人力资源部（学员）并告知人力资源部（学员）尽快付款 2. 向各企业人力资源部门（学员）收取费用

二、客户培训费报销

1. 业务描述

本实习中费用报销主要是日常费用报销，人力资源部报销项目主要有办公费、招聘费、培训费报销。

费用报销的一般流程：报销人整理报销单据并填写对应费用报销单→部门经理审核签字→财务部门复核→总经理审批→到出纳处报销。

日常费用主要包括差旅费、电话费、交通费、办公费、低值易耗品及备品备件、业务招待费、会务费、培训、资料费等。

2. 业务流程说明（见表 9-9）

表 9-9　客户培训费报销步骤

操作步骤	角色	操作	内容
1	客户业务主管	填写支出凭单	客户业务主管填写支出凭单，将原始凭证作为附件粘在支出凭单后面
2	客户总经理	审核支出凭单	客户总经理审核支出凭单，确认是否在预算项目及金额内
3	客户行政主管	报销	支付现金抵冲借款单；在支付凭证上盖"现金付讫"章
4	客户总经理	填制记账凭证	根据行政主管交来的支付凭证编制记账凭证

三、支付水电费（客户）

1. 业务描述

客户总经理根据水电费耗用情况，每月一次提请客户行政主管开具转账支票，支付水电费并做账务处理。

2. 业务流程说明（见表 9-10）

表 9-10　客户支付水电费步骤

操作步骤	角色	操作	内容
1	客户总经理	填写支出凭单	填写水电费支出凭单
2	客户行政主管	办理支付手续	1. 接到客户总经理交来的支出凭单 2. 签发转账支票并盖章
3	服务公司业务员	开具发票	1. 接收客户总经理送来的转账支票 2. 开具水电费发票 3. 将发票交给客户总经理
4	客户总经理	填制记账凭证	1. 接收服务公司业务员交给的发票 2. 填制记账凭证

四、核心制造业与客户签订合同

1. 业务描述

签订购销合同是企业与客户针对商品的品种、规格、技术标准、质量保证、订购数量、包装要求、售后服务、价格、交货日期与地点、运输方式、付款条件等进行反复磋商，双方无异议后，为建立双方满意的购销关系而办理的法律手续。

2. 业务流程说明（见表 9-11）

表 9-11　核心制造业与客户签订合同步骤

操作步骤	角色	操作	内容
1	销售专员	拟定购销合同	1. 销售专员根据销售计划与客户沟通销售合同细节内容 2. 起草购销合同，一式两份
2	销售专员	填写合同会签单	1. 填写合同会签单 2. 将购销合同和合同会签单送交营销部经理审核
3	营销部经理	审核购销合同	1. 接收销售专员交给的购销合同及合同会签单 2. 审核购销合同内容填写的准确性和合理性 3. 在合同会签单上签字确认
4	总经理	审批购销合同	1. 接收销售专员送来的购销合同及合同会签单 2. 审核营销部经理是否审核签字 3. 审核购销合同的准确性和合理性 4. 在合同会签单上签字 5. 在购销合同上签字 6. 总经理签完交给营销部经理
5	行政助理	合同盖章	1. 营销部经理把购销合同和合同会签单交给销售专员去盖章 2. 销售专员拿购销合同和合同会签单找行政助理盖章 3. 行政助理检查合同会签单是否签字 4. 行政助理给合同盖章 5. 行政助理将盖完章的购销合同交销售专员
6	销售专员	登记销售订单明细表	销售专员根据购销合同内容将销售订单信息登记在销售订单明细表中
7	营销部经理	汇总销售订单	营销部经理将订单信息的主要内容登记在"汇总销售订单"中，并将其中一联交生产部经理，以便生产部安排生产
8	行政助理	购销合同存档	1. 行政助理收到购销合同 2. 行政助理更新合同管理表——购销合同 3. 行政助理登记完，把购销合同留存备案

五、核心制造业录入童车销售订单

1. 业务描述

制造业与客户经过磋商签订了销售合同后，制造业的销售专员将销售订单的基本信息录入系统，系统将根据录入的信息执行未来的销售发货及收款等业务。

2. 业务流程说明（见表 9-12）

表 9-12　录入销售订单步骤

操作步骤	角色	操作	内容
1	销售专员	在系统中录入销售订单	根据制造业与客户签订好的销售合同，将销售订单信息录入系统

六、客户确认制造业销售订单

1. 业务描述

制造业销售员根据制造业与客户签订的销售合同录入销售订单后，客户在系统中，对录入的订单进行确认操作。

2. 业务流程说明（见表 9-13）

表 9-13　客户确认销售订单步骤

操作步骤	角色	操作	内容
1	客户业务主管	在系统中进行订单确认	客户业务主管根据双方之前签订的销售合同审核销售订单的内容，无误后确认订单

七、销售发货（客户）

1. 业务描述

销售发货是指销售员依据销售订单交货日期填写产品发货单，仓管员填写出库单由销售员发货给客户，财务部根据发货出库单开具销售发票，当客户收货确认后销售员需登记销售发货明细。

2. 业务流程说明（见表 9-14）

表 9-14　客户销售发货步骤

操作步骤	角色	操作	内容
1	客户业务主管	填制发货单	1. 根据销售订单明细表和发货计划填制发货单 2. 审核发货单并签字
2	客户总经理	审核发货单	1. 审核该企业的应收账款额度是否高。如高，则限制发货 2. 审核发货单，确认数量和金额 3. 发货单签字 4. 将签字后的发货单交给客户行政主管
3	客户行政主管	填制出库单	1. 根据发货单填制出库单 2. 请业务主管签字 3. 本部门进行审批

操作步骤	角色	操作	内容
4	客户行政主管	填写物料卡	1. 办理出库手续，更新物料卡 2. 把出库单给业务主管一联 3. 把出库单送总经理一联
5	客户行政主管	登记库存台账	根据出库单填写库存台账
6	客户业务主管	在系统中处理销售发货	在系统中选择发货的订单，并确认
7	客户业务主管	登记销售发货明细表	1. 根据发货单进行销售发运 2. 登记销售发货明细表

八、客户采购入库

1. 业务描述

采购入库是指供应商发出的货物抵达企业，同时开具了该张采购订单所对应的发票。仓储部负责填写入库单确认货物入库，登记库存台账，财务部负责登记记账凭证。

2. 业务流程说明（见表9-15）

表 9-15 客户采购入库步骤

操作步骤	角色	操作	内容
1	客户业务主管	核对发货单、发票及实物	1. 接收供应商发来的材料，附有发货单、发票和实物 2. 根据采购订单核对发货单和发票及实物 3. 协助客户行政主管进行原料验收
2	客户行政主管	物料验收	1. 根据发货单和检验标准进行质量、数量、包装检测 2. 根据检验结果填写物料检验单，并签字确认 3. 检验无误后，在发货单上签字
3	客户行政主管	填写入库单	1. 根据物料检验单填写入库单（一式三联） 2. 将入库单自留一联，另外两联交业务主管及总经理
4	客户行政主管	在系统中处理采购到货	在系统中确定采购物料到货
5	客户行政主管	填写物料卡	将货物摆放到货位，根据入库单数量填写物料卡
6	客户业务主管	登记采购合同执行情况表	1. 接收到仓库员送来的入库单 2. 登记采购合同执行情况表 3. 将发票（发票联和抵扣联）和对应的入库单财务联送交总经理
7	客户行政主管	登记库存台账	根据入库单登记库存台账
8	客户总经理	填制记账凭证	1. 接收到发票和入库单 2. 填制记账凭证

九、客户支付货款

1. 业务描述

客户业务员查看客户业务合同执行情况表，确认应付款情况，找到相应的客户业务订单和客户业务入库单，并据此填写支出凭单，经财务部门审核通过，向供应商支付货款。

2. 业务流程说明（见表9-16）

表9-16　客户支付货款步骤

操作步骤	角色	操作	内容
1	客户业务主管	填写支出凭单	1. 填写支出凭单 2. 将填写的支出凭单交给客户总经理审核
2	客户总经理	审核支出凭单	1. 接收客户业务主管送来的支出凭单 2. 审核支出凭单内容填写的准确性和合理性 3. 审核无误后签字
3	客户行政主管	签发转账支票	1. 根据经审核的支出凭单填写转账支票 2. 填写支票登记簿 3. 将支票交客户业务主管 4. 将支出凭单及支票存根交客户总经理
4	客户业务主管	接收支票并送交卖方	1. 接收客户行政主管签发的支票 2. 将转账支票送给卖方以支付货款
5	客户总经理	填制记账凭证	1. 接收到客户行政主管交给的支票存根和支出凭单 2. 填制记账凭证

十、客户签订销售订单

1. 业务描述

客户在虚拟市场上选择产品需求订单，并将销售订单的信息记录在销售订单明细表中，同时将销售订单汇总送交负责仓储的行政主管，以备发货。

2. 业务流程说明（见表9-17）

表9-17　客户签订销售订单步骤

操作步骤	角色	操作	内容
1	客户业务主管	准备填制销售订单明细	客户主管准备做好选单记录
2	客户业务主管	在系统中进行选单	在系统中选择产品需求订单，与虚拟市场签订销售订单
3	客户业务主管	填写销售订单明细	将选择的销售订单信息填写在销售订单明细表中，以便查询
4	客户总经理	审核销售订单明细表	审核销售订单明细表内容是否正确、完整，金额数量是否有误
5	客户业务主管	汇总销售订单	将销售订单明细表中的产品名称、数量及交货期填写到"销售订单汇总表"中，并将第二联送负责仓储职能的客户行政主管，以便发货时查询

十一、销售发货（客户）

1. 业务描述

销售发货是指销售员依据销售订单交货日期填写产品发货单，仓管员填写出库单由销售员发货给客户，财务部根据发货出库单开具销售发票，当客户收货确认后销售员需登记销售发货明细。

2. 业务流程说明（见表 9-18）

表 9-18 客户销售发货步骤

操作步骤	角色	操作	内容
1	客户业务主管	填制发货单	1. 根据销售订单明细表和发货计划填制发货单 2. 审核发货单并签字
2	客户总经理	审核发货单	1. 审核该企业的应收账款额度是否高。如高，则限制发货 2. 审核发货单，确认数量和金额 3. 发货单签字 4. 将签字后的发货单交给客户行政主管
3	客户行政主管	填制出库单	1. 根据发货单填制出库单 2. 请业务主管签字 3. 本部门进行审批
4	客户行政主管	填写物料卡	1. 办理出库手续，更新物料卡 2. 把出库单给业务主管一联 3. 把出库单送总经理一联
5	客户行政主管	登记库存台账	根据出库单填写库存台账
6	客户业务主管	在系统中处理销售发货	在系统中选择发货的订单，并确认
7	客户业务主管	登记销售发货明细表	1. 根据发货单进行销售发运 2. 登记销售发货明细表

十二、货款回收（客户）

1. 业务描述

销售实现之后，客户业务主管定期跟踪催促货款的收回。

2. 业务流程说明（见表 9-19）

表 9-19 客户货款回收步骤

操作步骤	角色	操作	内容
1	客户业务主管	查询销售订单	1. 在系统里查询交易信息，确定销售实现后的应收账款金额 2. 告知客户总经理开具发票
2	客户总经理	开具增值税专用发票	客户总经理根据销售订单开具增值税专用发票，但因为购货方不是由学生参与的实训组织，发票不用传递给购货方（外部虚拟商业社会环境）

操作步骤	角色	操作	内容
3	客户行政主管	销售回款	1. 在系统里做"销售回款" 2. 告知客户总经理货款已经收回
4	客户总经理	填制记账凭证	根据销售发票和销售回款结果，填制记账凭证

十三、提现（客户）

1. 业务描述

企业需要现金时，签发现金支票，去银行提取现金。

2. 业务流程说明（见表9-20）

表 9-20　客户提取现金步骤

操作步骤	角色	操作	内容
1	客户行政主管	填写支出凭单	1. 根据现场需要量填写支出凭单 2. 将支出凭单提交总经理审核
2	客户总经理	审核支出凭单	审核支出凭单的准确性、合理性，并签字
3	客户行政主管	签发现金支票	1. 接收经审核的支出凭单 2. 签发现金支票
4	客户总经理	加盖印章	在现金支票上加盖印章
5	客户行政主管	登记支票簿	1. 按签发的支票登记支票登记簿 2. 去银行提取现金
6	银行柜员	办理取现业务	1. 接受银行支票 2. 办理提现现金业务 3. 将现金交给取款人
7	客户行政主管	现金入库	取现回来及时将现金入库
8	客户总经理	编制记账凭证	根据支票存根编制记账凭证
9	客户行政主管	登记现金日记账	根据记账凭证登记现金日记账

十四、存款（客户）

1. 业务描述

企业每天营业终了，在满足自身需要的前提下将超额库存现金及时送存银行。

2. 业务流程说明（见表 9-21）

表 9-21　客户存款步骤

操作步骤	角色	操作	内容
1	客户行政主管	填写进账单	1. 填写进账单（按提供的进账单，填写持票人信息，出票人信息不填写，并在下方空白处注明"现金进账"） 2. 将进账单与现金一同送存银行
2	银行柜员	办理现金存款业务	1. 接收客户行政主管送存的现金及进账单 2. 清点现金数量与进账单金额无误后办理存款业务 3. 在进账单上盖章并将回单退还给客户行政主管
3	客户总经理	编制记账凭证	1. 接收客户行政主管取回的进账单回单 2. 编制记账凭证

十五、市场调研（客户）

1. 业务描述

市场调研是指为了提高产品的销售决策质量、解决存在于产品销售中的问题或寻找机会等而系统地、客观地识别、收集、分析和传播营销信息的工作。

2. 业务流程说明（见表 9-22）

表 9-22　客户市场调研步骤

操作步骤	角色	操作	内容
1	客户业务主管	收集市场信息	通过查询历史订单等方式了解童车的市场需求
2	客户业务主管	在系统中查看市场预测信息	在系统中查看市场预测信息
3	客户业务主管	编制市场分析报告	结合市场需求和市场预测信息编制本企业的市场分析报告，该报告可作为客户与制造业签订购销合同时的参考依据

十六、投放广告申请

1. 业务描述

广告是为了某种特定的需要，通过一定形式的媒体，公开而广泛地向公众传递信息的宣传手段。当一个企业或组织为了一定的目的，决定在一定的时间内，在确定的媒体上发布广告，广告投放申请就是为满足广告发布的费用，在公司内部申请广告费用的活动。

2. 业务流程说明（见表9-23）

表9-23　客户投放广告步骤

操作步骤	角色	操作	内容
1	客户业务主管	广告投放申请	1. 编制广告投放申请表 2. 拿广告投放申请表找总经理审核
2	客户总经理	广告投放费用审批	1. 接收业务主管交来的广告投放申请表 2. 审核广告投放申请表填写的准确性 3. 审核广告投放数额测算是否合理
3	客户业务主管	广告投放	准备进行广告投放

十七、签订广告合同

1. 业务描述

广告合同是指广告客户与经营者之间、广告经营者与广告经营者之间确立、变更、终止广告承办或代理关系的协议。签订广告合同是双方订立协议的过程。

2. 业务流程说明（见表9-24）

表9-24　客户签订广告合同步骤

操作步骤	角色	操作	内容
1	客户业务主管	起草广告合同	确定广告合同的主题结构及主要内容，送交总经理审核
2	客户总经理	审核广告合同	审核广告合同的合理性并签字确认
3	服务公司业务员	签订合同	对广告合同内容确认无误后在合同上签字
4	服务公司业务员	在系统中录入广告费用	将合同中的广告金额记录进系统
5	服务公司业务员	开具广告费发票	依据合同上确定的广告费金额开具发票并送交客户总经理
6	客户总经理	开具广告费支票	根据发票开具广告费支票并送交服务公司业务员

十八、购买增值税发票（客户）

1. 业务描述

发票是指一切单位和个人在购销商品、提供劳务或接受劳务、服务以及从事其他经营活动，所提供给对方的收付款的书面证明，是财务收支的法定凭证，是会计核算的原始依据，也是审计机关、税务机关执法检查的重要依据。

2. 业务流程说明（见表 9-25）

表 9-25 客户购买增值税发票步骤

操作步骤	角色	操作	内容
1	客户总经理	去税务局购买发票	到税务局购买发票
2	国税局专管员	销售发票	1. 销售增值税专用发票 2. 开具收费凭证
3	国税局专管员	开具收费凭证	开具收费凭证
4	客户总经理	填制记账凭证	填制记账凭证

十九、购买支票（客户）

1. 业务描述

支票是出票人签发，委托办理支票存款业务的银行或者其他金融机构在见票时无条件支付确定的金额给收款人或持票人的票据。

支票是以银行为付款人的即期汇票，可以看作汇票的特例。支票出票人签发的支票金额，不得超出其在付款人处的存款金额。如果存款低于支票金额，银行将拒付给持票人。这种支票称为空头支票，出票人要负法律责任。

开立支票存款账户和领用支票，必须有可靠的资信，并存入一定的资金。支票可分为现金支票和转账支票。支票一经背书即可流通转让，具有通货作用，成为替代货币发挥流通手段和支付手段职能的信用流通工具。运用支票进行货币结算，可以减少现金的流通量，节约货币流通费用。

一张支票的必要项目包括："支票"字样；无条件支付命令；出票日期；出票人名称的签字；付款银行名称及地址（未载明付款地点者，付款银行所在地视为付款地点）；付款人；付款金额。

出票地点不是必须填写项（未载明出票地点者，出票人名字旁的地点视为出票地）。

申办条件：开立支票存款账户，申请人必须使用其本名，并提交证明其身份的合法证件；开立支票存款账户，申请人应当预留其本人的签名式样和印鉴；开立支票存款账户和领用支票，应当有可靠的资信，并存入一定的资金。

2. 业务流程说明（见表 9-26）

表 9-26 客户购买支票步骤

操作步骤	角色	操作	内容
1	客户总经理	去银行购支票	携带银行印鉴到银行购买支票
2	银行柜员	销售支票	在系统中销售支票

续表

操作步骤	角色	操作	内容
3	银行柜员	开具收费凭证	开具收费凭证
4	客户总经理	填制记账凭证	1. 编制记账凭证，将原始单据作为附件粘贴 2. 携带银行印鉴到银行购买支票

二十、客户住房公积金汇缴

1. 业务描述

根据1999年颁布、2002年修订的《住房公积金管理条例》，住房公积金是指国家机关、国有企业、城镇集体企业、外商投资企业、城镇私营企业及其他城镇企业、事业单位及其在职职工缴存的长期住房储金。

单位进行住房公积金汇缴有以下几种方式：直接交存转账支票、现金（须填制《现金送款簿》）方式；通过银行汇款方式；委托银行收款方式；支取住房基金方式。

实训中住房公积金汇缴采用委托银行收款方式。

下列情形需要填写汇缴变更清册：企业新进人员时；企业有员工离职时；企业有人员调往外地，且调入为以后常驻地。

2. 业务流程说明（见表9-27）

表9-27　客户住房公积金汇缴步骤

操作步骤	角色	操作	内容
1	客户行政主管	填写申报表	1. 汇总当月新参加住房公积金、转入本单位人员信息 2. 收集需要办理住房公积金员工的身份证复印件（本步骤实训中省略） 3. 在北京市住房公积金系统企业管理子系统录入新增人员信息，并将信息导出存盘（本步骤在VBSE实训中省略） 4. 单位有人员变动时，即有新增、转入、离职、退休、封存时填写《住房公积金变更汇缴清册》，报表一式两份 5. 在表单指定位置加盖公章
2	住房公积金专管员	住房公积金缴存资料审核	1. 依照《住房公积金变更汇缴清册》列示的人员变动信息核对经办业务所需的资料是否齐备，填写是否规范 2. 退还准备不齐、不规范的资料，并告知企业经办人员原因，方便其做后续的准备
3	住房公积金专管员	住房公积金缴存业务处理	1. 读取企业交来的社会保险增员录盘信息，核对录盘信息与交来的文件内容是否一致（本步骤在VBSE实习中省略） 2. 在住房公积金中心系统内做企业人员信息变更 3. 在《住房公积金变更汇缴清册》上加盖业务章，并将其中的一份交还企业经办人
4	客户行政主管	资料归档	将增员业务退还已盖章的《住房公积金变更汇缴清册》归档，方便核算相关费用

二十一、购买办公用品（客户）

1. 业务描述

企业日常采购办公用品由客户行政主管携带少量现金购买即可。

2. 业务流程说明（见表9-28）

表9-28　客户购买办公用品步骤

操作步骤	角色	操作	内容
1	客户行政主管	填写办公用品采购需求申请表	根据需要采购的办公用品填写办公用品采购需求申请表
2	客户行政主管	填写借款单	1. 根据现金需要量填写借款单 2. 将借款单提交客户总经理审核
3	客户总经理	审核借款单并编制记账凭证	1. 审核借款单的准确性、合理性并签字 2. 根据经审核的借款单编制记账凭证
4	出纳	登记现金日记账	根据记账凭证登记现金日记账
5	客户行政主管	拿现金去服务中心采购	带好《办公用品采购需求汇总表》、现金去服务中心购买办公用品
6	服务公司业务员	结算费用并开具发票	1. 依照服务公司办公用品定价有关规则，计算费用，收取现金 2. 依照实际出售办公用品数量及单价开具办公用品发票
7	客户行政主管	填写支出凭单	根据发票金额填写支出凭单
8	客户总经理	编制记账凭证	根据支出凭单编制记账凭证

二十二、支付行政罚款（客户）

1. 业务描述

客户总经理收到行政罚款决定书后，指派客户行政主管通过电汇转账方式，将行政罚款（及可能包括的滞纳金）转入决定书上指定的银行账户，然后完成本企业的记账凭证制作和账簿记录工作。

2. 业务流程说明（见表9-29）

表9-29　客户支付行政罚款步骤

操作步骤	角色	操作	内容
1	客户总经理	将处罚决定书交给客户行政主管	客户总经理将工商局送达的处罚决定书交给客户行政主管，并指派后者办理付款业务
2	客户行政主管	去银行缴纳罚款	客户行政主管去银行，准备办理电汇业务，收款方账户信息参见处罚决定书

续表

操作步骤	角色	操作	内容
3	银行柜员	银行付款（电汇）	银行柜员在 VBSE 中进行电汇划转
4	银行柜员	打印回单	1. 银行柜员在 VBSE 中查询待打印的回单 2. 打印此笔电汇业务的回单，并交付给客户行政主管 3. 客户行政主管将银行回单和处罚决定书交给客户总经理
5	客户总经理	填制记账凭证	客户总经理根据处罚决定书和银行回单，编制记账凭证
6	客户行政主管	登记银行存款日记账	根据记账凭证和银行回单，登记银行存款日记账

二十三、个人银行卡批量开卡

1. 业务描述

为了提高各个企业员工办理银行卡的效率、不影响个人薪资发放等业务，银行预制了许多个人银行卡。银行柜员可以通知企业来人将本企业的所有个人银行卡领回并发放给员工。

2. 业务流程说明（见表 9–30）

表 9–30　个人银行卡批量开卡步骤

操作步骤	角色	操作	内容
1	银行柜员	填写银行卡账号	将银行卡印刷时有意空缺的卡号后 3 位填写完成，从 001 开始依次编号
2	银行柜员	通知各企业领取银行卡	通知各企业，派代表来银行领取银行卡

二十四、考勤汇总查询（客户）

1. 业务描述

实训中开始新一天的任务后，学生需要进行上班签到，每月经营完成后行政主管进行考勤统计，制作考勤统计表，以便计算工资。

2. 业务流程说明（见表 9–31）

表 9–31　客户考勤汇总查询步骤

操作步骤	角色	操作	内容
1	客户行政主管	考勤信息查询	1. 点击考勤统计查询，获取公司员工考勤明细信息 2. 依照明细信息制作考勤统计表，以便计算工资用

二十五、填写工作日志

1. 业务描述

为使整个学习过程有的放矢，增强学习效果，VBSE实习中要求填写《岗位工作日志》《任务流程学习表》，此类表格属自制表格，没有固定格式。《岗位工作日志》用于记录工作内容、落实工作过程中遇到的问题、解决及优化建议；《任务流程学习表》用于强化学员对任务流程、资料与数据传递过程的理解。

2. 业务流程说明（见表9-32）

表9-32 填写工作日志步骤

操作步骤	角色	操作	内容
1	全体岗位	了解岗位工作日志要求	学习"岗位工作日志"课件
2	全体岗位	撰写岗位工作日志	
3	全体岗位	提交岗位工作日志	将岗位工作日志提交给实习指导教师

二十六、领取作业和上交作业

1. 业务描述

学生收到"领取作业"任务后，需将系统中预置的作业文档下载到本地，线下完成后提交至系统中，以备指导教师阅读与批改。

作业内容及完成要求文档不是所有学生都能下载，其中担任制造业各部门经理岗位、商贸企业总经理岗位、银行柜员岗位、工商局专管员岗位、服务公司业务员岗位的学生均有下载权限。

作业也并非只由作业领取人单独完成，需要组织内其他成员共同协作，如制造业中营销部经理领取作业须由营销部经理、市场专员、销售专员协同完成；商贸公司总经理的任务需要与行政主管、业务主管共同完成；社会资源服务的各个岗位的学生则需要自己完成任务。

2. 业务流程说明

第一步，点击"领取作业"进入VBSE系统任务操作界面。

第二步，点击"下载"按钮，将作业文档下载到本地，作业下载完成后点击"完成任务"。依照作业要求，与本部门或本企业等人员共同完成作业。

第三步，点击"上交作业"进入VBSE系统任务操作界面。

第四步，点击"浏览"按钮，将已完成的作业文档上传至VBSE系统中，上传完成后点击"完成任务"。

第三节 自主经营——月初工作

一、薪酬发放（客户）

1. 业务描述

薪酬是指员工向其所在单位提供所需要的劳动而获得的各种形式的补偿，薪酬包括经济性薪酬和非经济性薪酬两大类，经济性薪酬分为直接经济性薪酬和间接经济性薪酬。

直接经济性薪酬是单位按照一定的标准以货币形式向员工支付的薪酬。

间接经济性薪酬不直接以货币形式发放给员工，但通常可以给员工带来生活上的便利、减少员工额外开支或者免除员工后顾之忧。

非经济性薪酬是指无法用货币等手段来衡量，但会给员工带来心理愉悦效用的一些因素。

薪酬发放是单位向员工支付直接性经济薪酬的途径、操作流程，企业中一般由人力资源部门和财务部门协同配合完成的一项基础性工作。

2. 业务流程说明（见表9-33）

表 9-33　客户薪酬发放步骤

操作步骤	角色	操作	内容
1	行政主管	填写借款单	1. 去行政主管处领取借款单 2. 依据签字完成的《职工薪酬发放表》数据填写借款单 3. 制作《职工薪酬发放表》 4. 将填好的《借款单》交总经理审核签字
2	客户总经理	审核借款	1. 借款人是否是该借款部门的职工 2. 借款日期是否正确 3. 借款用途及金额是否符合规定 4. 金额大小写是否正确 5. 借款方式是否正确 6. 审核完成后在借款单上签字
3	行政主管	开具支票	1. 依据借款单信息填写支票金额 2. 询问借款人、支票收款人单位名称，完成支票相关内容的填写 3. 将开具完成的支票交客户总经理审核、盖章

操作步骤	角色	操作	内容
4	客户总经理	审核支票、盖章	1. 核对支票及相关业务单据，判断是否为真实业务所需而签发的支票 2. 核查支票是否填写规范、有无涂改 3. 现金支票、转账支票业务范围是否合理，如现金支票一般用于支付差旅费、劳务费等 4. 支票经审核无误后，用红色印泥在其正面加盖财务章和法人印鉴，印记需清晰可见 5. 在职工薪酬发放表上加盖财务章、法人章
5	行政主管	登记支票使用登记簿	登记《支票使用登记簿》
6	行政主管	办理薪资发放	带齐薪资发放资料，去银行办理薪资发放
7	银行柜员	代发工资	1. 向客户问好，询问客户需要办理什么业务 2. 收到企业交来的职工薪酬发放表、转账支票、薪资录盘、银行进账单后，将薪资录盘信息导入银行系统，并将 U 盘交还给企业业务员经办人 3. 将薪资录盘信息与职工薪酬发放表的信息进行核对，核对无误后进行划款 4. 核对客户递交材料是否齐全 5. 核对支票所在信息与税收缴款书内容是否一致 6. 核对支票真伪 7. 支票是否仍在提示付款期限内 8. 核对支票所记载的事项是否齐全，出票金额、日期、收款名称是否有更改 9. 核对出票人签章是否符合规定 10. 支票大小写金额是否一致 11. 审核无误后将支票上列示内容录入银行业务系统 12. 在支票上盖"转讫"章，并将银行进账单第一联、第三联交还给企业经办人 13. 划款完成后在银行进账单上签字、盖章，并将第一联、第三联交给企业 14. 制作《入账清单》并在上面加盖业务章，将盖章后的《入账清单》交给客户
8	行政主管	传递原始凭证	薪资发放完成后告知会计进行后续账务处理
9	客户总经理	填制记账凭证	1. 填制记账凭证，将原始单据作为附件粘贴 2. 送客户总经理审核
10	行政主管	登记银行存款日记账	依照审核签字的记账凭证登记银行存款日记账

二、增值税计算（客户）

1. 业务描述

增值税是以生产和流通各环节的增值额（也称附加值）为征税对象征收的一种税。从实际操作上看，是采用间接计算办法，即从事货物销售以及提供应税劳务的纳税人，要根据货物或应税劳务的销售额和适用税率计算税款，然后从中扣除上一环节已纳增值税款，其余额为纳税人本环节应纳增值税税款。

2. 业务流程说明（见表 9-34）

表 9-34　客户增值税计算步骤

操作步骤	角色	操作	内容
1	客户总经理	计算增值税	根据资产负债表上的销项进项之差额，计算应交增值税

第四节　自主经营——月中工作

一、增值税申报（客户）

1. 业务描述

增值税是以生产和流通各环节的增值额（也称附加值）为征税对象征收的一种税。从实际操作上看，是采用间接计算办法，即从事货物销售以及提供应税劳务的纳税人，要根据货物或应税劳务的销售额和适用税率计算税款，然后从中扣除上一环节已纳增值税款，其余额为纳税人本环节应纳增值税税款。

2. 业务流程说明（见表 9-35）

表 9-35　客户申报增值税步骤

操作步骤	角色	操作	内容
1	客户总经理	去国税局申报纳税	客户总经理去国税局申报纳税
2	国税局专管员	签发税收缴款书	1. 审核纳税申报表 2. 签发税收缴款书 3. 将税收缴款书交客户总经理
3	客户行政主管	去银行缴纳税款	1. 接收客户总经理交来的税收缴款书 2. 去银行缴纳税款
4	银行柜员	税款入国库	1. 将税款缴纳入国库 2. 将税收缴款书回单退回给客户行政主管
5	客户总经理	填制记账凭证	1. 接收行政主管交来的税收缴款书 2. 编制记账凭证

二、签订劳动合同（客户）

1. 业务描述

劳动合同书是劳动者与用人单位确立劳动关系时所使用的，用以明确双方权利与义务的书面协议。

劳动合同书中包含签订劳动合同双方基本信息、劳动合同类型与期限、工作内容与职责、劳动保护与条件、劳动报酬、保险福利待遇、劳动培训与教育、劳动纪律，劳动合同变更、终止、解除等。

劳动合同应当在用人单位与劳动者建立劳动关系同时签订，或自用工之日起一个月内签订书面劳动合同。否则用人单位向劳动者支付两倍工资。

2. 业务流程说明（见表9-36）

表9-36 客户签订劳动合同步骤

操作步骤	角色	操作	内容
1	客户行政主管	准备劳动合同文本	拟定劳动合同范本，准备两份劳动合同
2	客户行政主管	劳动合同签署	人力资源部代表企业与新员工签订劳动合同，双方在劳动合同的对应项目内亲笔签名
3	客户总经理	劳动合同盖章	1. 核对公章、印鉴、资质、证照使用申请表是否填写完整，审批人是否签字 2. 核对申请盖章文件与申请表中所列示的文件是否一致 3. 确认无误后按照申请人的要求给文件盖章
4	客户行政主管	劳动合同发放、存档	将盖章完成的劳动合同的一个副本交给新员工保管，一份自己留存

三、广告费财务报销

1. 业务描述

客户业务主管根据广告费发票金额填写支出凭单并提请客户总经理审批，然后让客户行政主管签发转账支票支付广告费，客户总经理根据支票存根做账务处理。

2. 业务流程说明（见表9-37）

表9-37 广告费财务报销步骤

操作步骤	角色	操作	内容
1	填写支出凭单	客户业务主管	1. 根据广告费发票金额填写支出凭单 2. 交客户总经理审核
2	审核支出凭单	客户总经理	1. 接到客户业务主管交来的支出凭单 2. 审核支出凭单及发票的真实性及合法性并签字
3	签发支票	客户行政主管	1. 接收客户总经理签批的支出凭单及广告费发票 2. 开具转账支票并盖章 3. 将支票交给客户业务主管 4. 将支票存根交客户总经理
4	填制记账凭证	客户总经理	1. 接收客户行政主管签发的转账支票 2. 填制记账凭证

第五节　自主经营——月末工作

一、销售统计查询（客户）

1. 业务描述

销售统计查询业务是为了方便公司业务主管查看以往交易信息而设置的，通过交易信息查询，业务主管可以分别查看本公司曾经发出的采购订单及销售订单的历史信息，这些信息可以作为签订新订单的参考。

2. 业务流程说明（见表 9-38）

表 9-38　客户销售统计查询步骤

操作步骤	角色	操作	内容
1	客户业务主管	在系统中查询销售统计信息	通过系统查询本公司的交易信息，包括以往的采购订单信息和以往的销售订单信息

二、库存盘点（客户）

1. 业务描述

企业存货因为数量较多、收发频繁、计量误差、自然损耗等原因，可能导致库存数量与账面数量不符。为了避免账物不符的现象发生，需要定期进行库存盘点，查明原因并调整账面数，使账物相符。每个季度末，仓储部库管员需要进行实物盘点，确保与仓储部经理记录的存货出入库台账相符，并对盘盈盘亏情况进行处理。仓储部的存货台账还要和成本会计记录的存货明细账进行账账核对，确保账实相符。

2. 业务流程说明（见表 9-39）

表 9-39　客户库存盘点步骤

操作步骤	角色	操作	内容
1	客户总经理	盘点通知	1. 制定盘点通知 2. 通知仓库及其他相关部门
2	客户行政主管	填写盘点表	1. 收到盘点通知 2. 进行实际盘点工作，并填写盘点表

操作步骤	角色	操作	内容
3	客户总经理	填写盘点报告	1. 收到盘点表 2. 抽盘审核盘点表 3. 填写盘点报告
4	客户行政主管	审核盘点报告	1. 收到盘点报告 2. 审批盘点报告
5	客户总经理	盘盈盘亏处理，填制记账凭证	根据盘点报告制作记账凭证
6	客户总经理	登记存货明细账	根据记账凭证登记科目明细账
7	客户行政主管	更新库存台账	1. 收到盘点报告 2. 更新库存台账

三、现金盘点（客户）

1. 业务描述

现金盘点制度是企业货币资金管理的核心制度。出纳每月均要进行现金盘点。现金盘点是指将现金的账存数与出纳手上实际的现钞进行核对，如果现金实存数大于账存数，就是现金溢余；如果现金实存数小于现金账存数，就是现金短缺。

2. 业务流程说明（见表 9-40）

表 9-40　客户现金盘点步骤

操作步骤	角色	操作	内容
1	客户行政主管	定期清点现金	1. 查询现金日记账账面余额 2. 确定现金盘点时点，通知客户总经理 3. 清点现金，填写现金盘点表 4. 客户行政主管在现金盘点表上签字确认 5. 编制现金盘点报告
2	客户总经理	监盘	1. 现金盘点时，客户总经理在场监督盘点 2. 客户总经理在现金盘点报告上签字确认

四、五险一金财务记账（客户）

1. 业务描述

每月，出纳去银行领取社会保险、住房公积金委托扣款凭证，即付款通知单，并交财务会计进行记账处理。同时告知人力资源助理本月社会保险、住房公积金扣款金额。

2. 业务流程说明（见表9-41）

表9-41　客户五险一金财务记账步骤

操作步骤	角色	操作	内容
1	客户行政主管	领取银行五险一金扣款回执	1. 去银行领取社会保险、住房公积金委托扣款凭证——付款通知单 2. 告知人力资源助理本月社会保险、住房公积金扣款金额 3. 将去银行领取的社会保险、住房公积金委托扣款凭证——付款通知单交给客户总经理
2	客户总经理	填制缴纳五险一金记账凭证	1. 接收客户行政主管送来的社会保险、住房公积金委托扣款凭证——付款通知单 2. 填制记账凭证，并将附件粘贴在记账凭证后

五、五险一金计算（客户）

1. 业务描述

五险一金是指养老保险、失业保险、工伤保险、生育保险、医疗保险、住房公积金。北京市现行制度中各项缴费比例如表9-42所示。

表9-42　五险一金缴费表

		养老保险（%）	失业保险（%）	工伤保险（%）	生育保险（%）	基本医疗保险	
						基本医疗（%）	大额互助
本市城镇职工	单位	20	1	核定比例（0.2~2）	0.8	9	1%
	个人	8	0.2	0	0	2	3元
外埠城镇职工	单位	20	1	核定比例（0.2~2）	0.8	9	1%
	个人	8	0.2	0	0	2	3元
本市农村劳动力	单位	20	1	核定比例（0.2~2）	0.8	9	1%
	个人	8	0	0	0	2	3元
外埠农村劳动力	单位	20	1	核定比例（0.2~2）	0.8	9	1%
	个人	8	0	0	0	2	3元

公积金缴费比例：根据企业的实际情况，选择住房公积金缴费比例。北京市现行制度中住房公积金单位、个人缴费比例均为12%。

实训五险一金缴费比例请参见相关的设计规则。

2. 业务流程说明（见表9-43）

表9-43　客户五险一金计算步骤

操作步骤	角色	操作	内容
1	客户行政主管	五险一金缴纳信息核对	依据五险一金办理时社保中心、住房公积金中心退还的盖章表单，银行托收凭证核对企业员工五险一金缴费人数、缴费基数、参保项目
2	客户行政主管	五险一金计算	依照各项目核定的缴费基数、缴费比例计算单位、个人应承担的缴费金额
3	客户行政主管	五险一金缴费统计表制作	设计五险一金缴费表样式、制作缴费表，并将缴费数据填入表中
4	客户总经理	审核五险一金计算	1. 审核客户行政主管五险一金缴费计算是否正确 2. 确定没有错误之后在对应栏内签字，并将签字完成的表格交还给客户行政主管
5	客户行政主管	五险一金资料归档	将各种资料妥善保管，以备查用

六、薪酬核算（客户）

1. 业务描述

薪酬是指员工向其所在单位提供所需要的劳动而获得的各种形式的补偿，薪酬包括经济性薪酬和非经济性薪酬两大类，经济性薪酬分为直接经济性薪酬和间接经济性薪酬。

直接经济性薪酬是单位按照一定的标准以货币形式向员工支付的薪酬。

间接经济性薪酬不直接以货币形式发放给员工，但通常可以给员工带来生活上的便利、减少员工额外开支或者免除员工后顾之忧。

非经济性薪酬是指无法用货币等手段来衡量，但会给员工带来心理愉悦效用的一些因素。

薪酬核算主要是对员工货币性薪酬的计算，现行制度中货币性薪酬包括基本薪酬、奖励薪酬（奖金）、附加薪酬（津贴）、补贴薪酬、红利、酬金和福利等。

实训中薪酬由基本工资、绩效工资、辞退福利、五险一金构成。因实训不提供薪酬核算的纸质表格，故需要学生在进入本工作任务后下载电子表格，并保存。

2. 业务流程说明（见表9-44）

表9-44　客户薪酬核算步骤

操作步骤	角色	操作	内容
1	客户行政主管	收集薪资数据	1. 依据期初数据查找当月入职人员记录收集整理新增数据 2. 依据期初数据查找当月离职人员记录收集整理减少数据 3. 依据期初数据查找当月晋升、调动及薪资调整记录收集整理变更数据 4. 依据期初数据查找当月考勤信息，整理汇总当月考勤数据 5. 依据期初数据查找当期绩效考核评价评分资料，整理汇总绩效考核结果 6. 依据期初数据查找当月奖励、处罚记录，并做汇总整理 7. 依据期初数据查找当月五险一金增减、缴费数据，计算五险一金
2	客户行政主管	计算薪资	1. 下载企业员工花名册信息 2. 依照薪酬规则，参照发放的期初各类有关职工薪酬的各种表格，制作职工薪酬计算的各种表格，包含《职工薪酬统计表》《五险一金缴费统计表》 3. 按照薪酬体系中每个项目的计算规则进行薪资核算 4. 调整、打印职工薪酬统计表、职工薪酬发放表 5. 将打印出来的表格送交客户总经理审核
3	客户总经理	薪资审核	1. 审核工资结算总金额，了解总人工成本及波动幅度，并就变动的合理性进行核查 2. 审核工资结算的部门分配方式及比例，并就分配的合理性做出判断 3. 审核完成后在表单对应位置签字 4. 将签字完成的表单交还客户行政主管
4	客户行政主管	制作薪资发放表	1. 客户总经理审核签字之后，依据职工薪酬统计表信息制作职工薪酬发放表 2. 将职工薪酬发放表电子文件存储至U盘中
5	客户总经理	填制记账凭证	依照职工薪酬统计表、职工薪酬部门汇总、五险一金缴费统计表数据信息登记记账凭证
6	客户总经理	登记明细账	依照记账凭证登记明细账

七、计提折旧（客户）

1. 业务描述

在每个会计期末按照会计制度中确定的固定资产折旧方法计提折旧，并登记账簿。

2. 业务流程说明（见表9-45）

表9-45　客户计提折旧步骤

操作步骤	角色	操作	内容
1	客户总经理	计提折旧	直接读取业务数据里的固定资产折旧计算表
2	客户总经理	填写记账凭证	编制固定资产折旧记账凭证

八、期末结账（客户）

1. 业务描述

期末结账包括期末结转、科目汇总和确认本期财务成果几项工作。

（1）科目汇总。客户总经理根据日记账及记账凭证编制科目汇总表。

（2）期末结转。客户总经理将本期发生的收入、成本、费用、税金等科目结转至本年利润科目。

2. 业务流程说明（见表9-46）

表9-46　客户期末结账步骤

操作步骤	角色	操作	内容
1	客户总经理	科目汇总	根据日记账及记账凭证编制科目汇总表
2	客户总经理	结转损益	将科目汇总表里的损益类科目本期发生额结转至本年利润科目

九、编制报表（客户）

1. 业务描述

为了正确反映一定时期内在账簿中记录的经济业务，总结有关经济业务活动和财务状况，各单位必须在每一个会计期末结账并编制财务报表。

现在企业每期要编制的财务报表有资产负债表和利润表以及所有者权益变动表。

2. 业务流程说明（见表9-47）

表9-47　客户编制报表步骤

操作步骤	角色	操作	内容
1	客户总经理	报表出具	1. 根据科目汇总表出具资产负债表 2. 根据科目汇总表出具利润表

十、整理会计资料（客户）

会计资料即会计档案，是指会计凭证、会计账簿、财务会计报告等会计核算专业资料。它是记录和反映经济业务的重要史料和证据。会计档案是国家档案的重要组成部分，也是各单位的重要档案，它是对一个单位经济活动的记录和反映。通过会计档案，可以了解每项经济业务的来龙去脉；可以检查一个单位是否遵守财经纪律，在会计资料中有无弄虚作假、违法乱纪等行为；会计档案还可以为国家、单位提供详尽的经济资料，为国家制定宏观经济政策及单位制定经营决策提供参考。

会计档案根据重要程度不同，其保管期限也有所不同。会计档案的保管期限，根据其特点，分为永久、定期两类。永久档案即长期保管，不可以销毁的档案；定期档案根据保管期限分为 3 年、5 年、10 年、15 年、25 年 5 种。会计档案的保管期限，从会计年度终了后的第一天算起。

会计档案的整理原则上要按照其自然形成规律和档案自身特点进行，保持会计资料间的历史联系，区别不同的保存价值和类型，便于保管和利用。会计档案的整理包括分类、立卷、排列、编号、质量检查与调整。

本实训中，商贸公司会计资料有日记账、记账凭证、报表等，按照业务发生时间将记账凭证归整，日记账因只有现金和银行存款两种，也可附在记账凭证后归整在一起，各类报表附在最后，装订成册归档。

十一、结转销售成本（客户）

1. 业务描述

销售成本是指已销售产品的生产成本或已提供劳务的劳务成本以及其他销售的业务成本。月末，按照销售商品的名称及数量，分别根据库存商品中结出的其平均成本价，算出总成本进行主营业务成本的计算结转，其计算公式为：

主营业务成本 = 产品销售数量或提供劳务数量 × 产品单位生产成本或单位劳务成本

就销售产品而言，产品销售数量可直接在"库存商品明细账"上取得；产品单位生产成本可采用多种方法进行计算确定，如先进先出法、移动加权平均法、全月一次加权平均法等，但企业一经选定某一种方法后，不得随意变动，这是会计核算一贯性原则的要求。

2. 业务流程说明（见表 9–48）

表 9–48　客户结转销售成本步骤

操作步骤	角色	操作	内容	相关表单
1	客户总经理	汇总产成品出库数量	根据产成品出库单汇总出库数量	产成品出库单、生产成本结转表
2	客户总经理	编制销售成本结转表	根据出库数量和库存商品成本金额计算平均单价，编制销售成本结转表	销售成本结转表
3	客户总经理	填制记账凭证	1. 根据原始凭证及产成品出库单和生产成本结转表、销售成本结转表反映的业务内容，编制记账凭证 2. 在记账凭证"制单"处签字或加盖名单	记账凭证

‖第十章‖
服务公司

第一节 经营前的准备工作

一、领取并发放办公用品

1. 业务描述

实训开始各个单位需要领取必要的办公用品以满足实训的需要。本任务中每个单位派一名代表领取所有办公用品，带回后分发给单位内各个部门及人员。

2. 业务流程说明（见表 10-1）

表 10-1　领取并发放办公用品步骤

操作步骤	角色	操作	内容
1	银行柜员	领取办公用品	1. 领取办公用品 2. 发放办公用品
2	人力资源助理	领取办公用品	1. 领取办公用品 2. 发放办公用品
3	税务局专管员	领取办公用品	1. 领取办公用品 2. 发放办公用品
4	服务公司业务员	领取办公用品	1. 领取办公用品 2. 发放办公用品
5	客户总经理	领取办公用品	1. 领取办公用品 2. 发放办公用品
6	供应商总经理	领取办公用品	1. 领取办公用品 2. 发放办公用品

二、了解各组织及对应岗位职责

服务公司主要是为制造企业顺利完成生产经营活动提供必要的服务。主要职能如下：

（1）人力推荐。向制造企业推荐童车生产工人，收取人员推荐费。

（2）人才培训。为制造企业代为培训管理人员，收取培训费。

（3）广告服务。会展公司为制造企业提供广告服务，收取广告费，开具发票。

（4）组织商品交易会。会展公司承接商品交易会组织工作，收取会务费。

（5）市场开发。作为第三方，承接各制造企业市场开发，收取市场开发费。

（6）认证管理。为制造企业提供认证服务，收取认证费。

（7）产品研发。作为第三方，承接制造企业的产品研发，收取产品研发费。

（8）其他服务。作为第三方，代办制造企业的其他服务事项，收取相应费用，开具发票。

（9）档案管理。对采购过程的各种文档进行分类归档整理。

三、了解新公司注册流程

准备创立新公司时需要进行工商注册，工商注册包含确定企业的法律形式、企业名称预先登记、领取开业登记注册申请、银行入资、工商注册审批、领取营业执照、刻章等环节。

第二节　日常任务

一、服务公司培训调研

1. 业务描述

服务公司下发培训调研问卷，调研各类企业的培训需求。培训调研完成后由服务公司进行培训需求分析，制订培训工作计划，并做好培训工作准备。

2. 业务流程说明述（见表10-2）

表10-2　服务公司培训调研步骤

操作步骤	角色	操作	内容
1	服务公司业务员	培训调查	1. 将培训调查问卷发给各企、事业单位 2. 持续跟进问卷填写情况，回收已完成调查问卷
2	服务公司业务员	培训需求分析	1. 统计整理培训需求信息 2. 对培训需求焦点问题进行分析 3. 提交培训需求调研报告并做培训工作准备
3	服务公司业务员	培训工作准备	1. 依据培训工作计划日程安排，组织培训工作开展 2. 将培训计划表交给参加培训企业

二、服务公司组织在职人员培训

1. 业务描述

组织培训，是指组织为了提高劳动生产率和个人对职业的满足程度，直接有效地为组织生产经营服务，从而采取各种方法，对组织各类人员进行的教育培训投资活动。

在职人员培训分为一线生产工人的技术培训和管理人员的能力提升培训。管理人员的培训由人力资源部委托外部专业培训机构提供；培训完成后财务部根据培训费发票向专业培训机构支付培训费。一线生产工人的技术培训由企业内部组织。

2. 业务流程说明（见表10-3）

表10-3　服务公司在职人员培训步骤

操作步骤	角色	操作	内容
1	服务公司业务员	发布培训通知	1. 依据培训计划表安排，确认讲师、培训内容、培训时间安排 2. 确定培训场地，并做好培训场地布置工作 3. 服务公司业务员自拟培训通知至受训人，告知其培训时间、地点、培训内容等
2	服务公司业务员	组织培训	1. 清点受训人员，查看是否全部到齐，组织受训人员在《培训签到表》上签字 2. 联系未到人员，对没有参加培训人员做好登记 3. 维护培训现场秩序，做好讲师与受训者之间的互动沟通工作
3	服务公司业务员	培训满意度调查	1. 培训完成后，组织受训者填写《培训满意度调查问卷》 2. 回收《培训满意度调查问卷》，清点份数，督办未提交人员立即填写后交回
4	服务公司业务员	总结培训结果	1. 以培训签到表、培训满意度调查问卷及培训进行效果为依据进行培训分析 2. 撰写总结报告并存档 3. 依据培训计划表总结培训执行情况 4. 对培训总结报告内容加以了解和备份 5. 为再次培训计划制订做积累

续表

操作步骤	角色	操作	内容
5	服务公司业务员	开具发票、收取费用	1. 根据培训具体内容与参训人数确定培训费用，并开具发票，要求学员交给人力资源部（学员）并告知人力资源部（学员）尽快付款 2. 向各企业人力资源部门（学员）收取费用

三、制订培训计划

1. 业务描述

了解学生的培训需求及主讲教师的培训计划，依据先易后难、先紧要后次要并优先考虑广泛程度的思想编制培训计划表。

2. 业务流程说明（见表 10-4）

表 10-4　服务公司制订培训计划步骤

操作步骤	角色	操作	内容
1	服务公司业务员	制订培训计划	1. 根据培训需求调查情况总结学生的培训需求 2. 结合教师的时间安排，编制培训计划表，安排培训时间和地点并进行公布

四、催收各项费用

1. 业务描述

服务公司主要是为各家企业顺利完成生产经营活动提供必要的服务，其主要职能包括：人力推荐并收取人员推荐费，人才培训并收取培训费，产品研发生产许可管理，为制造企业提供生产许可并收取相关费用，其他服务，作为第三方代办制造企业的其他服务事项，如水电费等并收取相应费用，开具发票。

2. 业务流程说明（见表 10-5）

表 10-5　催收各项费用步骤

操作步骤	角色	操作	内容
1	服务公司业务员	催收各项费用	服务公司业务员去企业催收各项费用

五、购买服务业普通发票

1. 业务描述

发票是指一切单位和个人在购销商品、提供劳务或接受劳务、服务以及从事其他经营活动，所提供给对方的收付款的书面证明，是财务收支的法定凭证，是会计核算的原始依据，也是审计机关、税务机关执法检查的重要依据。

2. 业务流程说明（见表 10-6）

表 10-6　服务公司购买普通发票步骤

操作步骤	角色	操作	内容
1	服务公司业务员	去税务局购买发票	服务公司业务员到税务局购买发票
2	地方税务局专管员	销售发票	向服务公司业务员销售服务业发票
3	地方税务局专管员	开具收费凭证	给服务公司业务员开具收费凭证

六、人才信息录入

1. 业务描述

企业招聘渠道有很多，如现场招聘会、校园招聘会、报纸、杂志、电视媒体、网络等。本任务模拟企业通过第三方人才服务机构提供的人才库中搜寻合适的人选并最终录用的过程。

2. 业务流程说明（见表 10-7）

表 10-7　服务公司人才信息录入步骤

操作步骤	角色	操作	内容
1	服务公司业务员	人才信息录入	1. 因企业招聘录用而被锁定的原有人才信息，当企业解聘时，将其重新激活进入人才库 2. 将新开发人才信息录入人才库

七、制造企业招聘生产工人

1. 业务描述

员工招聘就是企业采取一些科学的方法寻找、吸引应聘者，并从中选出企业需要的人员予以录用的过程，是指按照企业经营战略规划的要求把优秀、合适的人招聘进企业，把合适的人放在合适的岗位。包括征召、甄选和录用三个阶段。

本任务是企业通过人才服务招聘生产工人。

2. 业务流程说明（见表 10-8）

表 10-8 招聘生产工人步骤

操作步骤	角色	操作	内容
1	人力资源部经理	人才筛选	1. 要求生产计划部经理依照生产计划安排统计生产工人缺口，并告知人力资源部 2. 与生产计划部经理沟通人才素质要求及职称等 3. 登录系统进行简历筛选 4. 结合招聘需求确定录用名单 5. 与服务公司沟通确定录用人员
2	服务公司业务员	查询已聘人员、开具发票	1. 依据确定的人员录用名单在系统中查询已聘人员 2. 根据协定的人才推介服务费用金额开具服务业发票，并将支票交给招聘企业，要求其尽快支付费用
3	人力资源部经理	申请借款	1. 依据发票显示内容和金额填写支出凭单 2. 将发票粘贴在支出凭单后 3. 将填写完成的支出凭单交财务部经理审核
4	财务部经理	审核借款	1. 审核支出凭单填写是否完整 2. 判断经济业务是否真实 3. 在支出凭单上签字 4. 将支出凭单交给出纳并告知人力资源部经理去出纳处领取支票
5	出纳	开具支票	1. 依据支出凭单开具转账支票，收款单位名称及账号信息要求人力资源部经理提供 2. 将开具好的转账支票交财务部经理审核、盖章
6	财务部经理	审核支票	1. 检查支票填写是否规范 2. 在支票上盖财务章 3. 将支票交还出纳
7	出纳	支付支票	1. 将支票交给人力资源部经理 2. 要求人力资源部经理在支票使用登记簿上签字
8	财务会计	填制记账凭证	1. 依据支出凭单填制记账凭证 2. 将填写完成的记账凭证交财务部经理审核签字
9	财务部经理	审核记账凭证	1. 审核记账凭证填写是否规范 2. 在记账凭证上签字
10	出纳	登记银行存款日记账	1. 依照记账凭证登记银行存款日记账 2. 将记账凭证交还财务会计
11	财务会计	登记明细账	依据记账凭证登记明细账

八、收取人才招聘费

1. 业务描述

支票结算是指顾客根据其在银行的存款和透支限额开出支票，命令银行从其账户中支付一定款项给收款人，从而实现资金调拨，了结债权债务关系的一种过程。

本业务模拟服务公司为企业提供人才中介服务后，催收服务费用，并将支票送存银行的业务流程。

2. 业务流程说明（见表 10-9）

表 10-9　收取人才招聘费步骤

操作步骤	角色	操作	内容
1	服务公司业务员	查询人才推荐服务收款情况	1. 登录系统查询哪些企业仍未支付人才服务推介费 2. 联系欠费企业，催收款项
2	服务公司业务员	收取人才招聘费	1. 收取企业送交的转账支票或现金等 2. 将支票或现金送存银行
3	银行柜员	支票结算	1. 检查转账支票是否填写规范 2. 核对支票是否仍在承兑期 3. 在系统内进行款项划转操作

九、出售设备（制造企业）

1. 业务描述

处置设备业务是指企业根据设备利用率情况或资金短缺状况而将部分生产设备进行出售。生产计划部经理进行生产设备的出售合同拟定。

2. 业务流程说明（见表 10-10）

表 10-10　出售设备步骤

操作步骤	角色	操作	内容
1	生产计划部经理	与服务公司签订设备处置合同	1. 使用通用的"购销合同"，线下找服务公司签署设备出售合同 2. 线下完成合同的盖章
2	税务会计	开具设备处置发票	1. 因为设备都是 2009 年以后购入，因此可开具增值税专用发票 2. 将发票交给生产计划部经理 3. 生产计划部经理将发票交服务公司业务员
3	生产计划部经理	在系统中进行设备出售	1. 通过系统操作界面，实现物理设备的交付 2. 若该设备存在固定资产卡片，则对固定资产卡片进行注销
4	资产会计	填写记账凭证	1. 根据银行回单、发票记账联等，填写记账凭证 2. 线下让财务部经理审核记账凭证
5	资产会计	登记明细账	登记各相关科目的明细账

十、支付设备回购款

1. 业务描述

制造企业为了融资的需要，将从服务公司购买的设备再卖给服务公司，解决资金问题，服务公司支付给制造企业设备回购款。

2. 业务流程说明（见表 10-11）

表 10-11　支付设备回购款步骤

操作步骤	角色	操作	内容
1	生产计划部经理	将增值税专用发票送至服务公司业务员	将发票送至服务公司换取支票
2	服务公司业务员	开具设备回购款支票	1. 根据发票金额开具转账支票 2. 将转账支票送交销货方生产计划部经理 3. 生产计划部经理将支票送交给出纳
3	出纳	将支票送存银行	携带服务公司转账支票去银行办理入账业务
4	银行柜员	在系统中将支票入账	通过系统操作界面，将款项从服务公司转到持票人的企业账户
5	银行柜员	打印回单	打印支票入账回单交出纳
6	出纳	登记日记账	根据回单进行日记账登记，登记完毕将银行回单交财务会计
7	财务会计	填写记账凭证	根据银行回单填写记账凭证

十一、购买设备（制造企业）

1. 业务描述

企业根据中长期生产计划及资金状况，确定购买新设备来扩大产能。生产计划部提出设备需求计划，生产计划员发起设备购买流程。

2. 业务流程说明（见表 10-12）

表 10-12　购买设备步骤

操作步骤	角色	操作	内容
1	生产计划员	拟定设备购买合同，填写合同会签单	用通用的购销合同拟定设备购买合同主体结构和主要内容，同时填写合同会签单，将合同和会签单送生产计划部经理进行审批
2	生产计划部经理	审批合同会签单	审核合同会签单并签字。将合同会签单交生产计划员，计划员送交财务部经理审核
3	财务部经理	审批合同会签单	审核合同会签单并签字。将合同会签单交生产计划员，计划员将设备购买合同以及合同会签单送交总经理审核

续表

操作步骤	角色	操作	内容
4	总经理	审批合同	审核合同内容，审核生产计划部经理和财务部经理是否已经在合同会签单上签字；审核完成后，总经理签字
5	行政助理	合同盖章	在设备购买合同上盖章
6	生产计划员	在系统中进行设备购买	在系统中记录设备购买信息
7	服务公司业务员	签订合同，开具发票	确认合同内容，签字；根据合同金额开具出售设备的发票，发票交生产计划员保管

十二、支付设备购买款（制造企业）

1. 业务描述

前期已经收到购买设备的发票，现在开支票付款给服务公司。

2. 业务流程说明（见表 10-13）

表 10-13 支付设备购买款步骤

操作步骤	角色	操作	内容
1	生产计划部经理	填写支出凭单	1. 生产计划部经理查看购买设备合同执行情况表，确认应付款情况 2. 填写支出凭单
2	财务部经理	审核支出凭单	1. 填写支出凭单（把对应的采购订单的单号和入库单的单号写上） 2. 将填写的支出凭单交给采购部经理审核 3. 将采购部经理审核后的支出凭单交给应付会计审核 4. 将支出凭单交给财务部经理审核 5. 拿支出凭单去财务部出纳处办理付款手续
3	出纳	签发支票并登记支票登记簿	1. 出纳根据审核的支出凭单填写转账支票 2. 填写支票登记簿 3. 将支票交生产计划部经理 4. 将支出凭单及支票存根交应付会计
4	生产计划部经理	用支票交换销货方发票	1. 接受出纳签发的支票 2. 将转账支票送给卖方以支付货款
5	应付会计	编制记账凭证	1. 接收到出纳交给的支票存根和支出凭单 2. 填制记账凭证 3. 送财务部经理审核
6	财务部经理	审核记账凭证	1. 接收应付会计交给的记账凭证 2. 审核记账凭证填写的准确性 3. 审核无误后签字，交出纳登记银行日记账
7	出纳	登记日记账	1. 接收财务部经理交给的审核后的记账凭证 2. 根据记账凭证登记银行存款日记账 3. 将记账凭证交应付会计登记科目明细账
8	应付会计	登记明细账	1. 接收出纳交给的记账凭证 2. 根据记账凭证登记科目明细账

十三、收取设备销售款

1. 业务描述

服务公司销售设备给制造企业，分次收取设备款，服务公司业务员要及时催收设备款，拿到制造企业签发的支票要及时去银行进账。

2. 业务流程说明（见表 10-14）

表 10-14　收取设备销售款步骤

操作步骤	角色	操作	内容
1	服务公司业务员	收到购货方支票并填写进账单	1. 收到制造企业签发的设备销售款的转账支票 2. 根据转账支票金额填写进账单 3. 将转账支票送存银行
2	银行柜员	支票进账	1. 收到服务公司的转账支票及进账单 2. 办理转账支票进账业务
3	银行柜员	打印回单	1. 打印进账单回单 2. 将回单退还给服务公司业务员

十四、支付设备维护费（制造企业）

1. 业务描述

服务公司定期对出售的设备进行维护，企业按月支付设备维护费。

2. 业务流程说明（见表 10-15）

表 10-15　支付设备维护费步骤

操作步骤	角色	操作	内容
1	生产计划部经理	填写支出凭单	1. 生产计划部经理按应付设备维修费金额填写支出凭单 2. 将填写的支出凭单交给财务部经理审核
2	财务部经理	审核支出凭单	1. 审核支出凭单填写的准确性 2. 审核资金使用的合理性 3. 审核无误后签字
3	出纳	签发转账支票	1. 出纳根据审核的支出凭单填写转账支票 2. 填写支票登记簿 3. 将支票交采购员 4. 将支出凭单及支票存根给财务会计
4	生产计划部经理	接受支票并送交卖方	1. 接收出纳签发的支票 2. 将转账支票送给卖方以支付货款
5	财务会计	填制记账凭证	1. 接收到出纳交给的支票存根和支出凭单 2. 填制记账凭证 3. 送财务部经理审核

续表

操作步骤	角色	操作	内容
6	财务部经理	审核记账凭证	1. 接收财务会计交给的记账凭证 2. 审核记账凭证填写的准确性 3. 审核无误后签字，交出纳登记银行存款日记账
7	出纳	登记银行存款日记账	1. 接收财务部经理交给的审核后的记账凭证 2. 根据记账凭证登记银行存款日记账 3. 将记账凭证交财务会计登记科目明细账
8	财务会计	登记科目明细账	1. 接收出纳交给的记账凭证 2. 根据记账凭证登记科目明细账

十五、收取设备维护费

1. 业务描述

服务公司定期对出售的设备进行维护，按月收取设备维护费。详细费用收费标准可参见总体规则。

2. 业务流程说明（见表 10-16）

表 10-16　收取设备维护费步骤

操作步骤	角色	操作	内容
1	服务公司业务员	收到支票并填写进账单	1. 收到制造企业签发的设备维护费用的转账支票 2. 填写进账单
2	银行柜员	支票进账	1. 收到服务公司的转账支票及进账单 2. 办理转账支票进账业务 3. 打印进账单回单

十六、查询设备购销记录

1. 业务描述

实训中服务公司业务员查询设备信息，查询目的主要是：了解服务公司现有设备购入、售出明细信息；查询客户购买设备的明细信息，收取销售款；查询购入设备明细信息，支付采购款。

2. 业务流程说明（见表 10-17）

表 10-17　查询设备购销记录步骤

操作步骤	角色	操作	内容
1	服务公司业务员	查询设备信息	点击查询设备信息任务，查看服务公司购入、售出设备明细信息

十七、购买产品生产许可

1. 业务描述

新产品开发是指从研究选择适应市场需要的产品开始到产品设计、工艺制造设计，直到投入正常生产的一系列决策过程。从广义而言，新产品开发既包括新产品的研制，也包括原有的老产品改进与换代。新产品开发是企业研究与开发的重点内容，本实习中采用购买生产许可证来模拟新产品研发的过程。

2. 业务流程说明（见表 10-18）

表 10-18　购买产品生产许可步骤

操作步骤	角色	操作	内容
1	生产计划部经理	确定购买生产许可证的产品种类	根据市场需求确定新产品类型
2	生产计划部经理	填写支出凭单	查看实习规则，了解该生产许可的购买费用，并填写支出凭单
3	财务经理	审核支出凭单	审核支出凭单内容
4	服务公司业务员	在系统中处理生产许可证销售	服务公司在系统中完成生产许可证的销售
5	服务公司业务员	开发票	根据金额开具企业购买生产许可证的费用发票，并将发票送交企业出纳员
6	出纳	开具支票	出纳员根据发票开具购买生产许可证所需支票，并将支票送交服务公司业务员
7	成本会计	填写记账凭证	成本会计将开具的支票登入记账凭证
8	财务经理	审核记账凭证	审核记账凭证的内容
9	出纳	登记银行日记账	出纳员根据记账凭证填写银行日记账记录支出信息
10	成本会计	登记科目明细账	成本会计将支出信息登入科目明细账
11	服务公司业务员	支票送存银行	服务公司业务员将支票送银行入账

十八、签订广告合同

1. 业务描述

广告合同是指广告客户与经营者之间确立、变更、终止广告承办或代理关系的协议。签订广告合同是双方订立协议的过程。

2. 业务流程说明（见表 10-19）

表 10-19 签订广告合同步骤

操作步骤	角色	操作	内容
1	客户业务主管	起草广告合同	确定广告合同的主题结构及主要内容，送交总经理审核
2	客户总经理	审核广告合同	审核广告合同的合理性并签字确认
3	服务公司业务员	签订合同	对广告合同内容确认无误后在合同上签字
4	服务公司业务员	在系统中录入广告费用	将合同中的广告金额记录进 VBSE 系统
5	服务公司业务员	开具广告费发票	依据合同上确定的广告费金额开具发票并送交客户总经理
6	客户行政主管	开具广告费支票	根据发票开具广告费支票并送交服务公司业务员

‖第十一章‖
社会资源

第一节 日常任务

一、申请抵押贷款（制造企业）

1. 业务描述

抵押贷款指借款者以一定的抵押品作为物品保证向银行取得的贷款。它是资本银行的一种放款形式，抵押品通常包括有价证券、国债券、各种股票、房地产以及货物的提单、栈单或其他各种证明物品所有权的单据，见表11-1。贷款到期，借款者必须如数归还，否则银行有权处理其抵押品，作为一种补偿。

表 11-1 银行信用贷款列表

筹资方式	融资手段	财务费用（%）	最高限额	还款时间	还款约定
银行信用贷款	长期贷款	8	上月所有者权益×2	按年，最长5年	每季付息，到期还本
	短期贷款	6	上月所有者权益×2	按月，最短3个月，最长12个月	到期一次还本付息

2. 业务流程说明（见表11-2）

表 11-2 申请抵押贷款步骤

操作步骤	角色	操作	内容
1	财务经理	确定贷款额度	根据企业资金需要量确定贷款额度
2	财务经理	写贷款申请	财务经理向总经理提交贷款申请书
3	总经理	审批贷款	根据财务经理提出的申请额度与企业的资金需求计划审核贷款额度的合理性

操作步骤	角色	操作	内容
4	银行柜员	发放贷款	1. 接收企业财务经理的贷款申请 2. 在系统中为企业发放贷款
5	银行柜员	打印借款回执	1. 打印借款回单 2. 将回单交财务经理
6	财务经理	编制记账凭证	根据借款回单编制记账凭证
7	总经理	审核记账凭证	审核财务经理编制的记账凭证
8	出纳	登记银行存款明细账	1. 接收总经理审核过的记账凭证 2. 登记银行存款明细账
9	财务会计	登记科目明细账	登记借款科目明细账

二、支付贷款利息

1. 业务描述

贷款利息是指贷款人因为发出货币资金而从借款人手中获得的报酬，也是借款人使用资金必须支付的代价。

贷款利息 = 贷款金额 × 贷款利率 × 贷款期限

2. 业务流程说明（见表 11-3）

表 11-3　支付贷款利息步骤

操作步骤	角色	操作	内容
1	银行柜员	计算贷款利息	根据企业贷款额度以及贷款利率计算企业应该归还的利息金额
2	银行柜员	划转利息	从企业贷款户头扣划应该归还的借款利息
3	银行柜员	打印回执	1. 打印借款利息扣划凭条 2. 在回执联盖"转讫"印章
4	出纳	拿回利息凭条	1. 去银行拿归还利息的凭条 2. 将利息凭条交财务会计
5	出纳	将利息凭条送交财务会计	将利息凭条送交财务会计做账务处理
6	财务会计	编制记账凭证	1. 根据利息凭条编制记账凭证 2. 将记账凭证交财务经理审核
7	财务部经理	审核记账凭证	审核财务会计的记账凭证
8	出纳	登记银行存款日记账	1. 接收财务经理审核过的记账凭证 2. 登记银行存款日记账
9	财务会计	登记科目明细账	登记财务费用科目明细账

三、社会保险增员/减员申报

1. 业务描述

根据《社会保险法》相关规定，社会保险征收范围如下：职工应当参加基本养老保险、失业保险、工伤保险、生育保险、医疗保险，其中养老保险、失业保险和医疗保险由用人单位和职工共同缴纳，工伤保险和生育保险由用人单位依照法定比例为员工缴纳。

用人单位应当自用工之日起 30 日内为职工向社会保险经办机构办理社会保险申请办理社会保险登记，当发生以下情形时需要做社会保险增员申报。

情形一：企业招聘员工且有新员工入职时。

情形二：企业内部人员调整，外地职工调岗至本市工作时。

2. 业务流程说明（见表 11-4）

表 11-4　社会保险增员/减员申报步骤

操作步骤	角色	操作	内容
1	人力资源助理	填写北京市社会保险参保人员增加表	1. 向员工了解是否曾经参加过社会保险 2. 向员工了解是否曾经在本市参加过社会保险 3. 根据询问得到的信息判断员工属于新参保、跨区转入还是异地转入，并依照社保经办机构对不同类型的参保人员提交资料的要求向员工索要证件 4. 汇总整理当月需要社会保险增员的所有员工信息 5. 在北京市社会保险系统企业管理子系统录入新增人员信息，并将信息导出存盘（本步骤在 VBSE 实训中省略） 6. 填写（或打印）北京市社会保险参保人员增加表，一式两份
2	人力资源助理	填写公章、印鉴使用申请表	1. 去行政助理处领取《公章、印鉴使用申请表》并依照要求填写 2. 将填写完成的《公章、印鉴使用申请表》交给部门经理审批
3	人力资源部经理	公章、印鉴使用审批	1. 审核盖章申请事项是否必要，待盖章资料准备是否齐全 2. 审核完成后在《公章、印鉴使用申请表》上签字，并将签字完成后的申请表交还给人力资源助理
4	行政助理	盖章	1. 核对《公章、印鉴使用申请表》是否填写完整，是否经过审批签字 2. 核对需要盖章的资料与申请表上所列示的内容是否一致 3. 按照使用申请表上列示的章、证的类型及盖章位置等要求为其盖章 4. 将《公章、印鉴使用申请表》留存备查，盖章完成的资料交还给人力资源助理
5	人力资源助理	去社会保险中心办理增员业务	带齐资料去社会保险中心办理社会保险增员业务
6	社保局专管员	社保增员资料审核	1. 依照《北京市社会保险参保人员增加表》列示的增员原因核对经办业务所需的资料是否齐备，填写是否规范 2. 退还准备不齐、不规范的资料，并告知企业经办人员原因，方便其做后续的准备

续表

操作步骤	角色	操作	内容
7	社保局专管员	社保增员业务处理	1. 读取企业交来的社会保险增员录盘信息，核对录盘信息与交来的文件内容是否一致（本步骤在 VBSE 实习中省略） 2. 在社保中心系统内做企业人员增加 3. 在《北京市社会保险参保人员增加表》上加盖业务章，将其中的一份交还企业经办人
8	人力资源助理	资料归档	将增员业务退还已盖章的《北京市社会保险参保人员增加表》归档，方便核算相关费用

四、住房公积金汇缴

1. 业务描述

根据 1999 年颁布、2002 年修订的《住房公积金管理条例》，住房公积金是指国家机关、国有企业、城镇集体企业、外商投资企业、城镇私营企业及其他城镇企业、事业单位及其在职职工缴存的长期住房储金。

单位进行住房公积金汇缴有以下几种方式：直接交存转账支票、现金（须填制《现金送款簿》）方式；通过银行汇款方式；委托银行收款方式；支取住房基金方式。

实训中住房公积金汇缴采用委托银行收款方式。

下列情形需要填写汇缴变更清册：企业新进人员时；企业有员工离职时；企业有人员调往外地，且调入为以后常驻地。

2. 业务流程说明（见表 11-5）

表 11-5　住房公积金汇缴步骤

操作步骤	角色	操作	内容
1	人力资源助理	填写申报表	1. 汇总当月新参加住房公积金、转入本单位人员信息 2. 收集需要办理住房公积金员工的身份证复印件（本步骤实训中省略） 3. 在北京市住房公积金系统企业管理子系统录入新增人员信息，并将信息导出存盘（本步骤在 VBSE 实训中省略） 4. 单位有人员变动时，即有新增、转入、离职、退休、封存时填写《住房公积金变更汇缴清册》，报表一式两份
2	人力资源助理	填写公章、印鉴使用申请表	1. 去行政助理处领取《公章、印鉴使用申请表》并依照要求填写 2. 将填写完成的《公章、印鉴使用申请表》交给部门经理审批
3	人力资源部经理	公章、印鉴使用审批	1. 审核盖章申请事项是否必要，待盖章资料准备是否齐全 2. 审核完成后在《公章、印鉴使用申请表》上签字，并将签字完成后的申请表交还给人力资源助理
4	行政助理	盖章	1. 核对《公章、印鉴使用申请表》是否填写完整，是否经过审批签字 2. 核对需要盖章的资料与申请表上所列示的内容是否一致 3. 按照使用申请表上列示的章、证的类型及盖章位置等要求为其盖章 4. 将《公章、印鉴使用申请表》留存备查，盖章完成的资料交还给人力资源助理

操作步骤	角色	操作	内容
5	人力资源助理	去住房公积金管理中心办理缴存业务	带齐资料去住房公积金管理中心办理缴存业务
6	住房公积金专管员	住房公积金缴存资料审核	1. 依照《住房公积金变更汇缴清册》列示的人员变动信息核对经办业务所需的资料是否齐备，填写是否规范 2. 退还准备不齐、不规范的资料，并告知企业经办人员原因，方便其做后续的准备
7	住房公积金专管员	住房公积金缴存业务处理	1. 读取企业交来的社会保险增员录盘信息，核对录盘信息与交来的文件内容是否一致（本步骤在 VBSE 实习中省略） 2. 在住房公积金中心系统内做企业人员信息变更 3. 在《住房公积金变更汇缴清册》上加盖业务章，并将其中的一份交还企业经办人
8	人力资源助理	资料归档	将增员业务退还已盖章的《住房公积金变更汇缴清册》归档，方便核算相关费用

五、业务单据检查

1. 业务描述

会计师事务所按照会计政策以及企业会计准则的规定，定期指定注册会计师去企业检查业务单据，并指导企业正确编制会计凭证等会计记录。

2. 业务流程说明（见表 11-6）

表 11-6 业务单据检查步骤

操作步骤	角色	操作	内容
1	注册会计师	去企业检查业务单据	去企业检查业务单据是否按照企业会计准则的规定编制
2	注册会计师	登记检查情况汇总表	根据检查情况登记单据检查情况汇总表

六、银行社会保险缴纳

1. 业务描述

同城特约委托收款是指收款人按照合同约定，在特定期间内委托开户行向同城的付款人收取特定款项，付款人开户行根据付款人的授权，直接从付款人账户支付款项。

实训中，银行、企业与社会保险中心签订同城特约委托收款协议，由银行在指定日期内为社会保险中心收取社保费。实训中不提供纸质《各企业社会保险缴费表》，学生依据教学资源中相关表样制作后填写。

2. 业务流程说明（见表 11-7）

表 11-7　银行社会保险缴纳步骤

操作步骤	角色	操作	内容
1	社保局专管员	核定企业社会保险费用	1. 告知企业将当月应缴纳的社会保险费计算汇总，并送至社会保险中心 2. 结合该企业过往社会保险信息及当月变动数据核定该企业当月应缴费金额
2	社保局专管员	社会保险缴费金额告知	1. 制作辖区内各企事业单位月度社会保险缴费表 2. 告知银行应缴费的企业名称、缴费金额、付款账号及社保中心收款账号
3	银行柜员	划转社会保险	依据社保局专管员提供的数据将社会保险费用由企业账户划转至社会保险中心账户
4	银行柜员	打印凭证	在系统内填写社会保险同城特约委托收款凭证
5	银行柜员	单据分拣	1. 打印同城特约委托收款凭证，并在第1联、第2联加盖银行业务章 2. 将第1联放在企业回单箱，第2联放在社会保险中心回单箱内，银行留存第3联

七、查询住房公积金缴纳情况

1. 业务描述

检查企业住房公积金缴纳情况主要是公积金专管员下企业（制造企业、商贸企业）检查少报、瞒报住房公积金的情况。

2. 业务流程说明（见表 11-8）

表 11-8　查询住房公积金缴纳情况步骤

操作步骤	角色	操作	内容
1	公积金专管员	到企业检查住房公积金缴纳情况	1. 携带代表身份的证件（一般为劳动监察大队人员负责此项工作）到企业检查住房公积金缴纳情况 2. 要求制造企业和商贸企业填写住房公积金缴纳情况登记表
2	公积金专管员	统计总结企业住房公积金缴纳情况	1. 统计企业住房公积金缴纳情况 2. 总结企业住房公积金缴纳情况，并采取相应处理措施

八、税务检查

1. 业务描述

税务局专管员定期、不定期对企业进行上门突击检查，看有无违反税收征管法律法规的情形，如不足额申报纳税或延期不申报纳税等。

2. 业务流程说明（见表 11-9）

表 11-9 税务检查步骤

操作步骤	角色	操作	内容
1	国税局专管员	去企业检查纳税情况	1. 去企业现场进行检查 2. 填写《税务检查情况统计表》

九、打印分拣票据

1. 业务描述

银行打印票据，界面列出所有未打印的回单，目前不支持批量打印。

2. 业务流程说明（见表 11-10）

表 11-10 打印分拣票据步骤

操作步骤	角色	操作	内容
1	系统	打印票据	系统自动打印单据
2	银行柜员	票据分拣	1. 工作空闲时或定期查看是否有已打印的各类票据 2. 将打印出来的票据依照企业不同进行分类 3. 将属于某企业的所有票据投递到该企业的票据框中

十、公积金缴纳

1. 业务描述

实训中银行、企业与住房公积金管理中心签订同城特约委托收款协议，由银行在指定日期内为住房公积金管理中心收取住房公积金费用。实训中不提供纸质《企业社会保险缴费表》，学生依据教学资源中相关表样式制作后填写。

2. 业务流程说明（见表 11-11）

表 11-11 公积金缴纳步骤

操作步骤	角色	操作	内容
1	住房公积金专管员	核定企业住房公积金费用	1. 告知企业将当月应缴纳的社会保险费计算汇总，并送至社会保险中心 2. 结合该企业过往住房公积金信息及当月变动数据核定该企业当月应缴费金额
2	住房公积金专管员	住房公积金缴费金额告知	1. 制作辖区内各企事业单位月度住房公积金缴费表 2. 告知银行应缴费的企业名称、缴费金额、付款账号及住房公积金管理中心收款账号
3	银行柜员	划转住房公积金	依据住房公积金专管员提供的数据将社会保险费用由企业账户划转至社会保险中心账户

续表

操作步骤	角色	操作	内容
4	银行柜员	打印凭证	1. 在系统内填写住房公积金同城特约委托收款凭证 2. 打印同城特约委托收款凭证，并在第1联、第2联加盖银行业务章 3. 将第1联放在企业回单箱，第2联放在社会保险中心回单箱内，银行留存第3联
5	银行柜员	单据分拣	1. 打印同城特约委托收款凭证，并在第1联、第2联加盖银行业务章 2. 将第1联放在企业回单箱，第2联放在社会保险中心回单箱内，银行留存第3联

十一、查询企业银行存款余额

1. 业务描述

当企业有人要求或者银行有业务需求时，银行柜员需要查询企业银行存款余额。

2. 业务流程说明（见表11-12）

表11-12　查询企业银行存款余额步骤

操作步骤	角色	操作	内容
1	银行柜员	查询企业银行存款余额	1. 企业有人要求或者银行业务有需求时查询企业银行存款余额 2. 查询企业银行存款余额信息

十二、银行日终结账

1. 业务描述

银行每天业务办理完毕，必须做日终结账，轧平当天账务。

2. 业务流程说明（见表11-13）

表11-13　银行日终结账步骤

操作步骤	角色	操作	内容
1	银行柜员	填写记账凭证	根据当天发生的业务编制记账凭证
2	银行柜员	编制科目汇总表	根据记账凭证编制科目汇总表

十三、经营秩序监管与行政处罚

1. 业务描述

对于供应商和客户从计算机系统（外部虚拟商业社会环境）中抢单造成竞争对手无法正常获得订单的行为，工商行政管理局有权进行查证，查证后可以进行行政处罚。当供应商为了挤垮竞争对手而恶意压价与制造企业签署销售合同时，工商行政管理局也可以在查证后进行行政处罚。

2. 业务流程说明（见表 11-14）

表 11-14　经营秩序监管与行政处罚步骤

操作步骤	角色	操作	内容
1	工商局专管员	查询逾期未发货订单	1. 从 VBSE 界面中，选择被监管对象（可以是供应商或客户，也可以是制造企业） 2. 查询有无恶意压价销售、抢夺计算机（外部虚拟商业社会环境）销售订单的情况，从而造成销售订单逾期无法发货的结果
2	工商局专管员	查询逾期未付款订单	1. 从 VBSE 界面中，选择被监管对象（可以是供应商或客户，也可以是制造企业） 2. 查询有无恶意抢夺计算机（外部虚拟商业社会环境）采购订单的情况，从而造成采购订单逾期无法支付的结果
3	工商局专管员	开具处罚决定书并送达当事人	1. 前两个步骤发现的行为，都会扰乱正常的经营市场秩序。工商局专管员根据当事人及违法原因，开具《北京市工商行政管理局行政处罚决定书》并标明处罚原因 2. 对于已经获得收益的违法行为，可以处罚没收全部非法所得；对于尚未获得收益的违法行为则不适用"没收非法所得"处罚 3. 视违法行为的严重程度或后果，另外处以 5000~200000 元的罚款 4. 在处罚决定书上加盖工商局公章后，送达当事人（企业总经理）

十四、支付行政罚款

1. 业务描述

总经理收到行政罚款决定书后，指派出纳通过电汇转账方式，将行政罚款（及可能包括的滞纳金）转入决定书上指定的银行账户，然后完成制造企业的记账凭证制作和账簿记录工作。

2. 业务流程说明（见表 11-15）

表 11-15　支付行政罚款步骤

操作步骤	角色	操作	内容
1	总经理	将处罚决定书交给出纳	经理将工商局送达的处罚决定书交给出纳办理付款业务
2	出纳	去银行缴纳罚款	出纳去银行，准备办理电汇业务，收款方账户信息参见处罚决定书
3	银行柜员	银行付款（电汇）	银行柜员在 VBSE 中进行电汇划转
4	银行柜员	打印回单	1. 银行柜员在 VBSE 中查询待打印的回单 2. 打印此笔电汇业务的回单，并交付给出纳 3. 出纳将银行回单和处罚决定书交给财务会计
5	财务会计	填制记账凭证	财务会计根据处罚决定书和银行回单，编制记账凭证
6	财务部经理	审核记账凭证	审核财务会计编制的记账凭证
7	出纳	登记银行存款日记账	根据记账凭证和银行回单，登记银行存款日记账
8	财务会计	登记科目明细账	财务会计登记三栏式明细账，行政罚款应计入营业外支出账户

十五、支付行政罚款（客户）

1. 业务描述

客户总经理收到行政罚款决定书后，指派客户行政主管通过电汇转账方式，将行政罚款（及可能包括的滞纳金）转入决定书上指定的银行账户，然后完成本企业的记账凭证制作和账簿记录工作。

2. 业务流程说明（见表 11-16）

表 11-16　客户支付行政罚款步骤

操作步骤	角色	操作	内容
1	客户总经理	将处罚决定书交给客户行政主管	客户总经理将工商局送达的处罚决定书交给客户行政主管，并指派后者办理付款业务
2	客户行政主管	去银行缴纳罚款	客户行政主管去银行，准备办理电汇业务，收款方账户信息参见处罚决定书
3	银行柜员	银行付款（电汇）	银行柜员在 VBSE 中进行电汇划转
4	银行柜员	打印回单	1. 银行柜员在 VBSE 中查询待打印的回单 2. 打印此笔电汇业务的回单，并交付给客户行政主管 3. 客户行政主管将银行回单和处罚决定书交给客户总经理
5	客户总经理	填制记账凭证	客户总经理根据处罚决定书和银行回单，编制记账凭证
6	客户行政主管	登记银行存款日记账	根据记账凭证和银行回单，登记银行存款日记账

十六、支付行政罚款（供应商）

1. 业务描述

供应商总经理收到行政罚款决定书后，指派供应商行政主管通过电汇转账方式，将行政罚款（及可能包括的滞纳金）转入决定书上指定的银行账户，然后完成本企业的记账凭证制作和账簿记录工作。

2. 业务流程说明（见表 11-17）

表 11-17 供应商支付行政罚款步骤

操作步骤	角色	操作	内容
1	供应商总经理	将处罚决定书交给客户行政主管	供应商总经理将工商局送达的处罚决定书交给供应商行政主管，并指派后者办理付款业务
2	供应商行政主管	去银行缴纳罚款	供应商行政主管去银行，准备办理电汇业务，收款方账户信息参见处罚决定书
3	银行柜员	银行付款（电汇）	银行柜员在 VBSE 中进行电汇划转
4	银行柜员	打印回单	1. 银行柜员在 VBSE 中查询待打印的回单 2. 打印此笔电汇业务的回单，并交付给供应商行政主管 3. 客户行政主管将银行回单和处罚决定书交给供应商总经理
5	供应商总经理	填制记账凭证	供应商总经理根据处罚决定书和银行回单，编制记账凭证
6	供应商行政主管	登记银行存款日记账	根据记账凭证和银行回单，登记银行存款日记账

十七、个人银行卡批量开卡

1. 业务描述

为了提高各个企业员工办理银行卡的效率，不影响个人薪资发放等业务，银行预制了许多个人银行卡。银行柜员可以通知企业来人将本企业的所有个人银行卡领回并发放给员工。

2. 业务流程说明（见表 11-18）

表 11-18 个人银行卡批量开卡步骤

操作步骤	角色	操作	内容
1	银行柜员	填写银行卡账号	将银行卡印刷时有意空缺的卡号后 3 位填写完成，从 001 开始依次编号
2	银行柜员	通知各企业领取银行卡	通知各企业，派代表来银行领取银行卡

第二节 自主经营——月初工作

一、住房公积金汇缴

根据 1999 年颁布、2002 年修订的《住房公积金管理条例》，住房公积金是指国家机关、国有企业、城镇集体企业、外商投资企业、城镇私营企业及其他城镇企业、事业单位及其在职职工缴存的长期住房储金。

单位进行住房公积金汇缴有以下几种方式：直接交存转账支票、现金（须填制《现金送款簿》）方式；通过银行汇款方式；委托银行收款方式；支取住房基金方式。

实训中住房公积金汇缴采用委托银行收款方式。

下列情形需要填写汇缴变更清册：企业新进人员时；企业有员工离职时；企业有人员调往外地，且调入为以后常驻地。

二、增值税申报（客户）

1. 业务描述

增值税是以生产和流通各环节的增值额（也称附加值）为征税对象征收的一种税。从实际操作上来看，是采用间接计算办法，即从事货物销售以及提供应税劳务的纳税人，要根据货物或应税劳务的销售额和适用税率计算税款，然后从中扣除上一环节已纳增值税款，其余额为纳税人本环节应纳增值税税款。

2. 业务流程说明（见表 11-19）

表 11-19　客户增值税申报步骤

操作步骤	角色	操作	内容
1	客户总经理	去国税局申报纳税	客户总经理去国税局申报纳税
2	国税局专管员	签发税收缴款书	1. 审核纳税申报表 2. 签发税收缴款书 3. 将税收缴款书交客户总经理
3	客户行政主管	去银行缴纳税款	1. 接收客户总经理交来的税收缴款书 2. 去银行缴纳税款

续表

操作步骤	角色	操作	内容
4	银行柜员	税款入国库	1. 将税款缴纳入国库 2. 将税收缴款书回单退回给客户行政主管
5	客户总经理	填制记账凭证	1. 接收行政主管交来的税收缴款书 2. 编制记账凭证

三、薪酬发放（制造业）

1. 业务描述

薪酬是指员工向其所在单位提供所需要的劳动而获得的各种形式的补偿，薪酬包括经济性薪酬和非经济性薪酬两大类，经济性薪酬分为直接经济性薪酬和间接经济性薪酬。

直接经济性薪酬是单位按照一定的标准以货币形式向员工支付的薪酬。

间接经济性薪酬是不直接以货币形式发放给员工，但通常可以给员工带来生活上的便利、减少员工额外开支或者免除员工后顾之忧。

非经济性薪酬是指无法用货币等手段来衡量，但会给员工带来心理愉悦效用的一些因素。

薪酬发放是单位向员工支付直接性经济薪酬的途径、操作流程，企业中一般是由人力资源部门和财务部门协同配合完成的一项基础性工作。

2. 业务流程说明（见表 11-20）

表 11-20　薪酬发放步骤

操作步骤	角色	操作	内容
1	人力资源部经理	薪资录盘	1. 制作《职工薪酬发放表》 2. 根据《职工薪酬发放表》将薪资详细信息录入磁盘
2	出纳	填写借款单	1. 依据《职工薪酬发放表》数据填写《借款单》 2. 将填好的《借款单》《职工薪酬发放表》交财务经理审核签字
3	财务部经理	审核借款	1. 借款人是否是该借款部门的职工 2. 借款日期是否正确 3. 借款用途及金额是否符合规定 4. 金额大小写是否正确 5. 借款方式是否正确 6. 审核完成后在借款单上签字
4	出纳	开具支票	1. 依据借款单信息填写支票金额 2. 将开具完成的支票交给财务部经理审核、盖章
5	财务部经理	审核支票、盖章	1. 核对支票及相关业务单据，判断是否为真实业务所需而签发的支票 2. 核查支票是否填写规范、有无涂改 3. 在职工薪酬发放表上加盖财务章、法人章

续表

操作步骤	角色	操作	内容
6	出纳	登记支票登记簿	登记《支票使用登记簿》
7	出纳	办理薪资发放业务	带齐薪资发放资料（职工薪酬发放表、转账支票、薪资录盘）去银行办理薪资发放业务
8	银行柜员	代发工资	1. 向客户问好，询问客户需要办理什么业务 2. 收到企业交来的职工薪酬发放表、转账支票、薪资录盘，将薪资录盘信息导入银行系统，并将 U 盘交还给企业经办人 3. 将薪资录盘信息与职工薪酬发放表的信息进行核对，核对无误后进行划款 4. 核对客户递交材料是否齐全 5. 核对支票所在信息与税收缴款书内容是否一致 6. 核对支票真伪 7. 支票是否仍在提示付款期限内 8. 核对支票所记载的事项是否齐全，出票金额、日期、收款名称是否有更改 9. 核对出票人签章是否符合规定 10. 支票大小写金额是否一致 11. 审核无误后将支票上列示内容录入银行业务系统
9	出纳	传递原始凭证	薪资发放完成后告知会计进行后续账务处理
10	人力资源部经理	制作、发放工资条	1. 依据职工薪酬统计表数据，制作工资条 2. 将对应的工资条交给员工
11	薪资会计	填制记账凭证	1. 填制记账凭证，将原始单据作为附件粘贴 2. 送财务部经理审核
12	财务部经理	审核记账凭证	1. 接收薪资会计交给的记账凭证 2. 审核凭证附件的准确性、记账凭证填制的准确性 3. 在纸质凭证上签字审核
13	出纳	登记银行存款日记账	依照审核签字的记账凭证登记银行存款日记账
14	薪资会计	登记明细账	依照审核签字的记账凭证登记明细账

四、薪酬发放（供应商）

1. 业务描述

薪酬是指员工向其所在单位提供所需要的劳动而获得的各种形式的补偿，薪酬包括经济性薪酬和非经济性薪酬两大类，经济性薪酬分为直接经济性薪酬和间接经济性薪酬。

直接经济性薪酬是单位按照一定的标准以货币形式向员工支付的薪酬。

间接经济性薪酬不直接以货币形式发放给员工，但通常可以给员工带来生活上的便利、减少员工额外开支或者免除员工后顾之忧。

非经济性薪酬是指无法用货币等手段来衡量，但会给员工带来心理愉悦效用的一些因素。

薪酬发放是单位向员工支付直接性经济薪酬的途径、操作流程，企业中一般由人力资源部门和财务部门协同配合完成的一项基础性工作。

2. 业务流程说明（见表 11-21）

表 11-21　供应商薪酬发放步骤

操作步骤	角色	操作	内容
1	行政主管	填写借款单	1. 去行政主管处领取借款单 2. 依据签字完成的《职工薪酬发放表》数据填写借款单 3. 制作《职工薪酬发放表》 4. 将填好的《借款单》交总经理审核签字
2	供应商总经理	审核借款	1. 借款人是否是该借款部门的职工 2. 借款日期是否正确 3. 借款用途及金额是否符合规定 4. 金额大小写是否正确 5. 借款方式是否正确 6. 审核完成后在借款单上签字
3	行政主管	开具支票	1. 依据借款单信息填写支票金额 2. 询问借款人支票、收款人单位名称，完成支票相关内容的填写 3. 将开具完成的支票交给供应商总经理审核、盖章
4	供应商总经理	审核支票、盖章	1. 核对支票及相关业务单据，判断是否为真实业务所需而签发的支票 2. 核查支票是否填写规范、有无涂改 3. 现金支票、转账支票业务范围是否合理，如现金支票一般用于支付差旅费、劳务费等 4. 支票经审核无误后，用红色印泥在其正面加盖财务章和法人印鉴，印记需清晰可见 5. 在职工薪酬发放表上加盖财务章、法人章
5	行政主管	登记支票使用登记簿	登记《支票使用登记簿》
6	行政主管	办理薪资发放业务	带齐薪资发放资料，去银行办理薪资发放业务
7	银行柜员	代发工资	1. 向客户问好，询问客户需要办理什么业务 2. 收到企业交来的职工薪酬发放表、转账支票、薪资录盘、银行进账单后，将薪资录盘信息导入银行系统，并将U盘交还给企业业务员经办人 3. 将薪资录盘信息与职工薪酬发放表的信息进行核对，核对无误后进行划款 4. 核对客户递交材料是否齐全 5. 核对支票所在信息与税收缴款书内容是否一致 6. 核对支票真伪 7. 支票是否仍在提示付款期限内 8. 核对支票所记载的事项是否齐全，出票金额、日期、收款名称是否有更改 9. 核对出票人签章是否符合规定 10. 支票大小写金额是否一致 11. 审核无误后将支票上列示的内容录入银行业务系统 12. 在支票上盖"转讫"章，并将银行进账单第一联、第三联交还给企业经办人 13. 划款完成后在银行进账单上签字、盖章，并将第一联、第三联交给企业 14. 制作《入账清单》并在上面加盖业务章，将盖章后的《入账清单》交给客户

续表

操作步骤	角色	操作	内容
8	行政主管	传递原始凭证	薪资发放完成后告知会计进行后续账务处理
9	供应商总经理	填制记账凭证	1. 填制记账凭证，将原始单据作为附件粘贴 2. 送供应商总经理审核
10	行政主管	登记银行存款日记账	依照审核签字的记账凭证登记银行存款日记账

五、如何制定全年预算

1. 年度预算概述

年度预算是企业对于未来年度内企业经营、资本、财务等各方面的收入、支出、现金流的总体计划。它将各种经济活动用货币的形式表现出来。每一个责任中心都有一个预算，它是为执行本中心的任务和完成财务目标所需各种资财的财务计划。

一个预算就是一种定量计划，用来帮助协调和控制给定时期内资源的获得、配置和使用。编制预算可以看成是将构成组织机构的各种利益整合成一个所有各方都同意的计划，并在试图达到目标的过程中，说明计划是可行的。

预算特征如下：预算必须与企业的战略或目标保持一致；预算作为一种数量化的详细计划，它是对未来活动的细致、周密安排，是未来经营活动的依据，数量化和可执行性是预算最主要的特征，因此，预算是一种可以据以执行和控制经济活动的、最为具体的计划，是对目标的具体化，是将企业活动导向预定目标的有力工具。

各部门结合本部门年度工作目标、任务，本着精打细算、勤俭节约的原则，对本部门的预算支出做出合理安排。

2. 各部门预算种类（见表 11-22）

表 11-22　各部门预算种类列表

序号	编制部门	预算种类
1	采购部	采购计划表
2	财务部	预算汇总表
3	各部门	支出预算表
4	财务部	预算执行表
5	营销部	收入预算表
6	财务部	贷款申请—资金计划
7	财务部	支出预算汇总表
8	人力资源部	培训计划表

序号	编制部门	预算种类
9	人力资源部	人员需求汇总表
10	人力资源部	人员需求表
11	人力资源部	招聘计划表
12	各部门	资产需求计划表
13	生产计划部	产品开发计划
14	营销部	市场开发计划

第三节 自主经营——月中工作

一、企业年检

1. 业务描述

企业的营业执照在每年的 6 月 30 日之前要年检。

2. 业务流程说明（见表 11-23）

表 11-23 企业年检步骤

操作步骤	角色	操作	内容
1	工商局专管员	通知企业年检	工商局在新的一年开始及时通知企业做年检
2	工商局专管员	填制年检情况表	对于年检的情况要做好记录，及时登记年检情况表

二、增值税申报（供应商）

1. 业务描述

增值税是以生产和流通各环节的增值额（也称附加值）为征税对象征收的一种税。从实际操作上看，是采用间接计算办法，即从事货物销售以及提供应税劳务的纳税人，要根据货物或应税劳务的销售额和适用税率计算税款，然后从中扣除上一环节已纳增值税款，其余额为纳税人本环节应纳增值税税款。

2. 业务流程说明（见表 11-24）

表 11-24　供应商增值税申报步骤

操作步骤	角色	操作	内容
1	供应商总经理	去国税局申报纳税	供应商总经理去国税局申报纳税
2	国税局专管员	签发税收缴款书	1. 审核纳税申报表 2. 签发税收缴款书 3. 将税收缴款书交供应商总经理
3	供应商行政主管	去银行缴纳税款	1. 接收供应商总经理交来的税收缴款书 2. 去银行缴纳税款
4	银行柜员	税款入国库	1. 将税款缴纳入国库 2. 将税收缴款书回单退回给供应商行政主管
5	供应商总经理	填制记账凭证	1. 接收行政主管交来的税收缴款书 2. 编制记账凭证

三、增值税申报（制造业）

1. 业务描述

增值税是以商品（含应税劳务）在流转过程中产生的增值额作为计税依据而征收的一种流转税。从计税原理上说，增值税是对商品生产、流通、劳务服务中多个环节的新增价值或商品的附加值征收的一种流转税。实行价外税，也就是由消费者负担，有增值才征税，没增值不征税。缴纳税款是指纳税人依照国家法律、行政法规的规定，将实现的税款依法通过不同的方式缴纳入库的过程。纳税人应按照税法规定的期限及时足额缴纳应纳税款，以完全彻底地履行应尽的纳税义务。

2. 业务流程说明（见表 11-25）

表 11-25　制造业增值税申报步骤

操作步骤	角色	操作	内容
1	税务会计	填写《公章、印鉴使用申请表》	1. 去行政助理处领取《公章、印鉴使用申请表》 2. 填写《公章、印鉴使用申请表》 3. 带《公章、印鉴使用申请表》、增值税纳税申报表送总经理审批 4. 带审核并签字完毕的《公章、印鉴使用申请表》、增值税纳税申报表去行政助理处盖章
2	财务部经理	纳税申报表审核	1. 接收财务会计送来的《公章、印鉴使用申请表》、增值税纳税申报表 2. 根据增值税纳税申报表审核《公章、印鉴使用申请表》 3. 审核无误后签字
3	总经理	纳税申报表审批	1. 接收财务会计送来的《公章、印鉴使用申请表》、增值税纳税申报表 2. 审核财务部经理是否审核签字 3. 审核无误后签字

操作步骤	角色	操作	内容
4	行政助理	纳税申报表盖章	1. 收到财务会计送来的《公章、印鉴使用申请表》 2. 核对相关领导是否已审核签字 3. 核对无误后，在增值税纳税申报表上加盖公章 4. 盖章完毕，《公章、印鉴使用申请表》留存，其他表单税务会计带走
5	行政助理	登记公章印鉴使用登记表	登记公章印鉴使用登记表
6	税务会计	纳税申报	1. 去税务局进行纳税申报 2. 领取税务申报完成后税务人员签字盖章的"税收缴款书" 3. 将"税收缴款书"送交出纳
7	国税局专管员	审核纳税申报表	1. 接收财务会计交来的缴税申报表并审核 2. 签发税收通用缴款书
8	出纳	缴纳税款	1. 接收税务会计送来的"税收缴款书" 2. 持税务局开具的"税收缴款书"到银行缴纳税款 3. 领取银行划款完毕盖章后的"税收缴款书" 4. 将"税收缴款书"完税证明送交税务会计
9	银行柜员	税款入国库	1. 接收税款缴款书，办理税款转入国库手续 2. 在税款缴款书回单上盖"收讫"章，并退还给出纳
10	银行柜员	打印回单	在系统里打印
11	税务会计	填制记账凭证	1. 接收出纳送来的"税收缴款书" 2. 编制记账凭证，将"税收缴款书"作为附件粘贴在记账凭证后面 3. 将记账凭证送交财务部经理审核
12	财务部经理	审核记账凭证	1. 接收财务会计送来的记账凭证 2. 审核记账凭证附件的合法性、准确性 3. 审核记账凭证填制的准确性 4. 审核无误后，交出纳
13	出纳	登记银行日记账	1. 接收财务部经理交给的审核后的记账凭证 2. 根据记账凭证登记银行存款日记账 3. 将记账凭证交财务会计登记科目明细账
14	税务会计	登记科目明细账	1. 接收出纳交给的记账凭证 2. 根据记账凭证登记科目明细账

四、增值税申报（客户）

1. 业务描述

增值税是以生产和流通各环节的增值额（也称附加值）为征税对象征收的一种税。从实际操作上看，是采用间接计算办法，即从事货物销售以及提供应税劳务的纳税人，要根据货物或应税劳务的销售额和适用税率计算税款，然后从中扣除上一环节已纳增值税款，其余额为纳税人本环节应纳增值税税款。

2. 业务流程步骤说明（见表 11-26）

表 11-26　客户增值税申报步骤

操作步骤	角色	操作	内容
1	客户总经理	去国税局申报纳税	客户总经理去国税局申报纳税
2	国税局专管员	签发税收缴款书	1. 审核纳税申报表 2. 签发税收缴款书 3. 将税收缴款书交客户总经理
3	客户行政主管	去银行缴纳税款	1. 接收客户总经理交来的税收缴款书 2. 去银行缴纳税款
4	银行柜员	税款入国库	1. 将税款缴纳入国库 2. 将税收缴款书回单退回给客户行政主管
5	客户总经理	填制记账凭证	1. 接收行政主管交来的税收缴款书 2. 编制记账凭证

第四节　自主经营——月末工作

一、营业终止现金盘点

1. 业务描述

银行每天业务办理完毕，必须盘点当天的现金量，确保实物现金与账簿上的金额一致。

2. 业务流程说明（见表 11-27）

表 11-27　营业终止现金盘点步骤

操作步骤	角色	操作	内容
1	银行柜员	查询账存现金	查询现金日记账账面余额
2	银行柜员	盘点实物现金	盘点现金实物数量
3	银行柜员	登记盘点表	登记盘点表，填写盘点报告

二、营业终止重要空白单证盘点

1. 业务描述

银行每天在办理完当天业务之后，要盘点重要空白凭证，确认与当天的账存重要空白凭证结存数量无误后才可以轧账。

2. 业务流程说明（见表 11-28）

表 11-28　营业终止重要空白单证盘点步骤

操作步骤	角色	操作	内容
1	银行柜员	查询账存重要空白凭证	查询重要空白凭证登记簿账面余额
2	银行柜员	盘点重要空白凭证实物	盘点重要空白凭证实物数量
3	银行柜员	登记盘点表	登记重要空白凭证盘点表

附　录：企业年度经营规划书

第一部分　公司经营方针及目标

一、2011 年经营方针

在认真审视公司经营的优势和劣势、机会和威胁（SWOT）的基础上，公司发展战略中心根据当前行业的竞争形势和趋势将 2011 年的经营方针确定为：灵活策略赢市场，加强管理保利润。

二、经营目标

1. 销售收入：3250 万元；
2. 利润目标：450 万元；
3. 权益增长：5.6%。

第二部分　童车市场分析

一、市场概况

1. 童车涵盖婴儿手推车、学步车、脚踏车、电瓶车、自行车等品类，根据相关数据显示 2007~2009 年童车全球市场消费份额分别为 996 亿元（人民币，下同）、1026

亿元、1068 亿元，中国市场的消费份额也分别达到 158 亿元、174 亿元、191 亿元，可见童车市场潜力巨大。

2. 从产业分布区域看，目前我国童车生产企业主要集中在江苏昆山、浙江平湖、河北平乡和广宗、广东中山和南海等，湖北汉川、福建、安徽也占据了一定的份额，国内童车市场竞争仍然激烈。

二、市场定位

童车已经由婴幼儿"奢侈品"演变为儿童成长过程中的必需品，尤其是婴儿手推车在农村市场热销，根据统计数据，按照目前新生儿出生数量进行累计计算，全球 6 岁以下的儿童数量超过 8 亿。2010 年仍然要集中各类资源生产经济型童车，争取在农村婴儿车消费市场中占据更大份额。

三、经销渠道分析

目前，我国儿童用品除了传统分销方式之外，也在逐步探索网络等新媒介销售渠道，如好孩子、爱婴网等。基于目前我公司现状，我们要在紧抓现有分销渠道的同时，逐步向新型营销模式转变。

四、产品定价（见表 1）

结合我公司现状和市场调研，现有产品及待研发产品定价如附录 1 所示：

附表 1　产品定价

单位：元

产品类型	价格
经济型童车	660
舒适型童车	待定
豪华型童车	待定

五、市场份额预估

依据过去经营状况分析，现有客户订单加上未来开拓市场，2010 年市场份额预计达到 80000 辆。

第三部分 生产策略

一、设备要求

童车生产设备主要包括：普通机床、数控机床、组装生产线，目前企业拥有普通机床 10 台，组装生产线 2 条，年产能为经济型童车 60000 台。预计现有机械设备基本能满足上半年需要，2011 年 10 月以后需要新增加数控机床 1 台，提升产能以满足市场需求。

二、设施要求

企业目前拥有厂房、仓库各一个，预计下半年因市场需求会有较大的提高，对公司现有设施的容纳、吞吐能力造成较大的冲击，需要依据实际经营状况新建或租赁新的厂房、仓库以满足需求。

三、原材料、生产工人的要求及供应渠道

原材料采购主要依靠原有供应商供应，并积极组织市场调研，完善供应商信息，建立材料、产品价格数据库，以便于多方寻价，以更好地控制甚至于降低生产成本。

生产工人依靠与人才服务公司合作，以满足产量变化的需要。

四、质量管理、包装、运输要求

质量管理：保证童车产品质量达到中国国家认证认可监督管理委员会发布的《玩具类产品强制性认证实施规则》（编号：CNCA-13C-068：2006）文件要求。获取儿童推车 GB14748《儿童推车安全要求》标准。保证童车在原材料选择、生产加工及稳固性、安全性等产品性能上符合质量审核和抽查要求，公司内部也要加强质量管理体系建设，减少残次品率，提升产品质量。

包装：内防护包材选用 PE 薄膜制品，但需选择绿色无污染包装耗材，通过感官检测、抖动检测、火烧检测、用水检测等方式严格把握包装材料质量。外包装采取五层纸箱，纸箱制品需通过相关标准测试，以减少童车在运输过程中的损耗。

五、生产运营安排（见附表2）

附表2　生产运营安排

生产部、采购部、仓储部工作安排表

考核指标：
生产计划部：生产计划完成率　设备利用率　产品完工率
采购部：采购计划完成率　材料紧急采购数量　材料库存成本降低率
仓储部：存货周转率　仓库盘点账实相符　仓储费用预算完成率

主要工作	具体方案	进度安排	责任人
安全生产	加强机械操作规范培训和教育，严格实施定期检查、排查安全隐患，实现全年无重伤、无重大生产设备事故	常规工作	叶润中、周群、孙盛国
保证设备维修质量、提高运转效率	及时检查设备，及时整修、维修，保证设备正常运转，减少不必要耗时，提高产量	每月定期检查、维修	叶润中、周群、孙盛国
保证产品质量	加强产品研发、改善工作，提高产品合格率	常规工作	叶润中、周群、孙盛国
完善制度，明确职责，按章办事	采购部人员合理分工，分工不分家，做好自己本职工作的同时，协同他人一起做好采购工作。公开、公正、透明，实现公开寻价	2011年1月	李斌、付海生
逐步完善供应商信息	健全并完善供应商档案，改进供应商的选择机制，在结算方式上加强控制，争取与供应商达成月结协议，最大限度保证公司资金运转	2011年2~5月	李斌、付海生
加强对材料、设备价格信息的管理	对每次材料、设备采购计划、询价都要做好留底，保持资料的完整性，建立原材料、设备信息库，以备随时查询、对比	2011年6~9月	李斌、付海生
采购及时、成本有效控制	保证采购工作有序进行，满足生产、经营的要求	全年	李斌、付海生
部门管理工作	合理分工、完成部门工作绩效，依公司经营要求及运作体系制定本部门季度、月度工作计划	常规工作	何海明、王宝珠
完善制度	编制仓储制度及"7S"卫生责任区域规划与稽核，完善仓储工作环境	2011年1~3月	何海明、王宝珠
仓库物品管理	对仓库库存之物料依据先进先出原则，保护原料，依据生产物料需求，及时组织实施、协调配给	常规工作	何海明、王宝珠

六、意外计划

为了保证公司在发生意外事故、安全生产事故、无计划、无停产通知而被迫停产后能有计划、有秩序地组织生产活动，迅速恢复生产能力而制订意外计划。其具体流程如附图1所示。

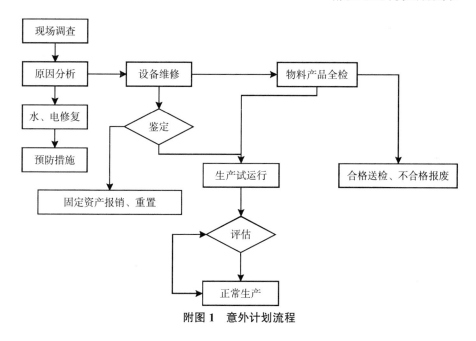

附图 1　意外计划流程

第四部分　销售策略

一、行销媒介选择与广告投放

加大广告投放力度，增强好佳童车品牌塑造。启动好佳童车厂广告投放的"海、陆、空"立体作战计划。

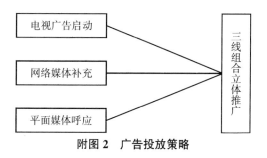

附图 2　广告投放策略

● 电视投放广告：进行核心产品（经济型童车）的广告投放，塑造好佳童车的品牌形象。

● 全系列网络广告宣传：组织"好佳童车"网络活动推广，增强品牌知晓率和美誉度。

● 平面广告：通过发布广告软文，让更多家长了解童车是宝宝成长的必备品。

二、产品特点及市场竞争分析

舒适型童车的特点：
● 拥有特色的好佳概念——舒适，透气，耐磨。
● 适当的座椅高度避免了宝宝呼吸集聚在地面灰尘的可能性。
● 完美的道路推行，灵敏的操作。
● 后轮防翻转，单向刹车，刹车停车更加方便。
● 坐垫带三点式安全背带，保护宝宝的安全。
● 靠背可调节为多种角度，从108°~140°，自由选择。
● 超大防紫外线遮阳篷，可以有效减少阳光直射对宝宝造成的伤害。
● 震动的吸收效果约达90%多。
● 整车都可拆洗。
● 可调节手柄。
目标市场：舒适、操作简单、价格优惠，主要针对普通消费群体。
豪华型童车的特点：
● 拥有特色的好佳概念——舒适，透气，耐磨。
● 适当的座椅高度避免了宝宝呼吸集聚在地面灰尘的可能性。
● 完美的道路推行，灵敏的操作。
● 后轮双制动，刹车停车更加方便安全。
● 坐垫带五点式安全背带，更加保护宝宝的安全。
● 手把可调节为4种位置，符合人体工程学。手把可折叠和展开，更加人性化。
● 靠背可调节为多种角度，从108°~175°，自由选择。
● 超大遮阳篷，可以有效减少阳光直射对宝宝造成的伤害。
● 储物篮有用反光带，方便出行也保证宝宝在夜间出行的安全性。
● 拥有数控系统；控制震动的吸收效果约达90%多，自动调控座椅宽敞且可调节不同的倾斜度。
● 整车都可拆洗。
● 可调节手柄。
目标市场：从婴儿角度出发，考虑父母的感受和体验，强调高功能、高人性化，主要面对高消费群体。
企业竞争力分析：与品牌排名第一的好孩子婴儿手推车相对而言，本公司产品价格更为低廉，在产品质量和性能上相差无几，但在整体车重上还要改进。另就市场份额而言差距较为明显，需要广泛开拓市场，树立产品品牌形象，提升市场地位。

三、销售计划安排（见附表3）

附表3 市场营销部销售计划安排

考核指标：
主营业务收入 广告产出比 销售增长率 产品市场占有率

主要工作	具体方案	进度安排	责任人
销售团队组建、培训	进行合理化分配销售资源，提升销售人员销售技能。	2011年1月	杨笑笑
积极拓展市场，争取达到850万元的销售额	积极开拓市场，发掘新的客户渠道与销售模式，制定完善的市场体系。 稳固老客户，保持联系，稳固和提升市场占有率。 加强业务学习，开阔视野，采取多样化的学习方式。及时总结，改正失误，正确把握方向。	2011年2~5月	杨笑笑、马博、刘思羽
加强团队管理、完善销售模式，促进业绩完成，争取完成业绩900万元	2011年6月完成350万元、2011年7月完成350万元、2011年8月完成350万元、2011年9月完成350万元、2011年10月完成350万元、2011年11月完成350万元、2011年12月完成300万元	2011年6~12月	杨笑笑、马博、刘思羽
年总销售工作总结	总结一年的销售情况，提炼经验，总结失误	2011年12月	杨笑笑、马博、刘思羽

四、预计成效

加强广告推广与产品销售的协调同步，提升广告实际效果，预计准时完成销售目标。

第五部分 组织与人事策略

主要工作进度安排（见附表4）

附表4 企管部、人力资源部工作进度安排表

考核指标：
企管部：净利润 总资产利润率 净利润增长率 经营计划完成率
人力资源部：人力资源费用预算达成率 单位人力成本产出率

主要工作	具体方案	进度安排	责任人
完善公司企业管理制度	保证公司的运营在既有的组织架构中运行；实现绩效评价体系的完善与正常运行，并保证与薪资挂钩，从而提高绩效考核有效性	第一季度完成初稿，试运行，逐步完善；年中确定实施	总经理、行政助理

续表

考核指标：

企管部：净利润　　总资产利润率　　净利润增长率　　经营计划完成率

人力资源部：人力资源费用预算达成率　　单位人力成本产出率

主要工作	具体方案	进度安排	责任人
建立内部纵向、横向沟通机制，强化日常企业管理	建立民主评议机制，加强跨部门、跨业务流程的交流与合作，减少误解，提高组织运营效能	第一季度成型，试运行，逐步完善；年中确定实施	总经理、行政助理
经营计划制定与控制	组织市场调研，合理布局资源，提高企业效益	每月调查，适时调整经营策略	总经理、行政助理
资格认证	3C、ISO9000、ISO14000 认证	分季缴纳	总经理、行政助理
档案管理	完善档案管理制度，提升管理技能	随时	总经理、行政助理
企管部自身建设	完善部门组织职能，提高部门工作质量要求	随时	总经理、行政助理
人力资源招聘与配置	以人才服务中心合作为主，兼顾网络、现场、猎头、报刊等其他方式	生产工人一周内填补用人需求，职能部门两周填补空缺岗位	人力资源部经理、人力资源助理
薪酬管理	积极进行薪酬调查分析，完善薪资体系	每月 25 日发放上月工资，季度奖金于下一季度第一月核算并随当月工资一并发放	人力资源部经理、人力资源助理
绩效考核实施与评估	完善绩效考核制度，达到以绩效激励员工的目的	季度初组织工作计划安排，季末进行结果评估	人力资源部经理、人力资源助理
员工培训与开发	根据公司整体需要和各部门需要组织培训，做好新员工入职培训	新员工入职组织培训，在职人员定期组织培训	人力资源部经理、人力资源助理
员工关系管理	及时处理劳动纠纷	依具体情况，第一时间处理纠纷	人力资源部经理、人力资源助理
人力部门自身建设	提升人力资源专业能力，组织部内部培训与交流	随时	人力资源部经理、人力资源助理

第六部分　资金流动与财务策略

一、企业现金流动状况（见附表 5）

附表 5　简易资产负债表

编制单位：好佳童车厂　　　　　　编制时间：2011 年 9 月 30 日　　　　　　单位：元

资产	金额	负债及所有者权益	金额
流动资产：		流动负债：	
货币资金	2500000.00	短期借款	1000000.00
应收账款	2808000.00	应付账款	1696500.00

续表

资产	金额	负债及所有者权益	金额
存货	4321000.00	应付职工薪酬	215060.24
		应交税费	604929.76
		其他应付款	
流动资产合计	9629000.00	流动负债合计	3516490.00
		长期负债：	
		长期借款	1000000.00
非流动资产：		所有者权益：	
固定资产	8723650.00	实收资本	9000000
		资本公积	
		盈余公积	264575.18
		未分配利润	4571584.82
非流动资产合计	8723650.00	所有者权益合计	13836160.00
资产总计	18352650.00	负债及所有者权益总计	18352650.00

二、筹资和借债方案

企业资金来源于以下几种渠道：实收资本、银行信用贷款、商业信用。依据企业经营情况灵活选择，分析筹资、租赁、借债的优劣势，选择适合企业的方式。

附表 6　银行贷款利率表

筹资方式	融资手段	财务费用	最高限额	还款时间	还款约定
银行信用贷款	长期贷款	8%	上月所有者权益×2	按年，最长 5 年	每季付息，到期还本
	短期贷款	6%	上月所有者权益×2	按月，最短 3 月，最长 12 月	到期一次还本付息

三、财务部工作安排（见附表 7）

附表 7　财务部工作安排

考核指标：
财务预算控制　　融资计划准确率　　财务费用降低率

目标名称	具体方案	进度安排	责任人
日常工作	根据经审核无误的报销原始凭证，编制记账凭证；开展目标成本和质量成本管理；正确计算结算以及其他经营利润；按照计税依据和适用税率正确计算并缴纳相应税额；编制符合现行制度规定的准确、真实的会计报表；依照公司要求编制、发布公司月度、季度经济指标完成情况表及相关财务分析	常规工作	钱坤、刘自强、朱中华、赵丹
财务管理程序和作业文件评审	公司财务控制制度、财务管理授权制度、公司核算体系管理办法、公司预算管理评价与绩效考核办法、公司资金控制管理办法	2011 年 3~6 月	钱坤、刘自强、朱中华、赵丹

参考文献

［1］李震，李华，林丽莹. 经济管理类实验教学新体系构建［J］. 实验室研究与探索，2014（4）.

［2］周媛. 财经院校运用虚拟商业社会环境（VBSE）开展实践教学模式的探讨［J］. 长春大学学报，2014（2）.

［3］蔡雪莹. 基于"VBSE"虚拟商业社会环境财务综合实践教学应用平台的研究［J］. 2014（4）.

［4］卢德湖，赵巧，吕永霞. VBSE 企业综合运营全景演练［M］. 北京：清华大学出版社，2015.

［5］王媚莎. VBSE 公司运营综合实战［M］. 北京：经济科学出版社，2015.

［6］郑恒斌. 地方性高校经管类专业实践教学存在的问题及对策［J］. 教育探索，2012（11）.

［7］胥朝阳，范绍庆. 经济管理类专业本科生综合素质培养方案的设计［J］. 武汉科技学院学报，2006（4）.

［8］蔡文娟. 高校经济管理类学生专业素质培养的探索与实践［J］. 赤峰学院学报（自然科学版），2010（10）.

［9］金涛，陈媛. 经管类专业实践教学的特征与发展趋势初探［J］. 中国高等教育，2012（Z1）.

［10］田剑英. 金融学专业人才培养的业务规格设计及其对策［J］. 浙江万里学院学报，2012（1）.

［11］文亚青. 应用型本科高校经管类实践教学模式创新研究［J］. 全国商情（理论研究），2010（9）：77.

［12］乔兴旺，宁宁. 经济管理实验室建设与管理导论［M］. 重庆：重庆大学出版社，2007.

［13］张淑玲，黄启. 经管类跨专业综合实训平台建设探索［J］. 实验科学与技术，2013（8）.

［14］卢德湖. VBS 创新高职院校实践教学模式［J］. 嘉应学院学报（哲学社会科学版），2013（4）.

［15］张彦通.英国高等教育"能力教育宣言"与"基于行动的学习"模式［J］.比较教育研究，2000（1）：11-16.

［16］孙卫，侯凯，唐树凯.美国商学院研究生实践教育环节及其启示［J］.西安交通大学学报（社会科学版），2006，26（6）：92-96.

［17］孙健.新加坡高校实验教学管理模式的启示［J］.实验技术与管理，2008，25（7）：148-151.

［18］黄继英.国外大学的实践教学及其启示［J］.清华大学教育研究，2006，27（4）：95-98.

［19］曾亚非.日本大学经营管理学科概况及教育特点［J］.有色金属高教研究，1990（4）：81-86.

［20］魏洁文，吴俊.国外高等旅游教育实践教学模式的特征与借鉴［J］.中国成人教育，2007（23）：115-117.

［21］牛晓燕.德国职教师资培养体系及其特点［J］.中国职业技术教育，2007（9）：33-35.

［22］周煦.英国新教师入职培训制度的启示［J］.职业教育研究，2007（5）：177-178.

［23］杨国祥，丁钢.高等职业教育发展的战略与实践［M］.北京：机械工业出版社，2006.

后　记

2010 年我们几位作者参加了"虚拟商业社会（VBSE）"的产品发布会。2013 年内蒙古财经大学正式开启以 VBSE 为主要架构的校内模拟实习，较好地完成了不同学科、不同专业的学生在同一个平台完成岗位实训教学设计。经过近五年的教学实践，太多的问题需要思考，太多的概念需要厘清，所幸历经几年努力、坚持，本书终于面世。

本书作者们在研究上全力以赴，优势互补，默契配合，彼此尊重，每逢问题必做讨论。在理论上博采众长，弄通弄懂，区分优劣，精益求精。无论是授课方式，还是在实训中的辅导，都亲力亲为，协力推动。多个夜以继日、假日无休，几十次的讨论方有今日不成熟的结果，仍有诸多需要改进的方面。

本书得到了很多友人的支持和帮助。感谢新道科技股份有限公司张彤、王学民、杨元、付强、黄宝珠等老师为内蒙古财经大学 VBSE 综合实训课程提供的强有力的支持以及对本书的宝贵意见。感谢内蒙古财经大学徐利飞老师、李亚慧老师、王燕嘉老师在课程建设方面的宝贵意见。感谢内蒙古财经大学为本书的出版提供的大力支持。

张战勇　李　晶　石英剑
2017 年 3 月于呼和浩特